W0040865

Brian Houston

LEBEN. LIEBEN. LEITEN.

Über den Autor

Brian Houston, Jahrgang 1954, hat 1983 die *Hillsong Church* im australischen Sydney gegründet und leitet sie als Pastor bis heute. Mittlerweile gibt es *Hillsong Churches* auf der ganzen Welt, u. a. in New York, Los Angeles sowie in Düsseldorf und Konstanz (hillsong.de). Im schweizerischen Zürich nimmt die Kirche gerade ihren Anfang. Wöchentlich kommen zu den Veranstaltungen, die auch öffentlich ausgestrahlt werden, über 100 000 Menschen. Bekannt ist die *Hillsong Church* vor allem durch ihre Anbetungsmusik, die den Charakter zeitgenössischer christlicher Musik weltweit maßgeblich geprägt hat. Brian Houston wird vielerorts für seine innovative Form von Leiterschaft und Leidenschaft für die lokale Kirche geschätzt und versteht es, die nächste Generation von Leitern auszurüsten. Mit seiner Frau Bobbie lebt er in Sydney und Orange County. Die beiden haben drei erwachsene Kinder. *facebook.com/BrianAndBobbie*

BRIAN HOUSTON

LEBEN LIEBEN LEITEN

HEUTE BEGINNT DEIN BESTES LEBEN

AUS DEM AUSTRALISCHEN VON NINA STREHL

GerthMedien

Für die Menschen der Hillsong Church, unsere Familie, und die langjährigen Freunde, die Bobbie und mir in allen Zeiten des Lebens, Liebens und Leitens zur Seite gestanden haben. Wir sind euch für immer dankbar. Gott segne euch und lasse sein Angesicht leuchten über euch … das Beste kommt erst noch!

INHALT

Teil 3 – Ein enges Tor

Teil 4 – Eine glorreiche Zukunft

DAS BESTE KOMMT ERST NOCH

Das Beste kommt erst noch. Dieser Satz ist eine Proklamation – eine Ankündigung wie Verheißung für die Zukunft. Meine feste Hoffnung, dass selbst das Ungewisse, das noch vor uns Liegende, größtes Potenzial bereithält.

Christ zu sein heißt, ein Leben zu führen, das so unvorhersehbar ist wie ein Abenteuer. Zuweilen fremdartig wie das australische Outback und doch so gewöhnlich wie eine Tasse Kaffee. Du kannst dieses Leben jetzt sofort und auf der Stelle beginnen – wo du gerade bist. Es ist niemals zu spät, zu dieser Reise aufzubrechen. Selbst wenn du ein paar Umwege in deinem Leben gegangen oder in Sackgassen geraten bist. Du brauchst nur dem großartigsten Reiseführer zu folgen, der jemals den Weg des Lebens beschritten hat: Jesus.

In Fülle zu **leben**, in Vollkommenheit zu **lieben** und mit Mut zu **leiten** – das hat das Leben Jesu auf dieser Welt ausgezeichnet. Egal, ob du noch jung im Glauben bist oder bereits geistliche Meilensteine zurückgelegt hast, ob du gerade auf dem Wasser läufst oder ans Ende deiner Kraft gekommen bist – wo auch immer du dich auf deiner persönlichen Reise befindest: Jesus ist der beste Leiter und Begleiter.

Jesus war zu seiner Zeit auf Erden jeden Augenblick jedes einzelnen Tages präsent. Den Menschen um sich herum, die ihn brauchten, schenkte er seine Aufmerksamkeit, sein Herz und seine Kraft, während er gleichzeitig das Reich Gottes in drastischer Weise vorantrieb. Und so gibt uns Jesus wie kein anderer ein perfektes Beispiel dafür, was es heißt, ein Leben zu führen, das reich, uneingeschränkt, hellwach, offen und großzügig ist.

Jeder von uns ist mit einem von Gott geschenkten Potenzial geboren, die Welt zu verändern. Wenn du Christus folgst, darfst du zuversichtlich sein, dass der Weg, den Jesus für dich vorgesehen hat, trotz mancher Merkwürdigkeiten, Rückschläge und Enttäuschungen, die uns widerfahren, ein erfüllter Weg voller Leben ist – schon jetzt und erst recht in Ewigkeit.

Jesus selbst hatte allerdings eine mehr als dürftige Ausgangsposition. Er kam aus einem kleinen Volksstamm eines winzigen Landes. Geboren wurde er in einem dreckigen Stall. Und sein gesamtes Leben lang wurde er kritisiert und geächtet. Doch weder seine bescheidenen Anfänge noch seine späteren Herausforderungen bestimmten seine Zukunft.

Dasselbe gilt auch für dein Leben. Selbst für jemanden wie mich, der in Auckland, Neuseeland (einem der kleinsten Länder der Welt), als Sohn von Heilsarmeeoffizieren geboren wurde und dessen Leben bisher gleichermaßen herausfordernd wie bereichernd war, ist das gut zu wissen.

Dass es nicht immer einfach ist, seinen Weg zu finden, habe ich lernen müssen. Doch Jesus hat uns eine gute Anleitung mit auf den Weg gegeben:

„Geht durch das enge Tor! Denn das Tor zum Verderben ist breit und ebenso der Weg dorthin! Viele Menschen gehen ihn. Aber das Tor, das zum Leben führt, ist eng, und der Weg dorthin ist schmal. Deshalb finden ihn nur wenige."
Matthäus 7,13–14

Dieser Vers war mir die meiste Zeit meines Leben eine Art Karte für meine Reise. Und ich bete, dass du in diesem Buch etwas von der erworbenen Weisheit und Ermutigung entdeckst, die ich oftmals im einfachen Ausprobieren und Leben dieses Verses gefunden habe, auf dass sie auch deinen Lebensweg nachhaltig inspirieren werden.

Wir alle sehnen uns nach einem Leben in Fülle. Einem Leben, das geradezu überfließt vor Leidenschaft und Bestimmung. Mein Weg hat mich in den pastoralen und kirchlichen Dienst geführt. Deiner sieht anders aus. Ob du nun Verantwortung in einer Gemeinde oder in einem Unternehmen trägst, oder – wie die meisten von uns – Familie und Freunde hast, die unsere Zeit und Aufmerksamkeit benötigen, die biblischen Prinzipien, die du in diesem Buch findest, gelten ungeachtet von Umständen, Herausforderungen, Ort, Zeit oder sogar Glaubenshaltungen.

Als wir damals Hillsong Church in einer einfachen Lagerhalle am nordwestlichen Stadtrand von Sydney gründeten, schaute ich aus meinem verschmierten Bürofenster auf unbestellte Felder und Koppeln, auf denen ein paar Pferde grasten. Hin und wieder erblickte ich auch einen Lastwagen, der eins der wenigen Lagerhäuser im Umkreis suchte. An diesem kargen Ort eine Kirche voller Menschen zu leiten, war meine Herzensvision. Doch was ich sah – schätzungsweise zweihundert „liebenswürdige Außenseiter", die damals unsere Kirchenbänke füllten –, war von meiner Vision weit entfernt.

Von klein auf wusste ich, dass ich berufen war, Kirche zu bauen. Doch Hillsong zu der gesunden, aufblühenden globalen Familie zu machen, die sie heute ist, war für mich ein Auf und Ab, gekennzeichnet durch Anerkennung und Kritik. Meine Frau, Bobbie, und ich sind in unserem Bestreben, Gottes Gemeinde zu bauen sowie gleichzeitig eine Familie und eine gesunde Ehe zu führen, allerlei Höhen und Tiefen begegnet. Manchmal mussten wir schwere Entscheidungen treffen und uns für den Weg entscheiden, den nur wenige wählen, um dem treu zu bleiben, was wir auf unserem Leben spürten. Selbstverständlich sind wir hin und wieder ins Straucheln geraten, aber ich habe mit der Zeit gelernt, dass es darum geht, das eigene Herz auf die Bestimmung auszurichten, um trotz aller glücklichen Momente und Krisen Jesus im Fokus zu behalten.

Was ist es, wozu du dich berufen fühlst? Und was hindert dich auf deinem Weg?

Manchmal verzagen vielleicht unsere Füße, wenn wir durch das enge Tor gehen wollen. Insbesondere wenn wir unseren Gang durch das Tor schwieriger machen als nötig, noch enger und begrenzter. Gerade wenn wir unseren Ängsten und Unsicherheiten Raum geben, sind wir oft versucht, das Tor enger zu machen, als Gott es tut. Doch sei nicht entmutigt! Gott wird uns immer aufrichten und stützen, wenn wir ihn lassen. Er hat versprochen, uns auf unserer Lebensreise niemals zu verlassen, geschweige denn die Hand von uns zu nehmen – er ist mit uns bis in alle Ewigkeit.

Als Nachfolger sind wir berufen, Christi Fußstapfen zu folgen, ein „großes" Leben trotz eines schwierigen Weges zu führen und durch das enge Tor zu schreiten auf dem Weg in eine wunderbare Zukunft. Gott erlöst uns, während uns sein Geist verändert und uns jeden Tag Jesus ähnlicher macht. Obwohl dieser Prozess selten leicht oder vorhersehbar ist, erfüllt er doch unser Leben mehr als irgendetwas anderes auf der Welt.

In den Kapiteln dieses Buches schauen wir uns an, was es heißt, inmitten der Höhen und Tiefen unseres Lebens wie Jesus zu leben, zu lieben und zu leiten. Das, was ich dazu erläutern möchte, sind Inspirationen rund um die „Karte", die in Matthäus 7,13–14 zu finden ist. Zuerst werden wir uns ansehen, was es heißt „ein großes Leben" zu führen, ehe wir erkunden, wie man die Hindernisse auf „einem schwierigen Weg" überwinden kann. Danach werden wir uns damit auseinandersetzen, was es bedeutet, durch „ein enges Tor" zu gehen, sodass wir „einer glorreichen Zukunft" entgegensehen können. So zu leben, zu lieben und zu leiten wie Jesus, wird dich freisetzen, mehr Freude, Kraft, Ziel und Frieden in deinem Leben zu erfahren – sofern du Tag für Tag jeden deiner Schritte dem Einen anbefiehlst, der jeden Anfang bereits von seinem Ende her kennt.

Ich bin fest davon überzeugt, dass die einzige Reise, die man gemacht haben sollte, die Nachfolge Christi ist. Weil es sich lohnt, für sie aufzubrechen. Nachdem ich gesehen habe, wie Gott Herzen verändert, verheerende Nöte stillt, unheilbare Krankheiten heilt und zerbrochene Seelen wiederherstellt, bin ich absolut sicher, dass Gott uns nicht geschaffen hat, um ein mittelmäßiges Leben zu führen, das sich nur mit wenig zufriedengibt. Er sandte seinen Sohn, der am Kreuz für uns starb – nicht damit wir schlafwandelnd durchs Leben trotten und bloß auf den Himmel warten, sondern damit wir Vergebung und ewiges Leben empfangen. Die Bibel, Gottes Wort, hilft uns, mit den unvermeidlichen Höhen und Tiefen und all den holprigen Straßenabschnitten auf unserem Weg umzugehen. Vor allem aber hat Gott einen einzigartigen Plan und eine einzigartige Bestimmung für dich.

Deine Reise – in Fülle zu leben, in Vollkommenheit zu lieben und mit Mut zu leiten – wurde lange vor den Fundamenten der Erde im Himmel von Hand gefertigt.

Sei gewiss: Dein geistliches Abenteuer hat begonnen – und das Beste kommt erst noch!

TEIL 1

EIN GROSSES LEBEN

KAPITEL 1

LEBEN IM GLAUBEN

„You call me out upon the waters,
the great unknown, where feet may fail.“

„Du rufst mich raus aufs weite Wasser,
das große Unbekannte, wo Füße verzagen mögen.“

„OCEANS" (MEER), HILLSONG MUSIC, 2013

Jesus zu folgen, heißt vorsichtig zu sein, was Träume betrifft. Denn du darfst sicher sein, wenn du dich dem Bau seines Reichs widmest, wird Gott bei Weitem die Grenzen deiner Vorstellungskraft sprengen. Wie Christus zu leben, zu lieben und zu leiten, wird dein Leben in besonderem Maße bereichern, dein Herz weiten und deinen Glauben vertiefen. Das weiß ich aus eigener Erfahrung.

Hättest du mich im Alter von zwanzig getroffen, hättest du es wahrscheinlich nicht für möglich gehalten, dass ich einmal einen internationalen Dienst leiten werde. Als Teenager fühlte ich mich oft sehr unbeholfen, und das obwohl ich mit einer sehr liebevollen Familie gesegnet war – meinen Eltern und vier

Geschwistern – und in der Kirche von klein auf stets aktiv war. Doch ich war groß und grobmotorisch veranlagt, kein guter Schüler und ließ mich schnell ablenken. Als ich dann begann, als Pastor und Leiter in die Fußstapfen meines Vaters zu treten, musste ich mich meiner Angst stellen, vor anderen in der Öffentlichkeit zu sprechen. Der Sohn eines geschätzten Predigers zu sein, machte mir Druck. Druck, den mir niemand auferlegt hatte, außer ich mir selbst. Er ließ mich nervös und unsicher werden. Außerdem fing ich an zu blinzeln, wenn ich vor Leuten sprechen musste. Ich stotterte nicht, aber meine Augen taten es.

Tief in mir wusste ich, dass ich dazu berufen war, zu leiten und dass ich für eine Bestimmung lebte, die größer war als ich selbst. Etwas, das wichtiger war, als ich es in dem Alter verstehen oder mir hätte vorstellen können. Ich war daher fest entschlossen, mich nicht von meinem häufigen Blinzeln und meiner mir selbst auferlegten Angst abhalten zu lassen, das zu tun, was Gott für mich vorbereitet hatte. Ich war zwar jung, doch ich hatte bereits erkannt, dass ich Gott auf eine Art und Weise dienen sollte, die das Leben anderer positiv beeinflussen würde. Und so hielt ich durch, lernte mich zu entspannen und mich auf Gott zu verlassen. Stück für Stück, während mein Glaube zunahm, fing ich an, Gottes sich immer mehr entfaltende Offenbarung zu erfahren, wozu ich auf dieser Erde lebte – um Kirche zu leiten, ihr zu dienen und sie voranzubringen.

Glücklicherweise bekam ich eine Partnerin an die Seite gestellt – im Leben, Lieben und Leiten –, meine wunderbare Frau Bobbie. Wer hätte gedacht, dass diese bildschöne junge Frau, die während einer Sommerkonferenz am Strand mit einem Eis in der Hand und in einem weißen Badeanzug auf mich zulief, ebenso den kirchlichen Dienst auf dem Herzen hatte wie ich? An jenem

Tag wusste ich nur, dass sie wunderschön war! Und natürlich brachte sie mir damals ein Eis mit. Heute, ein paar Jahrzehnte, drei Kinder und eine zunehmende Zahl von Enkelkindern später, dürfen wir sagen, dass unsere Ehe weiterhin blüht und gedeiht, denn wir lieben nicht nur einander, sondern zuallererst lieben wir Gott.

Als wir uns damals entschieden haben, zu heiraten, teilten Bobbie und ich bereits den Traum, Kirche zu bauen. Wir träumten davon, Teil einer lebendigen Gemeinschaft von Gläubigen zu sein, die vorangehen, lieben und ihrer Familie, ihren Freunden und ihrer Umgebung dienen.

Unser gemeinsamer Traum, wie Kirche aussehen könnte, überfiel uns schlagartig. Während unserer Verlobungszeit sprachen wir häufig über unsere Zukunft und unsere Begeisterung, gemeinsam Gott zu dienen.

Einmal waren Bobbie und ich abends eine Kleinigkeit essen gegangen, als wir wieder von der Zukunft träumten. Unser angeregtes Gespräch setzten wir noch auf der Rückfahrt fort. Zu dieser Zeit wohnte ich mit ein paar anderen jungen Männern aus unserer Kirche in einer WG. Ich parkte in der steilen Einfahrt unserer Nachbarin, Mrs Wilson. Bobbie und ich sprachen oft über den Preis, den wir bereit waren, zu zahlen, um Gott gemeinsam zu dienen. Ich erinnere mich noch genau, wie ich an jenem Abend zu ihr sagte, dass wir vielleicht nie ein eigenes Haus oder eine finanzielle Sicherheit besitzen würden, wenn wir Gottes Ruf folgen. Doch ihre Zuversicht und ihr Enthusiasmus führten dazu, dass ich mich nur noch mehr in sie verliebte. Begeistert von all dem, was vor uns lag (inklusive unserer Hochzeit), bemerkten wir nicht, wie sich plötzlich die Welt um uns herum anfing zu bewegen. Ich war so in unser Gespräch vertieft (und ganz ehrlich – auch in den

Gute-Nacht-Kuss), dass ich vergessen hatte, die Handbremse anzuziehen. Ich bin mir nicht sicher, ob Mrs Wilson uns tatsächlich geglaubt hat, als wir anfingen, ihr zu erklären, weshalb wir um zwei Uhr morgens in ihre Garage gekracht waren.

SO VIEL MEHR ALS EIN TRAUM

Die weltweiten Auswirkungen unseres Traums, der diesen Crash verursacht hat, lassen Bobbie und mich staunen. Damals in der Einfahrt von Mrs Wilson hätten wir uns all das nicht träumen lassen. Heute werde ich beispielsweise in ein Flugzeug springen, um das erste Mal in unserer neu gegründeten Hillsong Church in Kopenhagen, Dänemark, zu predigen. Und mir geht jedes Mal ein Strahlen übers Gesicht, wenn ich an die Geschichte denke, die mir kürzlich über einen Filmemacher berichtet wurde: Auf einem Event von Hillsong UNITED (einer internationalen Lobpreisband, die aus Hillsong heraus entstand) in der berühmten „Hollywood Bowl" (einer riesigen Freilichtkonzerthalle, nördlich von Hollywood) wurde dieser Mann so bewegt, dass er begann, Pläne für einen Film zu schmieden. Er wollte, dass auch andere Menschen die Wahrheit und Emotion erleben können, die der Lobpreis in ihm entfacht hatte.

Seine Geschichte ist nur eine von vielen weiteren.

Das Ausmaß dessen, was in jedem einzelnen Kapitel unseres Lebens vor uns liegt, könnte uns einschüchtern. Gleichzeitig ist es wichtig, nicht die Perspektive zu verlieren. Haben wir nicht von Tagen wie diesen geträumt? Tagen, in denen einflussreiche Menschen aufhorchen und den lebendigen Gott und den Einfluss seiner Kirche auf dieser Welt erkennen.

Zu sehen, wie Gott weiterhin seinen Segen auf Hillsong ausgießt und uns bisher bereits gebraucht hat, um sein Reich zu bauen, erfüllt mich mit einer Mischung aus purer Freude und völligem Unglauben. Kurz gesagt: Ich bin verblüfft! Zu sehen, wie diese Kirche Millionen von Menschenleben überall auf der ganzen Welt erreicht, ist mehr als sich zwei Jugendliche in einem alten Nissan hätten erträumen können – wir sind einfach Zeuge der Auswirkungen von Gottes Macht. Wir dürfen erleben, wie die kleinen Samen, die uns über die Jahre hinweg anvertraut worden sind, aufblühen und Frucht tragen. Unser Leben dem Bau des Reiches Gottes zu widmen, ist das größte Abenteuer. Und wir sind weiterhin gespannt darauf, was er als Nächstes tun wird!

In Australien gibt es eine Redewendung, die davon spricht, die „hohe Mohnblume" abzuschneiden – womit gemeint ist, eine Blume zu beschneiden, die höher gewachsen ist als alle anderen. Sie wird oft benutzt, wenn es um Menschen geht, die überdurchschnittlich viel erreichen oder beispiellosen Erfolg haben: Politiker, Künstler, Entertainer und Geschäftsleute. Sie alle werden oft genauestens beäugt. Und während die kritische Herangehensweise, die in dieser Redewendung enthalten ist, unfair benutzt werden kann, um jemanden abzuwerten, erinnert sie uns gleichzeitig daran, nicht zu hoch von sich selbst zu denken oder sich selbst zu verherrlichen. Deshalb möchte ich der Erste sein, der seine eigene Mohnblume stutzt, denn niemals würde ich es wagen, irgendeins der erstaunlichen und unglaublichen Dinge, die Gott immer wieder durch Hillsong tut, als meinen eigenen Verdienst darzustellen. Meine Frau und ich sind einfach bereit zu dienen, und wir empfinden es als einen Segen, gemeinsam mit so vielen anderen Menschen weltweit, die seine Kirche bauen und die Gute Nachricht verbreiten, von Gott gebraucht zu werden.

Was das Stutzen meiner Mohnblume betrifft, brauche ich mich nur zu erinnern, wie Bobbie und ich begonnen haben. Und du würdest den Zusammenhang direkt verstehen, wenn du die winzige Wohnung sehen würdest, in die Bobbie und ich zogen, als wir nach Sydney kamen, um in der Kirche, die meine Eltern dort gegründet hatten, zu dienen. Wenn du mich sehen würdest, wie ich Schaufenster putzte für zwei Dollar pro Fenster (fünf Dollar für die großen), um über die Runden zu kommen. Und wenn du Bobbie sehen könntest, wie sie in aller Frühe aufstand, um die Stühle für den Gottesdienst zu stellen oder Wolken an die Wand des sonst so düsteren Sonntagsschulbereichs zu malen. Wenn du mich sehen würdest, wie ich mit unserem unerfahrenen, aber begabten Lobpreispastor auf dem Klavierschemel saß, um ihn zu ermutigen, selbst Kirchenlieder zu schreiben und Menschen in die Anbetung zu führen, und wenn du die kleine Schulhalle gesehen hättest, in der wir zu Beginn Gottesdienste feierten, bevor wir in eine von Feldern umgebene, leer stehende Lagerhalle am nordwestlichen Stadtrand von Sydney zogen … Wenn du all das sehen würdest, dann würdest du den Hauch einer Ahnung davon bekommen, was Gott getan hat. Und du würdest staunen, so wie wir es heute tun.

GLAUBE OHNE GRENZEN

Das Leben heutzutage ist ein vollkommen anderes als damals, als wir mit Hillsong Church anfingen. 1993 war die Kirche gerade zehn Jahre alt, als ich mich in unserem Büro in Castle Hill mit einem weißen Blatt Papier an meinen Schreibtisch setzte. Dort, während ich durch das Fenster auf die verlassenen Geschäfte blickte, schrieb ich folgende Worte ganz vorne in mein Notizbuch: *„Die Kirche, die ich sehe."* Dieser Satz war eine mutige Erklärung an die Zukunft, ein Vlies, das ich vor Gott auslegte, und der Schrei meines Herzens – die Vision einer Kirche, die ich leiten wollte. Es ging um internationale Dienste, einflussreiche Musik, Hallen und

Altarräume, die mit Menschen gefüllt sein sollten. Ich träumte von bisher noch nicht existierenden Fernsehdiensten und einem College, das zu schön war, um wahr zu sein. Das Ganze war ein Glaubensziel und als ich diese Vision eines Sonntagmorgens mit den Menschen unserer Kirche teilte, wusste ich, dass ich soeben aus dem Boot gestiegen war.

Heute leben wir in der Zeit, von der Bobbie und ich damals geträumt haben. Doch unser Glaube damals war nicht groß genug für das ganze Ausmaß von Entwicklungen und Plänen, die Gott für unsere Zukunft bereithielt. Und was Gott mir immer wieder gezeigt hat, ist, dass es – ungeachtet des Levels an Erfolg oder der Größe der Vision, die wir haben – immer wieder auf die Menschen ankommt. Sein Herz dreht sich immer um Menschen. Es geht um so viel mehr als Zahlen. Ob es nun Mitgliedschaften, Kirchenetat, Wochenendbesucher oder Plattenverkäufe betrifft, ich möchte mich statt auf Zahlen auf die veränderten Leben konzentrieren. Zu viele Menschen versuchen Glauben und Wunder auf Quantität zu reduzieren, doch ich möchte nicht alleine durch Zahlen versuchen zu bewerten, was Gott getan hat. Glauben kann man nicht in Quadratmetern, Dollar oder Besucherzahlen messen. Regelmäßig erinnern wir uns daran, dass es bei Hillsong nicht um die Masse geht, sondern um den Einzelnen. Es geht zum Beispiel um den Taxifahrer in Guatemala, der uns mit Tränen in den Augen erzählte, welchen positiven Einfluss die Musik von Hillsong auf seine zerbrochene Familie hatte, oder um die Frau in Uganda, die, als sie feststellte, dass wir aus Australien sind, sagte: „Es gibt nur zwei Dinge, die ich von Australien kenne: Kängurus und Hillsong." Oder die Menschen, die wir an den kuriosesten Orten treffen – von abgelegenen Stränden in Afrika bis hin zu Toilettenschlangen an den größten Flughäfen der Welt –, die ihre Dankbarkeit ausdrücken für den Dienst von Hillsong und von dem Einfluss berichten, den Gott durch die Begegnung mit einer Person, einem Lied oder einer Predigt auf ihr Leben hatte.

Ich bin überzeugt, dass die meisten Beweise für Gottes Wirken unbemerkt bleiben bzw. nicht aufgezeichnet werden: Die Familie, die wieder zueinander findet, weil ein Elternteil während des Absitzens der Gefängnisstrafe Jesu Liebe erfahren hat. Die geschiedene Person, die beginnt, sich – so wie sie ist – geliebt und akzeptiert zu fühlen. Der heimliche Drogenabhängige, der den Mut findet, seine Sucht innerhalb einer Gemeinschaft von ermutigenden Gläubigen zu bekennen. Das hungrige Kind, das gefüttert wird. Die einsame Witwe, die getröstet wird. Die Waise, die Eltern findet. Die Zerstrittenen, die Versöhnung finden. Die Verlorenen, die gefunden werden. Zu sehen, wie Gott die Armen aus dem Staub rettet und die Bedürftigen emporhebt, um sie auf die gleiche Höhe mit Prinzen zu setzen, wie er die Zerbrochenen heilt und die Sünder gerecht nennt, lässt bei mir keinen Zweifel daran, dass Jesus zu folgen der einzige Weg zu leben ist.

Ein Leben im Glauben zu führen, bedeutet nicht, in einer Begrenztheit zu stecken wie bei Malen nach Zahlen. Vielmehr malt man außerhalb der Linien, weil man das, was vor einem liegt, mit anderen Augen anschaut, als es die Welt tut – mit ewigen Augen und mit ewiger Perspektive. Dein himmlischer Vater hat dich nicht erschaffen, damit du bloß ein durchschnittliches Leben führst. Er hat dich vielmehr zu einem Leben im Glauben geschaffen.

AUF DEM WASSER LAUFEN

Zu glauben und mit Gott zu leben, bedeutet nicht unbedingt auf einer Überholspur unterwegs zu sein. Glaube ist keine Autofahrt, sondern eher zu vergleichen mit dem Schwimmen. Einen

Großteil meines Lebens habe ich in den Wellen und in Cafés an großartigen Stränden Australiens verbracht. Dieses sonnenverbrannte Land ist die größte Insel der Welt und hat somit mehr Küsten als irgendein anderes. Mein Heimatland Neuseeland besteht auch aus Inseln und als Junge habe ich nichts mehr geliebt, als am Strand zu sein, im Wasser zu treiben und mich von der Sommerhitze abkühlen zu lassen.

Aber Glaube zu leben, bedeutet viel mehr, als bloß dahinzugleiten und dich von der Strömung des Lebens tragen zu lassen – wohin auch immer sie will. Glaube bedeutet, Verantwortung für die eigene Zukunft zu übernehmen, während du immer noch jeden Schritt von Jesus abhängig machst – selbst wenn das bedeutet, auf dem Wasser zu gehen. Dies wird in wunderschöner Weise in dem Hillsong-UNITED-Lied „Oceans" interpretiert. Es erzählt von der Situation, in die Petrus geriet während seiner Begegnung mit Jesus inmitten einer stürmischen Nacht:

„In den frühen Morgenstunden kam Jesus auf dem Wasser zu ihnen. Als die Jünger ihn sahen, schrien sie vor Entsetzen, denn sie hielten ihn für ein Gespenst. Aber Jesus sprach sie sofort an: ‚Habt keine Angst! Ich bin es doch, fürchtet euch nicht!' Da rief Petrus: ‚Herr, wenn du es wirklich bist, lass mich auf dem Wasser zu dir kommen.' ‚Komm her!', antwortete Jesus. Petrus stieg aus dem Boot und ging Jesus auf dem Wasser entgegen. Als Petrus aber die hohen Wellen sah, erschrak er, und im selben Augenblick begann er zu sinken. ‚Herr, hilf mir!', schrie er. Jesus streckte ihm die Hand entgegen, ergriff ihn und sagte: ‚Hast du so wenig Glauben, Petrus? Vertrau mir doch!' Sie stiegen ins Boot, und der Sturm legte sich. Da fielen sie alle vor Jesus nieder und riefen: ‚Du bist wirklich der Sohn Gottes!'".

Matthäus 14,25–33

Berufsfischer Petrus konnte seinen Augen nicht trauen, als er aufblickte und gemeinsam mit den anderen Jüngern jemanden über das stürmische Wasser schreiten sah. Es *muss* ein Gespenst sein – es gab keine andere Erklärung. Als ob der heraufziehende Sturm nicht schon genug war. Jetzt hatten sie wirklich Angst.

Doch dann hören sie seine Stimme.

„Seid mutig! Alles ist in Ordnung! Ich bin's nur!" Die Stimme ihres Herrn hallt wie Donner.

„Ist es möglich …?", fragen sich die Jünger.

Petrus verlangt nach einem Beweis. „Wenn du es wirklich bist, Herr," brüllt er in den heulenden Wind, „dann sag mir, dass ich übers Wasser zu dir kommen soll!"

„Komm!", ruft Christus ohne Zögern.

Und dann passiert es. Petrus steigt aus dem Boot und macht einen Schritt nach vorn. Während seine Augen auf Jesus fixiert sind, versucht der Fischer nicht daran zu denken, was er gerade eigentlich tut und lässt seine Beine das tun, was sie schon unzählige Male getan haben. Sie machen einen Schritt, dann noch einen und noch einen.

Er läuft auf dem Wasser.

Doch plötzlich bemerkt Petrus, wie der Wind stärker wird, und er bekommt Panik. Vielleicht denkt er: „Ich laufe auf dem Wasser! Warte mal – das ist unmöglich! Das kann man nicht!" Und dann beginnt er, wie ein Stein zu sinken.

RUDERE DEIN BOOT

Ich kenne dieses Gefühl, plötzlich zu sinken.

Als ich neun oder zehn Jahre alt war, verbrachte ich mit meiner Familie den Sommerurlaub in einem Haus direkt an einem der sogenannten „bodenlosen" Seen, die Teil der Südinsel Neuseelands sind. Während sich unsere Eltern entspannten und mit Freunden unterhielten, entdeckten mein älterer Bruder und ich ein kleines Ruderboot am Nachbarhaus. Wir konnten der Versuchung einfach nicht widerstehen, es uns auszuleihen. Dieser See war ziemlich tief und mittlerweile weiß ich, dass er für plötzliche Wetterschwankungen und Strömungen berüchtigt ist. Als wir gerade auf der anderen Seite des Sees angekommen waren, hatte sich das Wetter bereits zugezogen. Und als die Sturmwolken heraufgezogen waren, ruderten wir noch immer zurück – mitten auf dem See.

Angesichts des aufkommenden Winds und der stärker werdenden Strömung begannen wir, kraftvoller zu rudern. Doch das Ufer mit unserem Zuhause schien einfach nicht näher kommen zu wollen. Unsere Arme wurden mehr und mehr müde, als das Unvorstellbare passierte: Ich verlor mein Ruder.

„Was machen wir jetzt?", schrie ich meinen Bruder an.

„Hol es wieder!", rief er das Pfeifen des Windes übertönend zurück.

Da er zwei Jahre älter war als ich, sah ich keine andere Option und sprang ins Wasser.

Ein großer Fehler!

Nach dem Ruder zu greifen, war verhältnismäßig einfach. Allerdings sog mich die Strömung vom Boot weg, meine Arme waren müde und das Ruder war schwer. Und dann war da noch der heftige Regen, der kalt auf mein Gesicht prasselte. Ich begann nach Luft zu schnappen.

Dann sah ich, wie mein Bruder auf mich zu schwamm. Er war genauso verrückt wie ich! Zumindest war er bereit, mir zu folgen, weil er sich verantwortlich – oder schuldig – fühlte, mich ins Wasser geschickt zu haben. Während er näher kam, fragte ich mich,

27

wie er uns beide retten wollen würde. Würde die Strömung uns nicht beide abtreiben oder nach unten ziehen?

Doch mein großer Bruder hatte einen Trumpf im Ärmel – und zwar wirklich. Er hatte sich ein Seil, das am Boot befestigt war, an den Arm gebunden. Er packte mich und wir begannen gemeinsam, es mit dem Seil immer näher an uns heranzuziehen, bis wir uns selbst hineinziehen konnten.

Als wir es endlich zurück ans Ufer geschafft hatten, um die Strafe unserer Eltern in Empfang zu nehmen, hatte sich der Sturm längst gelegt. Doch durch diese Aktion bekam ich ganz neu Respekt dafür, was Petrus und die anderen Jünger damals auf dem Wasser erlebt haben mussten.

Auf dieser unbeständigen, welligen Oberfläche zu laufen, konnte ich mir einfach nicht vorstellen. Auf einem stillen See war es ja schon unmöglich … Und im Sturm? Erst recht!

Es sei denn, du hast Glauben. Und zwar einen Glauben, den Petrus in den Momenten besaß, als er einfach Gottes Anweisungen befolgte. Einen Glauben, der nicht darüber nachdachte, warum er eigentlich nicht tun konnte, was er gerade tat. Die Art, die du hast, wenn du ein Leben im Glauben führst.

Was ist es konkret, das gerade vor dir liegt und worüber du denkst, dass es unmöglich sei? Was ist deine momentane „In-der-Mitte-des-Sturms-auf-dem-Wasser-laufen"-Aufgabe, die sich so entmutigend und Furcht einflößend anfühlt? Letztendlich brauchen wir alle irgendwann Glauben, um aus dem Boot auszusteigen.

DEN SCHRITT INS UNBEKANNTE WAGEN

So oft scheitern wir, weil wir uns in unseren Gedanken verlieren, in Spekulationen und Mutmaßungen verstricken, und versuchen, das Leben irgendwie hinzubekommen. Wir wollen auf dem Wasser gehen. Aber wir bestehen darauf, es aus eigener Kraft zu tun. Wir meinen, dass wenn wir unser Vertrauen auf etwas anderes setzen – auf Technologie, um das Wetter zu kontrollieren, auf Geld für ein größeres Boot, oder auf eine Rettungsweste „nur für den Fall" –, wir es vielleicht dann schaffen. Aber das ist nicht der Fall! Der Moment, in dem wir denken, wir schaffen es, ist der Moment, in dem wir unseren Blick von Jesus abwenden – und in diesem Moment fangen wir an unterzugehen.

Das Leben ist eine Reise, ein sich windender Pfad, der viele Ungewissheiten birgt. Dieser Weg ist nur passierbar durch Gottes Kraft und Gnade.

Vielleicht spricht dich diesbezüglich folgende Geschichte an: Ende 2012 war Taya Smith, eine unserer talentierten jungen Worship-Leiterinnen und Mitglied von Hillsong UNITED, einfach nur ein unbekanntes Gesicht in der Menge. Ihr Gesangstalent war weitgehend unbekannt in unserer Kirche, doch sie diente treu in unserer Jugendarbeit.

Irgendwann war Taya in ihrem Job als Verkäuferin gezwungen, ihre Urlaubstage einzulösen. Eigentlich hatte sie geplant, den Urlaub bei ihrer Familie im ländlichen New South Wales zu verbringen, aber sie hatte zu lange mit dem Buchen des Flugtickets gewartet. Nun waren die Preise zu teuer und so steckte sie in ihrer freien Woche in Sydney fest – dieselbe Woche, in der unsere Kirche das Album „Glorious Ruins" aufnahm. Als sie am Sonntagabend in die Kirche ging, wurde ihr gesagt, dass sie sich bereithalten solle, mit dem Rest unserer Jugendband „Young & Free" auf die Bühne zu springen, wenn am Ende des Gottesdienstes noch genug Zeit sei. An diesem Abend sang sie leidenschaftlich, aus voller Kehle, mit ganz viel Herz und mein Sohn, Joel Houston, bemerkte es.

Am darauffolgenden Dienstagmorgen wachte Taya auf und bekam eine SMS von Mike Chislett, dem Produzenten von Hillsong UNITED, der sie fragte, ob sie ins Studio kommen könne, um für das neue Projekt von UNITED ein paar „Backing Vocals" aufzunehmen. Da Taya keinen Führerschein besaß, fuhr sie die beiden nächsten Tage jeweils mit mehreren Umstiegen und ihrem Skateboard in das UNITED-Studio – pro Fahrt dauerte es jeweils ungefähr anderthalb Stunden. Und während dieser beiden Tage gab Joel ihr einen neuen Song, den sie lernen sollte: „Oceans".

Die Jungs erzählen sich heute noch, wie sich Taya nach der ersten Aufnahme zu ihnen umdrehte und nervös sagte, dass sie es noch besser könne. Verblüfft haben sie damals geantwortet: „Das war aber schon ziemlich klasse." (Falls du Taya jemals singen gehört hast, kannst du dir vorstellen, mit wie viel Herz und Leidenschaft sie an absolut alles herangeht, was sie tut.)

Ich liebe vor allem den Teil von Tayas Geschichte, wenn sie erzählt, wie sie sich im Bus nach Hause an das Gebet erinnerte, das sie nur zwei Wochen zuvor gebetet hatte: „Gott, bitte schenk mir eine Möglichkeit, professionell singen zu können, oder schließe diese Tür ganz", und wie sie damals gespürt hatte, dass Gott sie aufforderte, den Traum zur Seite zu legen und aufs weite Wasser hinauszutreten in das „große Unbekannte". Der Rest ist Geschichte.

Tayas Geschichte ist wie die von so vielen anderen. Ein junges Mädchen ist aus dem Boot gestiegen, Gott hat ihre Pläne durchkreuzt, sie wählte den Dienst anstelle der Bequemlichkeit und ihr Leben wurde somit ein Zeugnis des Glaubens und der Treue Gottes, die sich dann zeigt, wenn wir uns ihm mit den unbekannten Details unseres Lebens anvertrauen.

Möchtest du leben, lieben und leiten wie Jesus, dann gibt es keinen anderen Plan, außer zu glauben. Um seinen Plan für dein

Leben zu erkennen, wirst du hinaus aufs Wasser in das große Unbekannte treten und alles riskieren müssen, was du hast. Und wenn du aus dem Boot steigst und seiner Stimme folgst, wirst du Schritte gehen, die du niemals für möglich gehalten hast.

Du wirst eine Entdeckungsreise beginnen, eine Expedition an Ziele, die Gott dir noch nicht enthüllt hat. Du wirst aufleben durch die Möglichkeit, auf Gott zu vertrauen, um zu tun, was unmöglich scheint. Du wirst erleben, wie du herausgefordert, in deiner Glaubenshaltung geweitet und versucht sowie geprüft wirst. Und möglicherwiese wirst du auf dem Wasser laufen.

So ist das Leben im Glauben.

KAPITEL 2

SICH IN DER EIGENEN HAUT WOHLFÜHLEN

*„Here I am down on my knees again
surrendering all."*
„Hier bin ich wieder auf meinen Knien –
ergebe mich dir."
„I SURRENDER" (ICH ERGEB MICH),
HILLSONG MUSIC, 2012

Ich liebe die Morgen, an denen ich zu Hause in Sydney bin und viel Zeit habe, um fit für das vor mir Liegende zu werden. An solchen Tagen wache ich recht früh auf und stolpere im Dunkeln umher, um ja nicht Bobbie aufzuwecken. Doch meist ist mein Bemühen vergebens. Obwohl ich noch nicht ganz wach bin, brauche ich über meine routinierten Handgriffe nicht groß nachzudenken. Ich finde mein T-Shirt, eine Shorts, meine Joggingschuhe und meine geliebte Kappe. Meine Kappe ist jeden Tag die gleiche, während die meisten anderen Klamotten ab und zu von meiner Frau in den Wäschekorb bugsiert werden.

Nachdem ich mich angezogen habe, schleiche ich aus dem Haus, um ein paar Häuserblocks weiter meinen morgendlichen Kaffee zu genießen. Die Luft ist noch kühl, ehe die Sonne hoch am australischen Horizont steht und brennt. Gemeinsam mit ein paar anderen Frühaufstehern erreiche ich das Café. Ich setze mich an einen kleinen Ecktisch, schlürfe meinen Kaffee und denke über den Tag nach, der vor mir liegt.

Solche Morgen, an denen ich zu Hause in aller Ruhe in den Tag starten kann, sind mir die liebsten – zumal ich in meinen gemütlichen Lieblingsklamotten bleiben kann. Hin und wieder treffe ich ein paar Bekannte, die mich lustigerweise fragen, ob ich Sport gemacht hätte. „Nein, das war einfach das Gemütlichste, das ich anziehen konnte!", muss ich dann gestehen. Allerdings motivieren mich meine Anziehsachen sogar manchmal dazu, durch die Nachbarschaft zu joggen (ganz langsam), bevor ich duschen gehe und mich den Angelegenheiten des Tages widme. Ich fühle mich einfach wohl in diesen Klamotten. Meistens jedenfalls. Ich würde sie immer tragen, wenn ich nur könnte.

SITZT WIE ANGEGOSSEN

Vermutlich besitzt auch du ganz spezielle Anziehsachen, die über die Jahre zu deinen Lieblingsklamotten geworden sind: eine Jeans oder eine Lederjacke, ein T-Shirt von einem Konzert oder ein Kleid, das du bei deiner ersten Verabredung getragen hast. Solche Lieblingsklamotten sitzen nicht nur wie angegossen, meist sind sie auch noch sehr bequem. Du fühlst dich einfach gut, wenn du sie trägst.

Wäre es nicht schön, wenn dein Leben sich so angenehm anfühlen würde wie deine Lieblingsklamotten? Wünschst du dir das nicht manchmal? Dass du dich in deiner eigenen Haut genauso wohlfühlen würdest, wie in deiner Lieblingsjeans? Dass, wer du heute bist, einfach übereinstimmen würde mit der Person, zu der Gott dich geschaffen und bestimmt hat?

Ich bin überzeugt davon, dass wir uns alle nach diesem Leben sehnen. Wir nehmen es manchmal an Personen wahr, die ihre Berufung entdecken, sie ganz und gar leben und ungeheuerlich erfolgreich damit unterwegs sind. Solche Menschen ragen hervor, da sie in einem Rhythmus der Gnade leben, der ihre Leidenschaften, Talente, Fähigkeiten und Möglichkeiten kombiniert. Wir bewundern ihre Erfolge und sind selbst begeistert, wie sie die Menschen um sich herum inspirieren und wie sie das Leben lieben. All das gelingt ihnen scheinbar mühelos.

Obwohl es solche Menschen auf fast allen Gebieten gibt, stelle ich diese besondere Eigenschaft vor allem an Athleten fest. Profisportler – ob es nun Fußballer oder Basketballer sind oder wie in Australiens Wahlsportart Kricketspieler – kennen einfach ihre Stärken und wissen diese einzusetzen. Und als Sportfan begeistert es mich, solche talentierten Athleten in bester Form zu erleben. Zu sehen, wie sie führen und punkten, für einen entscheidenden Angriff losstürmen oder sachte einen Pass spielen, zeugt von Rhythmus und Klarheit in ihren Bewegungsabläufen – einer intuitiven Gabe, die gleichermaßen durch Strategie und Improvisation geschärft wurde.

Vielleicht geht es dir ähnlich, wenn du deinem Lieblingsschauspieler oder -sänger zusiehst, einen begabten Lehrer im Klassenraum erlebst, einem geschickten Künstler beim Schnitzen einer Skulptur zuschaust oder wenn du in deiner Kirche jemandem zuhörst, der locker von der Kanzel predigt und dabei ganz natürlich die Herzen der Menschen berührt. Jede Person, der es gelingt, die eigenen natürlichen Fähigkeiten mit den tief verankerten

Leidenschaften, dem Know-how und der persönlichen Lebenserfahrung zusammenzubringen, wird ähnlich in ihrem Auftreten hervorleuchten.

Der kanadische Journalist Malcom Gladwell stellt in seinem Buch „Überflieger – Warum manche Menschen erfolgreich sind und andere nicht" die These auf, dass es 10 000 Stunden an Training, Üben, Disziplin und noch mehr Training braucht, bis jemand zu einem Experten in seinem Fach wird. Vielleicht hast du noch keine 10 000 Stunden in einen bestimmten Bereich investiert – bzw. noch nicht mal deine Berufung gefunden –, aber du hast sicherlich schon viel Zeit damit verbracht, ein Schüler deiner selbst zu sein. Denn du weißt, dass du dich nach mehr in deinem Leben sehnst – nach mehr Bestimmung und einer tieferen Befriedigung.

Du sehnst dich nach einem reichen, uneingeschränkten und großzügigen Leben. Dem Leben, das Jesus brachte, als er kam.

ÜBERFORDERT

Vor Kurzem fuhren Bobbie und ich gemeinsam in unserem Auto. Wir waren vielleicht eine Stunde von unserem Ziel entfernt und unterhielten uns über alles Mögliche, unsere Kinder und Enkelkinder und Leute aus der Kirche, bevor wir in eine angenehme Stille verfielen, die du einfach mit jemandem genießt, den du schon lange kennst. Doch irgendwann drehte sich Bobbie plötzlich zu mir und brach das Schweigen: „Fühlst du dich manchmal überfordert?"

Zweifelsohne waren ihre Gedanken bei der „Colour Conference" (www.colourconference.com) für Frauen, die sie jedes Jahr leitet, dachte ich. Sie hatte, durch Gottes Geist geführt, vor Jahren eine Konferenz ins Leben gerufen, die sich darum dreht, wie sehr

Gott Frauen liebt und wertschätzt. Und Bobbie durfte erleben, wie sich die „Colour Conference" zu einem internationalen Event entwickelte, das Frauen aus aller Welt anzieht. In dem Wissen, dass, zusätzlich zu all den anderen Dingen, die Bobbie gerade beschäftigten, die diesjährige Konferenz unmittelbar vor der Tür stand, wusste ich also genau, woher ihre Frage rührte. Ich antwortete ohne zu zögern: „Ständig."

Ehrlich gesagt gab es noch nie einen Zeitpunkt, an dem wir, Bobbie und ich, uns nicht überfordert gefühlt hätten. Als wir jung waren, hatten wir weder die Mittel noch die Erfahrung, mit dem, was wir in unserem Dienst taten, zufrieden zu sein. Täglich hatten wir uns auf Gott zu verlassen. Und später, als wir ein paar Jahre auf dem Buckel hatten, wuchs sowohl unsere eigene Familie als auch die der Gemeinde und hielt uns auf Trab. Wir hatten mit Gottes Gnade einiges zu improvisieren und baten Gott ständig um Führung, Versorgung und Schutz.

Und heute, wo Gott uns mehr Verantwortung und Mittel anvertraut hat, fühlen wir uns umso mehr überfordert. Wir können es niemals alleine schaffen, nicht einmal mit den Tausenden unglaublich begabten Menschen, die sich der Hillsong Church angeschlossen haben, um Gottes Reich zu bauen. Aber Gott beruft uns weiterhin und wir hören nicht damit auf, seinem Ruf und den Aufforderungen des Heiligen Geistes zu folgen. Er ist mehr als treu darin gewesen, uns mit allem zu versorgen, was wir brauchten – sogar mehr als das. Doch all das kommt niemals aus unserer eigenen Kraft, unseren Talenten, Fähigkeiten oder dem eigenen Einfluss.

Vielleicht fühlst auch du dich manchmal überfordert. Möglicherweise fühlst du dich gefangen in einem Teufelskreis von zu kurzen Tagen und zu vielen Aufgaben, Rechnungen und Deadlines. Das Leben ist voll an Momenten, die uns überwältigen wollen. Vor allem für jene, die etwas Erstrebenswertes aus ihrem Leben machen wollen. Allerdings versuchen Menschen immer wieder Antworten zu finden, indem sie sich mit lauter Dingen beschäftigen, die ihnen nur Energie und letztlich Motivation rauben ... obwohl es eine bessere Art zu leben gibt.

In der Bibel können wir so vieles über das Leben in der Gnade lesen. Wir dürfen die unverdiente Gunst eines gütigen und gnädigen Gottes kennenlernen, sie annehmen und in ihr leben. Die Bibel steckt voller Charaktere, die sich zwischendurch überfordert und unfähig gefühlt haben, die ihnen anvertraute Aufgabe zu erfüllen. Männer wie Frauen, die überwältigt waren von ihrer Bestimmung und der Berufung, die Gott auf ihr Leben gelegt hatte. Menschen wie Mefi-Boschet, der ein Fremder im eigenen Königshause war. Mose, ein Anführer, der nicht gut sprechen konnte. David, der nur ein einfacher Hirtenjunge war. Wir finden sogar eine Prostituierte namens Rahab, die gefragt wurde, ihr Volk zu verraten und einem Gott zu vertrauen, den sie kaum kannte, um ihre Familie zu retten.

Jeder dieser Menschen fühlte sich von Zeit zu Zeit überfordert. Und doch gab Gott ihnen die Gnade, die sie brauchten, um ihre einzigartige Bestimmung und Berufung zu erfüllen. Und ich darf darauf vertrauen, dass er dasselbe für dich und mich tut.

Als der Apostel Paulus Gott darum bat, seinen „Dorn im Fleisch" – ein wiederkehrendes Problem – zu entfernen, antwortete dieser ihm: *„Meine Gnade ist alles, was du brauchst! Denn gerade wenn du schwach bist, wirkt meine Kraft ganz besonders an dir."* Das brachte Paulus dazu zu schreiben: *„Darum will ich vor allem auf meine Schwachheit stolz sein. Dann nämlich erweist sich die Kraft Christi an mir"* (2. Korinther 12,9).

IM WIRKUNGSKREIS DER GNADE

Mit jeder Geschichte über eine Person gibt uns die Bibel Hinweise darauf, wie wir in der Geborgenheit unserer eigenen Gnade leben können. Doch der Apostel Paulus spricht sie stets ganz direkt an. Jeden seiner Briefe, ob nun an die Römer, Epheser, Kolosser oder jemand anderen, beginnt er, indem er sich selbst im Kontext der Gnade vorstellt. Dabei strahlen seine Worte jedes Mal eine Sicherheit, natürliche Stärke und innere Ruhe aus. Statt auf seine Unzulänglichkeiten zu schauen, die er hinter sich gelassen hat, fokussiert er sich auf das, wozu er berufen wurde. Und er vertraut Gottes Macht, dies zu erreichen.

Sieh dir einmal an, wie er seinen Brief an die Epheser beginnt: *„Paulus, ein Apostel Jesu Christi, von Gott berufen, schreibt diesen Brief an alle in Ephesus, die an Jesus Christus glauben und ganz zu Gott gehören"* (Epheser 1,1). Ich schätze, es klingt wie ein normaler Briefbeginn, aber wenn du einmal darüber nachdenkst, dann wird sein fester Glaube in seinem Auftreten deutlich. Paulus sagt quasi: *„Paulus* – der bin ich. *Ein Apostel* – das ist es, was ich tue. *(Von) Jesus Christus* – für ihn bin ich unterwegs. *Von Gott berufen* – er ist meine Autorität. *An alle in Ephesus, die an Jesus Christus glauben und ganz zu Gott gehören* – das ist meine Zielgruppe." In einem einzigen kurzen Satz offenbart Paulus den kompletten Wirkungskreis seiner Gnade!

Paulus war offensichtlich überzeugt von dem, wofür er einstand. Trotz der zahlreichen Herausforderungen fühlte er sich wohl in seiner Berufung. Er fühlte sich sicher und zufrieden in der Gnade, die Gott ihm zuteilwerden ließ. Und als er eines Tages gezwungen war, seinen Dienst und die ihm von Gott verliehene Vollmacht zu verteidigen, gab Paulus eine fantastische Definition für dieses einzigartige Maß an Gnade, das jedem von uns zuteilwird. Er schrieb: „*Denn wir wagen es nicht, uns denen zuzurechnen oder gleichzustellen, die sich selbst empfehlen; sie aber sind unverständig, indem sie sich an sich selbst messen und sich mit sich selbst vergleichen. Wir aber wollen uns nicht ins Maßlose rühmen, sondern nach dem Maß des Wirkungskreises, den uns Gott als Maß zugemessen hat, nämlich dass wir auch bis zu euch gelangen sollten*" (2. Korinther 10,12–13; SLT).

Paulus macht hier deutlich, dass es nicht weise ist, sich selbst anhand eigener oder durch Standards anderer zu vergleichen oder zu bewerten. Wir können nur in dem Wirkungskreis erfolgreich sein, den Gott uns zugedacht hat. Fängst du an, dich zu vergleichen, wirst du unzufrieden, neidisch, eifersüchtig, missmutig und verbittert, denn das Gras des Nachbarn ist irgendwie immer grüner als das eigene. Du wirst immer jemanden finden, der scheinbar besser ist als du, der mehr Erfolg zu haben scheint, mehr Spaß im Leben hat und mehr Geld verdient.

Doch wenn du verstehst, was Paulus meint und du dir sein Leben anschaust, dann wird deutlich, dass seine innere Sicherheit und die Tatsache, dass er sich wohl in seiner Haut fühlt, daher rühren, dass er in seinem Wirkungsbereich lebt – dem Maß der Gnade, das Gott ihm zugeteilt hat.

Ich erinnere mich noch an das erste Mal, als Bobbie und ich gemeinsam nach Amerika eingeladen wurden. Wir sollten auf einer Konferenz an der Westküste sprechen, und wir fühlten uns beide ein wenig unsicher, da wir das erste Mal in den Vereinigten Staaten sprechen würden. Wir hatten ein paar Dinge über den Dienst in den USA gehört, wie zum Beispiel, dass Pastorenehefrauen nur Röcke tragen. Außerdem trug keiner der anderen Sprecher einen Pferdeschwanz wie ich. Wir waren also, als wir eintrafen, ein bisschen sensibel gestimmt, was unsere Herkunft betraf. Ich erinnere mich auch noch daran, wie ich den anderen Sprechern zuhörte und wie wortgewandt sie in ihrem perfekten Amerikanisch predigten. „Was mache *ich* hier?", fragte ich mich. Doch die Worte eines guten Freundes brachten mich zurück auf den Teppich. Als ich gerade zum Sprechen auf die Bühne gehen wollte, klopfte er mir auf die Schulter und sagte: „Brian, sei einfach du selbst. Sei der Australier, der du bist – deshalb lieben wir dich!"

Unsere Unsicherheiten können uns derart ablenken, dass wir anfangen, uns selbst unter Druck zu setzen und jemand anderes zu sein, weil wir meinen, die Erwartungen anderer Menschen erfüllen zu müssen. Obwohl ich mich mittlerweile komplett wohl in meiner Haut fühle, gibt es auch heute noch Momente, an denen ich mich unzulänglich empfinde. Aber, wie sagte Oscar Wilde: „Sei du selbst! Alle anderen sind bereits vergeben."

Dadurch, dass Paulus sein eigenes Maß an Gnade auslebte, gelang ihm Großartiges für das Reich Gottes. Er erreichte fast die komplette bis dahin bekannte Welt mit der Guten Nachricht. Er schrieb durch Gottes Geist diktierte Briefe, um Generationen von Lesern und Gläubigen von der Wahrheit zu erzählen, sie zu unterrichten und zu inspirieren. Immer wieder kam er in Gefahr, blickte dem Tod ins Gesicht und doch blieb er trotz Sturm und Schiffbruch, feindseliger Volksmengen oder Gefängnisrevolten ruhig und besonnen.

Paulus macht immer wieder deutlich, dass nicht er für das auf Gnade basierende Leben verantwortlich war, das er führte. Es war vielmehr seine Beziehung zu Gott – durch die Kraft Christi –, die für seinen Glauben und seine Zufriedenheit sorgten.

FÜR DEN ERFOLG GESEGNET

Lebst du im Rahmen deiner eigenen besonderen Gnade, dann fühlt sich dein Leben offen und umfassend an. Du hörst auf, dich zu vergleichen und beginnst, dich selbst wertzuschätzen. Jesus hat uns ein Leben im Überfluss geschenkt, das uns befreit von den Einschränkungen unserer Kultur, vom Konkurrenzkampf und dem Zwang, uns zu vergleichen. Wir dürfen großzügig sein, Menschen miteinbeziehen, ein von Gnade erfülltes Leben führen und wir dürfen das Verwirklichen unserer Bestimmung genießen, während wir andere genauso lieben, wie wir geliebt werden. Leben wir aus der bedingungslosen und unverdienten Gunst Gottes heraus, dann entdecken wir, dass seine Gnade allumfassend und über die Maße genügend ist. Die Kraft seiner Gnade ist stärker als jede noch so schlimme Sünde in unserem Leben. Seine Gnade gibt uns Antwort auf jedes Problem. Sie eröffnet uns Wege über jedes Hindernis. Und sie ist eine Kraft, die uns befähigt das zu tun, was wir aus eigener Kraft niemals tun können.

Wenn du dieses reiche, uneingeschränkte und großzügige Leben führst, für das du geschaffen wurdest, wird alles, was du tust, von Begeisterung, Bestimmung, dem richtigen Blickwinkel und besonderem Frieden gekennzeichnet sein. Du wirst morgens schon enthusiastisch aufwachen und voller Vorfreude aus dem Bett springen, um in den Tag zu starten, den der Herr gemacht hat. Harte Arbeit und unerwartete Hindernisse werden dich nicht lange frustrieren oder abschrecken können, wenn du weißt, dass du genau das tust, wofür du geschaffen wurdest und du ganz du selber bist – erlöst durch Gnade Gottes.

Genauso wie Paulus seine ganz persönliche Gnade annahm und auslebte, ist es an dir, die Gnade anzunehmen, die Gott dir gegeben hat. Wenn du innerhalb des Wirkungskreises deiner

Gnade lebst und dich von den Einschränkungen löst, nach den Erwartungen anderer zu leben, wirst du dich zufriedener mit dir selbst und mit deinem Leben fühlen; es wird dir wie angegossen passen – genauso wie deine Lieblingsklamotten.

Gott hat jedem von uns ein eigenes Maß an Gnade zugeteilt. Dieses Maß ist *alles*, was du brauchst, um die Berufung für dein Leben zu erfüllen. Es klingt vielleicht ein bisschen abwegig und zu sehr vereinfacht, aber jeder von uns wurde mit Gaben, die einmalig auf einen zugeschnitten sind, und in uns schlummernden Fähigkeiten, die perfekt zu unserer einzigartigen Bestimmung passen, geboren. Diese Wahrheit zu entdecken und in ihrer Kraft zu leben, wird dich in ein reiches, uneingeschränktes und großzügiges Leben führen. Ein Leben, von dem du vielleicht nur träumen konntest und von dem du dachtest, dass es nur für die Glückspilze unter uns bestimmt sei. Der Schlüssel zu dieser Zukunft, die du dir erhoffst, liegt in deiner Treue mit dem Maß gut umzugehen, das Gott *dir* anvertraut hat.

Dieses persönliche Maß an Gnade verleiht dir Autorität und Stabilität. Es basiert nicht auf dem, wer du bist, für wen andere dich halten oder welche Leistung du bringst. Wenn du das auslebst, wozu Gott dich begnadet hat, dann hast du seine Rückendeckung, Unterstützung, seine Mittel und Gunst, egal ob du eine Hausfrau, eine Führungskraft, ein Künstler oder Handwerker bist – oder ein bisschen von alldem.

Aus dem Bereich des Ungewissen bist du in den weiten Raum der Wunder getreten! Und dass du dich in deiner eigenen Haut wohlfühlst – das ist es, was Gott für dein Leben möchte!

KAPITEL 3

SICH DER BERUFUNG SICHER SEIN

„I'm caught in the rhythms of grace,
they overcome all of my ways
realigning each step every day to live for your glory."
„Der Rhythmus der Gnade allein ergreift mich mit
all meinem Sein.
Und er leitet mich auf deinem Pfad, ich leb dir zur Ehre."
„RHYTHMS OF GRACE" (RHYTHMUS DER GNADE),
HILLSONG MUSIC, 2011

Als unsere Kinder noch jünger waren und zu Hause lebten, gingen wir so oft wir konnten zu unserer kleinen Hütte am Flussufer des Hawksbury River. Es war nicht nur ein malerisch schöner Ort, sondern auch der perfekte, um die Freizeit mit den Kindern zu verbringen und Wassersport zu treiben. Tagsüber fuhren wir Wasserski und Wakeboard und entspannten uns in der Sonne. Wir verbrachten herrliche Sommerabende auf der Veranda mit vielen heiteren Familiengesprächen – allerdings meist mit der Fliegenklatsche in der Hand und von unzähligen Mücken gepiesackt.

Begleitet wurden wir stets von unseren treuen Golden Retrievern Jack und Moses. Sie rannten unaufhörlich am morastigen Ufer entlang, um vorbeifahrende Boote zu jagen. Unsere Nachbarn kannten unsere beiden verrückten Hunde und amüsierten sich (meist) köstlich über sie.

Steckten sie nicht im Wasser oder jagten sie gerade mal nicht Boote, gingen Jack und Moses einem anderen Lieblingshobby nach: der Suche nach Hasen, Schlangen, Eidechsen und allem, was sich sonst noch auf dem Boden bewegt.

Ich war immer ein wenig erschrocken, wenn der alte Jack, der sich sonst eher langsam und schwerfällig bewegte, plötzlich losstürzte, um eine dieser großen australischen Echsen zu fangen. Es war, als ob plötzlich ein anderer Geist von ihm Besitz ergriffen hätte. Denn dann schnappte er sich mit der Geschwindigkeit eines jungen Hundes die Echse und schüttelte sie so kräftig, dass es ihr umgehend das Genick brach. Die leblose Trophäe legte er mir dann stolz zu Füßen, wenn auch nicht unbedingt zu meiner Freude.

Eigentlich hätte mich das gar nicht so überraschen müssen. Denn als Retriever tat Jack einfach das, wofür er geschaffen wurde. Er verhielt sich so, wie es für ihn natürlich war – und das obwohl ihm niemand je dieses Verhalten gezeigt hatte.

Ein paar Jahre später, während eines weiteren Aufenthalts in der Hütte, war es für uns alle sehr traurig, unseren alten Jack plötzlich leblos im Fluss treiben zu sehen. Als Retriever war er eigentlich von Natur aus ein guter Schwimmer. Bobbie und ich konnten es uns nicht erklären, was ihm zugestoßen war. Hatte ihn vielleicht ein Boot angefahren? Oder hatte er einen Herzinfarkt erlitten? Oder war sein Kumpel Moses ihm vielleicht auf den

Rücken gesprungen und hatte ihn dabei versehentlich ertränkt? –
Wir werden es nie erfahren.

Wir beerdigten Jack unter einer der großen Kiefern, unter denen er so gerne gedöst hatte. Er war so ein wunderbarer, friedlicher Familienhund gewesen. Ich werde nie seinen Ausdruck beim Aufspüren einer Eidechse vergessen … Was auch immer die Umstände für seinen Tod gewesen sein mögen; ich weiß, er hatte ein schönes und erfülltes Hundeleben. Ein Leben, in dem er genau das tat, wozu er geboren war.

ENTDECKE DIE DIR ZUGETEILTE GNADE

Leider fühlen sich viele von uns nicht so wohl in ihrer Haut wie mein alter Freund Jack. Viele Menschen verbringen ihre Lebzeit, ohne jemals ihre Berufung erkannt zu haben, die Gott für sie vorgesehen hat.

Auch Gideon, ein Richter aus dem Alten Testament, hatte seine Probleme damit. Zwar ist Gideon gewiss keine Person, mit der wir uns alle identifizieren können, aber: Hat Gott dich jemals gebeten, etwas zu tun, das dir unmöglich vorkam? Hast du dich jemals vor einer vor dir liegenden Aufgabe gedrückt und verzweifelt Ausreden gesucht, um aus der unvermeidlichen Lage herauszukommen? Oder hast du dich jemals einfach unzulänglich und schlecht vorbereitet gefühlt? Bei Gideon war genau das der Fall. Er empfand dieselben Gefühle, die wir in Kapitel zwei angesprochen haben: Er fühlte sich überfordert.

In der Bibel, im sechsten Kapitel des Buchs Richter, lesen wir von Gideon – einem Krieger der gegen die Midianiter kämpfenden Armee –, der sich gerade vor dem Feind in einer Weinpresse versteckt, als ihm ein Engel des Herrn erscheint, der zu ihm sagt: *„Der Herr steht bei dir, du starker Kämpfer!"*

Starker Kämpfer? Ha! Was hatte der Engel sich wohl dabei gedacht?! Bestimmt war ihm ein Fehler unterlaufen. Vermutlich hatte er die Botschaft dem Falschen überbracht. Gideon der Angst-
hase – ein starker Kämpfer?

Starker Kämpfer – das klingt nach einem mächtigen, kräftigen
und mutigen Mann, der der Gefahr entgegentritt und sich nicht
einschüchtern lässt. Wenn du an einen „starken Kämpfer" denkst,
an wen denkst du da? Vielleicht an einen großen, kräftigen und
furchtlosen Kämpfer, der Frauen die Knie weich werden lässt und
andere Kämpfer das Fürchten lehrt? Doch unser sogenannter *starker Kämpfer*, der sich vor diesem Ehrfurcht gebietenden Engels-
boten fürchtete, war ein feiger, besiegter Kämpfer. Das bisschen,
was ihm noch geblieben war, versteckte er vor denen, mit denen
er es vielleicht hätte teilen müssen.

In dem Moment, als der Engel über Gideon aussprach, was die-
ser noch nicht imstande war, über sich selbst zu erkennen, kamen
Gideons tiefste Zweifel und Ausreden empor. Und er sagte zu dem
Engel: „*Ach, mein Herr, wenn Gott uns wirklich beisteht, warum
geht es uns dann so schlecht? Wo sind all die Wunder, von denen
unsere Eltern uns erzählt haben? Sie sagen, der Herr habe uns aus
Ägypten befreit. Aber was ist jetzt? Er hat uns verlassen und den
Midianitern ausgeliefert*" (Richter 6,13).

„Ach, wenn, warum, wo, aber!", klagt er in einem einzigen
Atemzug. Kommt dir das irgendwie bekannt vor?

Zu Gideons Zeit lebten die Israeliten nicht gerade in der Art
von verheißenem Land, das eigentlich für sie vorgesehen war.
Weil sie wiederholt ungehorsam gegenüber Gott gewesen waren,
hatten Feinde das Land überfallen. Diese anderen Stämme zer-
störten ihre Ernte, beraubten und terrorisierten sie. Dass Gideon
seinen Weizen in die Weinpresse brachte und gleich dort blieb,

ist also wenig verwunderlich. Es war einfach ein Ort, an dem niemand nach ihm suchen würde. Doch Gott fand ihn.

Kannst du dir die Szene vorstellen? Gideon fühlte sich unfähig und war mit der Situation völlig überfordert. Gleichzeitig war da dieses engelhafte Wesen, das nicht von dieser Welt war. Seine Worte müssen in Gideons Ohren lächerlich geklungen haben. Kannst du nachempfinden, wie er sich gefühlt haben muss?

Doch irgendetwas in Gideon wurde geweckt. Etwas, das er bereits aufgegeben hatte … Hoffnung! Angesichts all der niederschmetternden Umstände, denen er ausgesetzt war, hat er nahezu jegliche Hoffnung aufgegeben, die seine Vorfahren über Generationen hinweg aufrechterhalten hatten. Und mittendrin erscheint ihm Gott, der zu ihm sagt: *„Ich gebe dir einen Auftrag: Geh, und rette Israel aus der Gewalt der Midianiter! Du hast die Kraft dazu!"* (Richter 6,14).

Kraft? Stärke? Was sah Gott in Gideon, das dieser nicht sehen konnte? Wusstest du, dass auch du Stärken hast? Erkennst du deine gottgegebenen Talente schneller als Gideon? Oder nimmst du auch nicht die Dinge wahr – Talente, Begabungen, Eigenschaften –, die Gott dir gegeben hat, um sie zu benutzen? Was sagt Gott darüber, wer du bist und wozu er dich berufen hat? Der Schlüssel zu einem Leben, das von seiner Bestimmung her klar ausgerichtet ist, liegt darin, diese Fragen beantworten zu können. Genau wie Gideon müssen wir ein Gespür für unsere Bestimmung entwickeln, einen Geist, der Angst und Furcht überwindet, und den Glauben an einen Gott, der uns bei unserem Namen ruft und der jedem von uns individuelle Gaben geschenkt hat.

Genauso wie der Apostel Paulus im 2. Korintherbrief müssen wir selbstsicher darin werden, innerhalb des gnadenvollen Rahmens zu leben, den Christus uns persönlich zugedacht hat, um

Gottes Bestimmung und Versprechen für unsere Zukunft ergreifen zu können.

TIEF VERANKERT IN GNADE

Im Alter von fünf Jahren habe ich mich entschieden, mein Leben fortan mit Jesus als Herr und Retter zu gestalten. Mein Wunsch, Pastor zu werden und gemeinsam mit anderen das Reich Gottes zu bauen, war für mich daher schon immer irgendwie da. Nach der Schule besuchte ich ein theologisches Seminar und begann, in meiner örtlichen Kirchengemeinde mitzuarbeiten, wann immer ich konnte. Heute, mit mehr als 40 Jahren Erfahrung im Dienst, lebe ich wahrlich meinen Traum. Meine Leidenschaft, Gott zu dienen, brennt stärker in mir als jemals zuvor. Doch ich war mir nicht immer über den mir zugedachten Rahmen bewusst. Weder verstand ich meine Stärken noch nahm ich meine Schwächen an. Geschweige denn lebte ich immer im Rahmen der Gnade Gottes. Oftmals stellte ich mich einfach selbst infrage und zweifelte daran, ob ich wirklich die Dinge tun könnte, nach denen ich mich sehnte.

Sich selbst mit der Größe eines Traums zu vergleichen, kann entmutigend sein. Die Wahrheit jedoch ist: Gottes Pläne sind für dich *immer* größer als du selber. Du wirst sie nie einfach realisieren können – vor allem nicht aus eigener Kraft.

Ich erinnere mich noch daran, wie ich mit 18 im Bibelseminar war. Es war üblich, dass jeder Schüler eine kurze Andacht vor den anderen 60 bis 70 Schülern halten musste. Als der Tag kam, an dem ich dran war, marschierte ich aus dem Haus, stieg in mein Auto und fuhr in die entgegengesetzte Richtung, nur damit ich nicht vor den anderen sprechen musste.

Niemand hätte an mir damals eine Leitungsgabe entdeckt, geschweige denn sie auch nur vermutet. Ich leitete nichts. Weder war ich Mannschaftsführer eines Teams noch lag es mir, vor Publikum zu sprechen. Heute allerdings spreche ich regelmäßig in riesigen Hallen vor großem Publikum und halte selbstsicher eine 45-minütige Predigt. Doch wie du nun weißt, war das nicht immer so. Erst als ich begann, mich in meiner Haut wohlzufühlen und Gott zuzuhören, was er mir über mich zu sagen hatte, konnte ich all das annehmen, was er für mich vorbereitet hatte. Und so entdeckte ich damals die unerschütterliche Wahrheit: Du kommst niemals zu kurz, wenn du Gott an erste Stelle setzt.

Ich bin überzeugt, Gott hat einem jeden von uns seine ganz eigene Gnade zugeteilt – ein besonderes Maß an Segen, das perfekt mit der eigenen Bestimmung zusammenpasst. Leider habe ich länger als nötig gebraucht, um den Bereich der mir zugedachten Gnade zu entdecken – und doch habe ich erkannt, dass es niemals zu spät ist, um in ihm zu leben. Gott traut uns immer mehr zu, als wir es selbst tun.

Siehst du dich selbst allerdings immer nur von außen, wirst du Gottes Bestimmung für dein Leben niemals erfüllen können. Wer stets nur danach guckt, wie andere Menschen ticken, was sie tun und was sie haben, wird sich immer nur vergleichen und letztendlich den Kürzeren ziehen. Gott hat dich nicht dazu berufen, die Kopie eines anderen zu sein! Denn versuchst du zu werden, was andere von dir erwarten – selbst wenn sie dich lieben und es gut mit dir meinen –, dann wirst du unsicher und voller Selbstzweifel bleiben, weil du nicht wirklich du selbst sein kannst.

Kennst du aber das Maß der Gnade, das Gott dir zugeteilt hat, brauchst du gar nicht erst versuchen, jemand anderes zu sein. Das ist so befreiend! Weder musst du versuchen, irgendeinen Meilenstein zu erreichen, noch einen Preis zu gewinnen, um selbstbewusst zu werden. Du musst nur treu umgehen mit dem Maß an Gnade, das Gott dir zugeteilt hat. *Treue* bedeutet an guten und an schlechten Tagen an deiner dir zugedachten Bestimmung festzuhalten und auf Gottes Güte zu vertrauen – komme, was wolle. Auf diese Weise wächst du im Glauben und bist tief verankert in der Gnade.

ENTDECKE DEINE EINZIGARTIGKEIT

Gott ist nicht schizophren. Er hat dich nicht auf eine Weise geschaffen, um dich auf eine andere Weise zu gebrauchen. Als er dich schuf, wusste er genau, was er mit dir vorhat. Die Bibel gibt uns ein wenig Einblick, wie Gott uns designt hat, um unsere Einzigartigkeit in Entfaltung zu bringen:

„Denn ich sage durch die Gnade, die mir gegeben wurde, jedem, der unter euch ist, nicht höher von sich zu denken, als zu denken sich gebührt, sondern darauf bedacht zu sein, dass er besonnen sei, wie Gott einem jeden das Maß des Glaubens zugeteilt hat. Denn wie wir in einem Leib viele Glieder haben, aber die Glieder nicht alle dieselbe Tätigkeit haben, so sind wir, die vielen, ein Leib in Christus, einzeln aber Glieder voneinander. Da wir aber verschiedene Gnadengaben haben nach der uns gegebenen Gnade, so lasst sie uns gebrauchen ..."
Römer 12,3–6; ELB

Was sind deine Stärken? Kannst du deine Gaben benennen? Du hast welche – ob du sie nun kennst oder nicht. Ich erinnere mich noch gut an ein Gespräch mit einem Mann, der zur Seelsorge in unsere Kirche gekommen war. Er saß in unserem Büro, niedergeschlagen, ohne einen Funken Hoffnung. Nach einer Reihe unglücklicher Vorkommnisse in seinem Leben war sein Selbstbewusstsein auf einem Tiefpunkt. Er war überzeugt, dass es seinem Leben an Ziel und Vision fehlte. In seinem Kopf trug er eine lange Liste an Dingen mit sich herum, die er in seinem Leben falsch gemacht hatte oder zu denen er niemals fähig wäre.

Schließlich sagte unser Seelsorger zu ihm: „Warum machen wir nicht mal eine Liste von den Dingen, in denen du *gut* bist?" Zögernd fand er ein Ja dazu und sagte schließlich: „Naja, ich schätze, ich weiß, wie man ein Auto repariert." Und kurz darauf gestand er sich selbst ein, dass er gut darin war, seinen Eltern zu helfen und Reparaturen im Haus zu erledigen. Er fuhr fort und erinnerte sich auch daran, dass er Menschen zum Lachen bringen konnte und dass auch Kochen und Gartenarbeit ihm leicht von der Hand gehen. Innerhalb einer halben Stunde lag eine lange Liste an Dingen vor ihm, in denen er *gut* war – und plötzlich veränderte sich seine ganze Haltung. Er verließ das Büro als neuer Mensch, der nun selbstbewusst um seine Stärken und einzigartigen Fähigkeiten, die ihm anvertraut worden waren, Bescheid wusste.

Es ist relativ leicht, sich mit dem zu beschäftigen, was man *nicht* hat und dabei zu vergessen, was Gott einem *bereits gegeben hat.*

Manche Menschen sind besonders begnadet in Sachen Betriebswirtschaft, andere im kirchlichen Dienst oder fürs Muttersein, oder, oder, oder … Vielleicht bist du mit der Gabe der Großzügigkeit oder der Barmherzigkeit gesegnet – einem Herz, das für die Verletzten und Bedürftigen einsteht. Das ist eine wunderbare Gabe! Uns wird in der Bibel gesagt: *„Dient einander, jeder mit der Gnadengabe, die er empfangen hat, als gute Haushalter der mannigfaltigen Gnade Gottes …"* (1. Petrus 4,10; SLT). *Mannigfaltig* bedeutet vielfältig oder vielschichtig – gemeint ist damit nichts anderes als die „multidimensionale" Gnade Gottes.

Ob du nun mit der Gabe der Leiterschaft, der Leichtathletik oder der Kreativität gesegnet bist – wir sind alle berufen, gute Haushalter zu sein, also Verwalter und treue Diener dessen, was uns anvertraut ist. Du bist da keine Ausnahme. Falls du also deinen Teil nicht beiträgst, verpassen andere die einzigartige Gnade und individuellen Stärken, die du mitbringst.

Wenn wir wissen, dass wir genau das tun, wozu Gott uns geschaffen hat und wenn wir selbst erkennen, wie wir seiner Berufung auf unserem Leben Folge leisten können, erleben wir eine wunderbare Befriedigung. Denn werden wir sicher in dem Entdecken unserer Stärken und in der Gnade, die uns zugeteilt wurde, beginnen wir etwas von dem zu sehen, wie die Verheißungen Gottes für unsere reiche und uneingeschränkte Zukunft Gestalt annehmen.

RHYTHMEN DER GNADE

Für viele Menschen steht „Hillsong" synonym für den Stil unserer Anbetungsmusik. Tatsächlich werde ich oft gebeten, die Strategie zu erklären, mit der wir Hillsong Music zu einer „internationalen Marke" gemacht haben – was mich allerdings schmunzeln lässt, da ich nur antworten kann: „Es ist ein Wunder, keine Formel!" Es ist ja nicht so, dass wir nicht überlegt oder strategisch geplant hätten, wie wir unsere Musik den Menschen in aller Welt zukommen lassen. Aber es ist wirklich so, dass wir das Ausmaß des nicht enden wollenden Erfolgs, den wir seit geraumer Zeit erleben, niemals hätten inszenieren können. Nur Gott. Nur seine Gnade macht das möglich.

Gott hat jeden der Dienste unserer Kirche auf wunderbare Weise gesegnet, aber der „Becher" von Hillsong Music fließt eindeutig über. Diese unverdiente Gunst haben wir nicht dadurch erreicht, dass wir versucht haben, irgendjemand anderes zu sein. Vielmehr geschah es dadurch, dass wir den Bereich, den Rahmen, unserer Gnade gefunden haben. Und zwar, indem wir uns entschieden haben, uns wohl damit zu fühlen, anders zu sein. Und letztlich indem wir uns auf den „Klang" konzentriert haben, den es in unserem Hause gab.

Lange bevor Bobbie und ich eine Kirche gründeten, hatte ich mich entschlossen, eines Tages eine Gemeinschaft von Anbetern zusammenzustellen, die andere Kirchen inspirieren sollte. Doch selbst als die Bekanntheit von Hillsong Music mehr und mehr zunahm, wusste ich zu jeder Zeit, dass wir es nur Gottes Gunst zu verdanken haben, dass wir über unsere Musik Menschen in die Kirche einladen konnten, die dort über die Musik hinaus die Gute Nachricht fanden.

In den frühen 1990ern, als Hillsong Music in Australien bereits viel Anklang gefunden hatte und andere Kirchen unsere Lieder zu singen begannen, wurden ein paar einflussreiche Leute der amerikanischen Musikszene auf uns aufmerksam. Verschiedene Menschen wollten uns treffen und jeder Manager, dem ich gegenübersaß, hatte eine klare Vorstellung davon, was in Nordamerika funktionieren würde und was nicht. Weitgehend war die Einschätzung, dass sich die Musik einer Kirche in einem Zeitalter, in dem christliche Interpreten beliebter wurden, „einfach nicht verkaufen würde". Dass unser Stil nur junge Menschen erreichen würde und dass wir uns mehr dem christlichen Mainstream anpassen sollten. Doch wir waren entschlossen, das zu tun, wozu Gott uns berufen hatte. Wir waren entschlossen, dem treu zu bleiben, was sich für uns wie ein einzigartiger „Spirit" und Klang anfühlte, der nicht nur in unserem Hause zu funktionieren schien, sondern der vielen Schilderungen zufolge auch anderen zu einem großen Segen geworden war. Wir lebten und leiteten einfach aus der Gnade, die Gott uns geschenkt hatte, und waren dem Herz der Anbetung gegenüber treu, das wir in unserer Kirche gefunden hatten.

1995 erhielten wir dann von einem amerikanischen Label (Integrity Music aus Mobile, Alabama) das Angebot, dass sie unsere Musik in den Vertrieb aufnehmen möchten. Doch eine Woche vor unserem geplanten Aufnahmetermin verließ uns unser Worship-Leiter. Völlig überraschend, über Nacht und ohne Vorwarnung. Du kannst dir vorstellen, was das für uns bedeutete. Da wir die Aufnahme während unserer Live-Worship-Night weder verlegen noch absagen wollten, rauften wir uns zusammen und fragten eine talentierte Frau, die ein treues Bandmitglied unseres Lobpreisteams hinter den Kulissen war, ob sie an diesem Abend den Lobpreis übernehmen und leiten könnte – etwas, was sie nie zuvor getan hatte.

Darlene Zschech ist eine unglaubliche, einzigartig begabte Person und verdient wirklich den Erfolg, den sie heute hat. Doch sie würde mir sicherlich zustimmen, dass sie es damals sicher nicht erwartet hätte, in eine Leitungsposition zu kommen und ermutigt, angespornt und liebevoll ins Rampenlicht geschoben zu werden.

Doch gerade als wir dachten, unser Problem wäre gelöst, wurde mir klar, dass wir die Situation auch den Produzenten erklären mussten und ihre Genehmigung für unsere Neubesetzung brauchten. Sie mochten Darlene auf Anhieb und stimmten zu, dass sie talentiert genug war, um das ganze Projekt zu leiten. Allerdings sorgten sie sich, ob das Publikum mit der Umbesetzung klarkommen würde, vor allem weil Darlene als Frau nun eine Leitungsposition innehaben sollte – ein Fall, der damals in vielen Kirchen nicht üblich und somit recht revolutionär war. Uns aber war der Gedanke darüber gar nicht in den Sinn gekommen.

Es ist den Produzenten hoch anzurechnen, dass sie das Risiko mit Darlene auf sich nahmen. Das Album wurde aufgenommen und der Rest ist Geschichte. Darlene leistete sehr gute Arbeit. Das Album wurde „*Shout to the Lord*" genannt, gleichnamig mit Darlenes phänomenalem Song, der später zu einem der bekanntesten und modernsten Klassiker christlicher Anbetungsmusik weltweit wurde.

Keineswegs hatten wir geplant, international Erfolg zu haben oder ein Statement über Frauen in kirchlicher Leiterschaft zu positionieren. Wir blieben einfach dem gegenüber treu, wozu Gott uns berufen hatte, nämlich ihn zu anbeten – mit unserem ganzen Herzen, selbst als wir auf dem Weg dorthin Herausforderungen erlebten.

Menschen werden immer ihre Meinung über Entscheidungen haben, die im Glauben getroffen werden, selbst wenn die meisten von diesen Menschen es gut meinen. Oft haben wir in den vergangenen Jahren zu hören bekommen, wie eine Kirche in London oder eine in New York aussieht, sich anfühlt oder anhören sollte – manchmal sagte man uns auch, dass die Hillsong-Kultur nicht zu der Mentalität eines bestimmten Ortes passen würde. Doch wir hielten uns an Gottes Führung, wenn es darum ging, Kirchen in bedeutenden Städten zu gründen. Und egal ob London, New York, Paris, Kiew oder Kapstadt, während wir uns selbst treu blieben, konnten wir Zeugen davon werden, wie jede neue Kirche Wachstum und Segen erlebte. Auch heute noch entscheiden wir uns, jede neue Herausforderung auf dem Weg als eine Möglichkeit wahrzunehmen, in der Gott uns helfen kann, in unserem Bereich von Gnade zu wachsen, während wir nicht aufhören, ihn zu preisen.

Nichts lässt sich mit der Art von Zufriedenheit, Selbstsicherheit und innerer Erfüllung vergleichen, die wir erleben, wenn wir genau dort sind, wo wir sein sollen und das tun, wozu Gott uns geschaffen hat.

Folge deinem Herzen! Sei der Gabe treu, die auf deinem Leben liegt! Geh in dieser deiner einzigartigen Kraft weiter voran! Und fühle dich wohl in deinem Bereich der Gnade! Sei dir deiner Berufung sicher – und schau zu, wie Gott alle deine Erwartungen übertrifft. Er führt dich in reiches, uneingeschränktes und großzügiges Leben.

KAPITEL 4

BEDINGUNGSLOS LIEBEN

„Everyone needs compassion,
love that's never failing.
Let mercy fall on me.
Everyone needs forgiveness,
the kindness of a Savior."
„Jeder Mensch braucht Erbarmen,
unfehlbare Liebe, sei du mir gnädig, Herr.
Jeder Mensch braucht Vergebung,
die Güte des Erretters."

„MIGHTY TO SAVE" (DU ALLEIN RETTEST MICH),
HILLSONG MUSIC, 2006

O pi, hast du meine Barbie gesehen?"
„Opi, guck mal, wie ich tanze!"
„Opi, du bist im Fernsehen!"

Ich habe sechs Enkel: vier Enkeltöchter und zwei Enkelsöhne. Ihr „Opi" zu sein, ist eine meiner größten Freuden. Und ich bin berüchtigt dafür, jeden der mir eine Frage über sie stellt, augenblicklich mit Fotos und Geschichten von ihren letzten Erfolgen und Alltagsabenteuern zu bombardieren. Daher ist es nichts Neues für mich, nach minutenlanger Schwärmerei von meinen Zuhörern mit langsam abnehmender Aufmerksamkeit belohnt zu werden.

Meine Kinder habe ich immer damit aufgezogen, dass ich genügend Enkelkinder haben wolle, um mal meine eigene Rugbymannschaft zu gründen. Aber heute sieht es mehr danach aus, dass ich eine Ballettgruppe haben werde. Mal ganz abgesehen davon, was sie mit ihrem Leben eines Tages anfangen werden, ob sie nun Ballsport treiben oder lieber in meinem Wohnzimmer tanzen, ich liebe meine Enkel und das wird sich nie ändern.

Drei von ihnen, zwei Schwestern und eine Cousine, spielen regelmäßig miteinander und kommen langsam ins schulfähige Alter. Wenn zwei von den Dreien zusammen sind, kommen die beiden gut miteinander aus und erzählen sich kichernd alberne Geschichten, doch sobald die Dritte ins Spiel kommt, wird es chaotisch. Das alte Sprichwort „Drei ist einer zu viel" bewahrheitet sich dann.

Oft verändert sich eine Atmosphäre, wenn ein Dritter dazukommt. Irgendeiner wird dann ausgeschlossen. Einer möchte, was der andere hat, welcher wiederum haben will, womit der Dritte gerade spielt.

Verhält es sich nicht in unserer Welt ähnlich? Wir gewinnen leicht die Zustimmung einer kleinen Gruppe Gleichgesinnter, aber nimm mal jemanden hinzu, der anders denkt, und schon verändert sich die Lage. Die Bibel weist ganz konkret auf diese Art von Beziehungsdynamik hin: *„Aber auch das sage ich euch: Wenn zwei von euch hier auf der Erde meinen Vater im Himmel um etwas bitten wollen und darin übereinstimmen, dann wird er* *es ihnen geben. Denn wo zwei oder drei in meinem Namen zusammenkommen, bin ich in ihrer Mitte"* (Matthäus 18,19-20).

Ich finde es interessant, dass dieser Bibelvers von zwei Menschen handelt, die in ihrer Meinung übereinstimmen, aber von drei bis zu mehr Personen spricht, die beieinander sind. Allerdings: Je mehr Menschen zusammenkommen, desto schwieriger wird es, einer Meinung zu sein. Vielleicht stimmen wir innerhalb einer Menschenmenge manchen Dingen zu, doch letztlich werden wir nicht allem zustimmen. Denn schaut man sich die Interessen und Absichten eines jeden einzelnen Menschen einmal an, wird man sich wundern, über wie viele Dinge man gänzlich anderer Meinung sein kann! Daher glaube ich, dass auch unsere Nachfolge nicht darauf basieren kann, stets gleiche Meinungen zu vertreten. Sie muss vielmehr auf Jesus ausgerichtet sein und auf der Liebe, die er so freigiebig jedem Menschen schenkt, der seinen Namen anruft.

Selbst theologisch sind viele Christen nicht einer Meinung. Normalerweise stimmen die meisten Gläubigen in puncto Glaubensgrundsätze überein – was wir über Gott, Jesus und den Heiligen Geist denken, das Kreuz und die Auferstehung und so weiter –, aber es gibt auch jene Bereiche, in denen wir uns darauf einigen, nicht einer Meinung zu sein. Und das ist gut so.

Es gibt viele Menschen, mit denen ich nicht einer Meinung bin. Geht es beispielsweise um Ethik und Moralvorstellungen, so würden wahrscheinlich viele kirchenferne Menschen nicht meinen Standpunkt teilen. Oft können Menschen, die in bestimmten Punkten anderer Meinung sind, sehr leidenschaftlich ihre Ansichten vertreten. Und es scheint, als ob heutzutage jeder Mensch mit Autorität, der etwas von Bedeutung leitet, eine ganze Gruppe von Neinsagern und Kritikern hat, die jeden und alles kritisieren, womit sie nicht übereinstimmen. Doch ich bin überzeugt, dass wir einen Weg finden müssen, Menschen über unsere Meinungsverschiedenheiten hinweg zu lieben. Selbst wenn wir nicht wissen wie, weil der andere so anders ist oder denkt, werden wir letztlich dennoch einen Weg finden, wenn wir uns auf die Liebe Gottes verlassen.

Vor ein paar Jahren wurde mir von einer großen australischen Nachrichtenagentur die Möglichkeit geschenkt, unser örtliches Rugbyteam zu unterstützen, und zwar vor dem größten Spiel des Jahres, das sie viele Jahre hintereinander verloren hatten. Es handelte sich dabei um ein Fotoshooting. Gemeinsam mit anderen religiösen Vertretern wurde ich im Trikot der Mannschaft fotografiert, gleich neben dem Titel: „Keep the Faith!" (Habt Vertrauen!). Es war eine lustige Aktion, bei der ich gerne mitgemacht habe. Mit einem muslimischen Imam aus der Nachbarschaft habe ich mir dann den Ball geschnappt und zwischendurch ein paar Rugbywürfe gemacht.

Leider sind wir als Christen oft so viel schneller darin, Mauern hochzuziehen, als Brücken zu bauen. Ich möchte deinen Glauben nicht kompromittieren, aber worum geht es letzten Endes? Es geht darum, die Menschen zu lieben, für die Jesus sein Leben gab. Haben der Imam und ich in den Grundsätzen des Glaubens übereingestimmt? Natürlich nicht. Zwischen unseren Überzeugungen liegen Welten! Aber unterstützen wir beide dieselbe Rugbymannschaft und beten leichten Herzens für das Wunder eines Siegs? *Selbstverständlich!* Jesus war ein Meister darin, Brüchen zu bauen und all die Dinge zu überwinden, die Menschen voneinander trennten. Er sah über die Geschlechtertrennung hinweg und ignorierte kulturelle, moralische, dogmatische wie politische Spaltungen.

Dass Hillsong Church und unser Dienst auf den Dingen aufbauen würden, für die wir stehen, und nicht auf denen, gegen
die wir sind – das waren schon immer mein Wunsch und meine
Überzeugung. Wir stehen für Jesus. Für Liebe. Für Gottes Gnade
und Vergebung, für Heilung und für durch Jesus veränderte Leben. Und wir stehen und setzen uns dafür ein, dass sich Menschen
wieder erheben und ein Leben voller Erfüllung und Bestimmung
finden. Das Leben, zu dem sie geschaffen wurden.

LIEBE, WO SIE AM WENIGSTEN ERWARTET WIRD

Wenn du lieben möchtest wie Jesus und dir ein Leben wünschst,
das von so einer Art Liebe geprägt ist, die allen, die du triffst, das
Herz Gottes spiegelt, dann schlage ich dir vor, zu beobachten, wie
du dich Menschen gegenüber verhältst, bei denen du dich unwohl
fühlst. Du weißt schon, diese, die grundlegend anders ticken als
du. Diejenigen, die du nicht magst und verstehst. Die, die einen
anderen Glauben haben als du, einen anderen Lebensstil führen
und gänzlich andere Prioritäten setzen.

Liebe hat aus christlicher Sicht viele Dimensionen. Nur ich
glaube, dass der unermessliche Reichtum des Lebens, den wir
in Christus haben, am besten durch die Fähigkeit charakteri-
siert wird, jemanden bedingungslos zu lieben. Und ich vermute,
eben dazu fähig und bereit zu sein, dies regelmäßig zu tun, ist
genau das, was im Leben vieler Gläubiger fehlt. Wir sagen, dass
wir andere so lieben wollen, wie Gott uns liebt, doch viel zu oft
ziehen wir Komfort und Bequemlichkeit der Barmherzigkeit vor.
Und das folgt weder dem Beispiel von Christus noch der Art und
Weise, wie wir berufen sind zu lieben.

Beziehungen können manchmal schmerzhaft sein. Und dennoch sind wir dem Ebenbild Gottes nach dazu geschaffen, in

Beziehungen zu leben. Um zu dienen, anzubeten und in Gemeinschaft zu leben. Wir sind berufen, Gottes Hände und Füße für die Menschen um uns herum zu sein. Und wie oft haben wir selbst es schon erlebt, wie Gott uns durch andere Menschen versorgt oder uns seine Liebe gezeigt hat … Beziehungen sind wie das Blut, das durch die Adern des Leibs Christi, der Kirche, pulsiert.

Aufgrund seiner bedingungslosen Liebe für alle Menschen finden wir Gott oft inmitten von Orten und Situationen, an denen wir ihn nicht im Geringsten erwartet hätten. An Straßenecken und in Gassen. In Krankenhäusern und Gefängnissen, Waisenhäusern und Gerichtssälen. Wo auch immer du Menschen antriffst, wird auch Gott zu finden sein.

Trotzdem sind wir immer versucht, den leichten Weg zu wählen. Zwar meinen wir nicht, andere auszuschließen oder selbstgefällig und verurteilend zu sein, doch wenn wir uns nicht in erster Linie auf unsere Beziehung mit Gott fokussieren, laufen wir Gefahr, dies zu tun und vor allem stolz zu werden. Wir wünschen es uns, alle Menschen zu lieben, aber wenn wir selbst nicht permanent Gottes Liebe in unserem Leben erfahren, versuchen wir es immer wieder aus eigener Kraft. Doch die Liebe, die wir wirklich brauchen, um Menschen zu lieben, die anders sind, als wir, wird immer eine übernatürliche sein.

Vergiss nicht, selbst der Apostel Paulus begann seine Karriere als wütender, gesetzlicher Jude, der sich der Verfolgung dieser radikalen, Jesus nachfolgenden Emporkömmlinge verschrieben hatte. Erst nachdem er auf dem Weg nach Damaskus Jesus unmittelbar begegnete, entdeckte er für sich selbst, was es heißt, ein Leben zu finden, das erfüllt ist durch Gottes Gnade. Er entdeckte, was es heißt, ganz er selbst – so wie Gott ihn erschaffen hatte – und frei zu sein, andere zu lieben. Als Saulus war er kontrollierend, engstirnig und egozentrisch, doch als ein Apostel, der sich von Gott geliebt wusste, wurde Paulus offenherzig. Er fing an, andere zu akzeptieren und war nun angetrieben von der Liebe dieses Gottes, der ihn zuerst geliebt hatte.

Was macht dein Leben aus? Wie oft verlässt du deine Komfortzone, um mit Menschen in Berührung zu kommen, deren Meinung du nicht teilst? Ein reiches, uneingeschränktes und großzügiges Leben zu führen, ist direkt verbunden mit deiner Fähigkeit, jedermann zu lieben – besonders jene, die anders sind als du.

Was denkst du, würde Gott darüber sagen, wie du andere liebst? Was würdest du tun, wenn Gott dich an einen Ort berufen würde, den du nicht magst? Oder in eine Situation, die dir nicht gefällt? Würdest du dich mit deinen eigenen Vorurteilen auseinandersetzen und sie überwinden, um Gottes überfließende Liebe und Gnade an Menschen weiterzugeben, die du nicht magst? – Gott liebt uns bedingungslos, doch wie oft knüpfen wir Bedingungen an unsere Liebe, ehe wir sie anderen entgegenbringen?

Nur allzu gut kann ich bezeugen, dass heutzutage in den Medien teils sehr kontroverse Fragen an Pastoren gerichtet werden; Fragen, an deren Antworten sich die Geister scheiden. Ich bin überzeugt, dass die Bibel zu vielen solcher vorgebrachten Themen Stellung nimmt, und ich habe nicht vor, Gottes Wort diesbezüglich zu missachten. Jesus richtete seine härtesten Worte stets an die religiösen Fieslinge – nicht an die Sünder und Zöllner, ihnen ließ er immer ein besonderes Maß an Liebe und Gnade zuteilwerden, damit sie gerettet werden würden. Eine ehebrechende Frau, eine mehrfach Geschiedene, die jetzt mit einem anderen Mann zusammenlebte, eine samaritanische Frau, ein Kleinkrimineller und ein Zolleinnehmer, den er von einem Baum heruntergerufen hatte, zählten zu jenen Menschen, die er liebte und denen er mit Gnade begegnete. Hätte Gott die Welt verdammen wollen, hätte er sicherlich jemand geschickt, der diesen Job erledigt. Aber weil er die Welt retten wollte, sandte er einen Retter (Johannes 3,17).

Deswegen ist es so traurig, wenn in den Medien irgendein kontrovers diskutiertes Thema auf ein kurzes Zitat reduziert wird. Wir können nicht das gesamte Leben einer Person auf ein pauschalisiertes, verurteilendes Statement reduzieren. Jesus hat das nie getan und auch wir müssen solche Themen gnädig betrachten – durch die Augen Jesu.

Ich bin tief überzeugt, dass wir als Christen verpflichtet sind gegenüber dem Wort Gottes, nach dem wir leben, der Welt, in der wir leben, und der Bedeutung, wie wir damit leben.

Ich kann und würde das Gottes Wort niemals verändern. Doch die Welt, in der wir leben, verändert sich unaufhörlich. Als Christen ist es meiner Meinung nach nicht unsere Aufgabe, das Wort Gottes in die Form dieser Welt zu pressen. Vielmehr ist es unsere Aufgabe, die Welt zu lieben, für die Jesus gestorben ist. Unser Auftrag ist es, alle Menschen zu erreichen. Wie wir das tun und vor allem diese Aufgabe leben, ist nicht leicht. Ob du es glaubst oder nicht, viele Kirchen sind damit konfrontiert, dass Jugendliche, die in christlichen Familien aufgewachsen sind, mit Identitätsproblemen zu kämpfen haben. Viele von ihnen haben Diskriminierung und Ausgrenzung erlebt, als sie sich Menschen ihres Vertrauens wie Jugendpastoren oder Freunden gegenüber geöffnet haben. Und Eltern, die es vielleicht nur gut meinten, aber sich nicht anders zu helfen wussten, säten in kritischen Momenten mit dem, was sie sagten, Worte der Ablehnung in ihre Kinder. Und nicht nur wir haben erlebt, wie dann solche jungen Menschen, die einst fest in der Kirche integriert und aktiv eingebunden waren, letztlich anfingen, Gott zu hassen und jede Form von organisierter Religion zu verachten.

Doch diese jungen Menschen sind mir nicht egal. Ihre Zukunft ist mir nicht egal. Meines Erachtens liegt die Lösung weder darin, die Bibel aufs Spiel zu setzen, noch das Leben auf lieblose Statements zu reduzieren. Es geht darum zu sehen, was Gott sieht – und andere mit derselben bedingungslosen Liebe zu lieben, die uns von unserem Retter, Jesus Christus, entgegengebracht wurde. In unserer Kirche heißen wir jeden Menschen willkommen, egal welcher Weg auch hinter ihm liegen mag, und ich bete, dass jeder, der durch unsere Türen kommt, ein herzliches „Willkommen zu Hause" erfährt. Denn „wer auch immer möchte, der darf zum Herrn kommen".

Das bedeutet nicht, Menschen müssten sich nicht verändern. Die christliche Botschaft ist eine Botschaft der Transformation. Jeder Christ ist ein Sünder, der errettet wurde aus Gnade. Ja, Gott möchte uns verändern und er hilft uns dabei. So wie es der amerikanische Evangelist Billy Graham einmal sagte: „Es ist die Aufgabe des Heiligen Geistes zu überführen, die Gottes ist es, zu verurteilen und meine Aufgabe ist es, zu lieben."

Unsere Welt ist voller Meinungsverschiedenheiten, aber einander anzunehmen, ist Gott sei Dank nicht davon abhängig, dass wir einer Meinung sind. Andere liebevoll anzunehmen und zu akzeptieren hängt allein vom Kreuz ab.

DER MISSIONSBEFEHL

Du und ich sind nicht die Einzigen, denen es schwerfällt Menschen zu lieben, die anders sind als wir. Die Apostel Jesu hatten definitiv dasselbe Problem, wie auch andere Menschen während der Anfänge in der urchristlichen Gemeinde. Lass uns einmal

anschauen, wie das Leben damals aussah: Große Teile des jüdischen Gesetzes und der kulturellen Bräuche basierten auf strengen Grenzen zwischen heilig und unrein, geweiht und gewöhnlich. Es gab aufwendige Rituale, um sich zu reinigen und für das
Darbringen eines Opfers und den Eintritt in den Tempel würdig
zu machen.

Die Israeliten wussten, dass sie Gottes erwähltes Volk waren.
Sie hatten miterlebt, wie Gott sie leitete, schützte und ihnen unter
all den anderen Völkern eine besondere Stellung gegeben hatte.
Sie waren an den Gedanken gewöhnt, die einzigen Menschen zu
sein, die Gott liebte und denen er seine Gunst erwies. So sah das
Leben in Israel zur Zeit Jesu aus.

Nichtsdestotrotz kam Jesus auf diese Erde für alle Menschen,
nicht nur für Israel. Die gute Nachricht, dass jeder Vergebung seiner Sünden und eine Beziehung zum himmlischen Vater erleben
kann, war einer der radikalsten Aspekte seiner Botschaft. Und
Jesus machte deutlich, wie wichtig es war, diese Botschaft über
die Grenzen von Jerusalem und selbst über Israel hinaus zu verbreiten. Nach seiner Auferstehung, kurz vor seiner Himmelfahrt,
sagte Jesus zu seinen Nachfolgern: *„Ich habe von Gott alle Macht
im Himmel und auf der Erde erhalten. Geht hinaus in die ganze
Welt, und ruft alle Menschen dazu auf, mir nachzufolgen!"* (Matthäus 28,18–19).

Wir nennen diese Botschaft den Missionsbefehl. Es geht darum, anderen von der Liebe Gottes zu erzählen, und wie er diese
Liebe durch seinen Sohn dadurch offenbar werden ließ, indem
er ihn auf die Erde schickte, um am Kreuz für unsere Sünden zu
sterben. Das ist Gottes Botschaft – sein Herz und seine Liebe für
die gesamte Menschheit. Daran wird sich niemals etwas ändern.
Und wenn wir Gottes Güte, Gnade und Vergebung selbst erleben,

erkennen wir seine Liebe klar und deutlich, sodass wir gar nicht anders können, als anderen davon zu erzählen.

Mir gefällt es, wie der englische Begriff für Missionsbefehl „the great commision" an Co-Mission erinnert – eine gemeinschaftliche Mission, auf der wir mit Christus sind. Wir sind gemeinsam unterwegs. Also warum sind unsere Gespräche so oft von Uneinigkeit geprägt? Es ist noch gar nicht so lange her, da verschenkten wir in unserer gesamten Kirche Armbänder mit der Aufschrift „Missio Dei" (lateinisch: Mission Gottes). Auf der Rückseite sollte eigentlich die englische Übersetzung „Mission of God" stehen – doch als wir sie von unserem chinesischen Hersteller erhielten, stand dort: „Missio Dei, Mission of COD!" (Cod=Kabeljau) Heute können wir darüber lachen, aber damals hat es unsere verantwortlichen Mitarbeiter ganz schön ins Schwitzen gebracht.

Die Armbänder sollten täglich daran erinnern, dass die Menschen, die unsere Kirche besuchen, „auf einer Mission" sind als Miterben Christi und als Missionare für die Menschen in ihrem Umfeld. Und um diese Mission zu erfüllen, ist es wichtig, dass wir uns mit den Dingen auseinandersetzen, die uns zurückhalten oder uns davon abhalten, auf andere Menschen zuzugehen. Der englische Theologe und Autor Christopher J. H. Wright sagte einmal: „Die Mission Gottes ist viel zu groß, als dass wir sie nur den Missionaren überlassen könnten."

Ich möchte dich heute herausfordern, dich nach Gottes Mission, dem Missionsbefehl, neu auszurichten. Steh auf und erkenne die Möglichkeiten, die du tagtäglich hast, um anderen Menschen mit bedingungsloser Liebe zu begegnen.

FÜR JEDERMANN VERFÜGBAR

In der Apostelgeschichte, Kapitel 10, finden wir eines der großartigsten Beispiele, wie bedingungslose Liebe jede Art kultureller
und gesellschaftlicher Spaltung überwunden hat. Vielleicht klingt
es so, als ob die Stelle nicht viel mit uns zu tun hätte, aber für dich
und mich könnte sie vielleicht das herausragende Kapitel der gesamten Apostelgeschichte sein. Es ist die Passage, an der der Heilige Geist für die gesamte Menschheit verfügbar wurde. Es ist die
Geschichte zweier Männer, deren Welten unterschiedlicher nicht
hätten sein können. Der eine ist Kornelius, ein junger, gut aus-
sehender und starker Zenturio der römischen Armee. Nach jü-
dischem Gesetz war für ihn als römischen Heiden die Botschaft
des Erlösers nicht gedacht. Als Soldat, der andere tötete, galt er
als unrein. Und dennoch: Die Bibel berichtet uns davon, dass
Kornelius Gott liebte.

Und dann ist da noch Petrus, ein junger, dem jüdischen Gesetz
verpflichteter Jude. Er war ein ungeschulter und ungebildeter Fischer und vielerorts als Jünger Jesu bekannt. Auch er passte nicht
in die Vorstellungen und Erwartungen anderer.

Alles an dieser Geschichte wirkt irgendwie verstörend: Diese
beiden Männer sind das genaue Gegenteil voneinander und doch
schenkt Gott beiden einen Traum, der sie auf ihr Aufeinandertreffen vorbereiten soll, das die gesamte Geschichte verändern würde.

Petrus befand sich zu diesem Zeitpunkt gerade im Haus des
Gerbers Simon, was eigentlich verwunderlich ist, denn die Arbeit eines Gerbers galt als unrein. Gerber arbeiteten ununterbro-
chen mit Schmutz und Tierhäuten und mischten die abartigsten
Materialien wie Hundekot und Farbstoff miteinander, um das Le-
der zu behandeln. Als Jude hätte Petrus niemals dort sein dürfen. Doch aufgrund eines übernatürlichen Traums, den Kornelius

hatte, klopften zwei seiner Diener an die Tür des Gerbers. Auch sie hätten nicht dort sein dürfen, doch sie handelten aus Gehorsam gegenüber ihrem Herrn. Die Diener waren beauftragt, Petrus abzuholen und ihn zu überreden, sie zu Kornelius zu begleiten – eine Einladung, die er niemals hätte annehmen dürfen.

Petrus war vermutlich ein wenig mulmig zumute. Er war vielleicht ängstlich oder unsicher, als er diese Einladung erhielt. Zu jener Zeit gab es nämlich viele jüdische Zeloten und römische Soldaten, die auf der Suche nach Christen waren, um sie zu schlagen, einzusperren oder zu töten. Doch Petrus vertraute Gottes Führung und erwiderte damit die allumfassende, bedingungslose Liebe, die Christus am Kreuz gezeigt hatte. *„Da begann Petrus zu sprechen: ‚Jetzt erst habe ich richtig verstanden, dass Gott niemanden wegen seiner Herkunft bevorzugt oder benachteiligt. Alle Menschen sind ihm willkommen, ganz gleich, aus welchem Volk sie stammen, wenn sie nur Ehrfurcht vor ihm haben und so leben, wie es ihm gefällt. Ihr kennt die Friedensbotschaft Gottes, die er dem Volk Israel durch Jesus Christus mitgeteilt hat, und er ist ja der Herr über alle‘"* (Apostelgeschichte 10,34–37).

Wir alle sind Sünder, errettet durch Gnade.

Petrus und Kornelius überwanden an jenem Tag unzählige Differenzen, die sie eigentlich hätten trennen sollen, weil sie beide der Stimme und Führung Gottes folgten. Zwei Männer hielten sich nicht an die üblichen Konventionen, da sie Gottes Stimme gehorchten, um mehr Menschen mit der Liebe Christi erreichen zu können.

Ich möchte die Menschen, die für Außenseiter gehalten werden, mit demselben Respekt behandeln, den Petrus gegenüber Kornelius gezeigt hat. Sobald Petrus den Raum betrat, fiel Kornelius auf den Boden und begann ihn zu anbeten. Erneut staunte

Petrus! Er zog den römischen Soldaten schnell wieder hoch und sagte zu ihm etwas wie: Steh auf, Mann! Ich bin nicht besser als du. Komm hoch und schau mir in die Augen, denn ich bin nur ein Mann, genau wie du (siehe Apostelgeschichte 10,26).

Und Petrus fuhr fort, indem er Kornelius erklärte, dass Juden normalerweise keinen Umgang mit Nicht-Israeliten pflegten, Gott ihm aber gezeigt hätte, dass er Außenseiter annehmen und die gute Botschaft mit ihnen teilen solle. Da Kornelius viele Verwandte, Freunde und Diener in seinem Haus versammelt hatte, um Petrus zu treffen, war er außer sich vor Freude über diese Akzeptanz.

Vielleicht stimmst du dem Lebensstil mancher Menschen nicht zu, ihren Moralvorstellungen, Prinzipien oder ihrem Glauben – aber die Liebe, die dieses reiche, uneingeschränkte und großzügige Leben schürt, das uns von Jesus vorgelebt wurde, lädt andere immer ein. Sind wir doch mal ehrlich: Keiner von uns würde jemals allem zu jeder Zeit zustimmen. Nur in einem Namen, der die Kraft hat, unsere Seelen zu retten, stimmen wir überein: Jesus Christus.

Je mehr du andere einlädst, desto größer wird meist dein Radius – und damit nimmt gleichzeitig das Potenzial für Meinungsverschiedenheiten zu. Dann ist es wichtig, sich daran zu erinnern, was alle vereint. So ist es auch mit einer Kirche: Eine Gemeinschaft im Glauben basiert nicht auf der gleichen Meinung in allen Dingen – außer in Bezug auf den Namen, der über alle anderen Namen steht.

Lebe also nicht in einer Welt voller Meinungsverschiedenheiten, in der du ständig versuchst, recht zu haben. Umgebe dich auch nicht nur mit Menschen, die ständig deiner Meinung sind. Schließe andere nicht aus, nur weil sie in vielen Dingen nicht deiner Meinung sind. Das schürt geradezu Uneinigkeit. Erlaube stattdessen der Anziehungskraft des Evangeliums, andere in deine Nähe und in das Haus Gottes zu bringen, wo auch sie den Einen treffen dürfen, der dich gerettet hat.

DAS GEBOT ZU LIEBEN

Wer wir sind und wie wir uns verhalten, ist von Bedeutung – sogar von großer Bedeutung. Denk mal darüber nach, wie sehr das Verhalten anderer dich positiv oder negativ beeinflusst. Vielleicht erinnerst du dich an einen Lehrer, der sich besonders viel Zeit genommen hat, um dich zu ermutigen, an dich selbst zu glauben. Oder vielleicht gab es einen Pastor oder Mentor, der mit dir eine Extrameile gegangen ist, um dir zu helfen, deinen Traum zu verwirklichen. Oder vielleicht erinnerst du dich auch an jemanden, der dich schlecht behandelt oder etwas Boshaftes zu dir gesagt hat und du dich deswegen bedeutungslos oder nutzlos gefühlt hast. Wir sollten niemals die Kraft unterschätzen, die wir Menschen über einander haben – besonders wenn es um weichenstellende Entscheidungen in Sachen Lebensführung und Leiterschaft geht, welche wiederum genau die Menschen beeinflussen, die zu uns wegen Wegweisung und Unterstützung aufschauen. Es ist ja nicht so, dass wir perfekt sein müssten – überhaupt nicht –, aber wir müssen ehrlich, belehrbar und authentisch sein und andere Menschen annehmen.

Jesus hat gesagt: *„Du sollst den Herrn, deinen Gott, lieben von ganzem Herzen, mit ganzer Hingabe und mit deinem ganzen Verstand!' Das ist das erste und wichtigste Gebot. Ebenso wichtig ist aber das zweite: ,Liebe deinen Mitmenschen wie dich selbst!' Alle anderen Gebote und alle Forderungen der Propheten sind in diesen Geboten enthalten"* (Matthäus 22,37–40).

71

EIN WEIT GEÖFFNETES HERZ

Heute sind wir gefordert, die Menschen zu lieben, die von der Kirche noch nicht erreicht worden sind. Wir sind dazu berufen, allen Menschen mit der Liebe Christi zu begegnen, denn sein Vater liebt alle Menschen und möchte alle Menschen segnen und retten. Niemals will ich einer derjenigen sein, dessen Einstellung und Körpersprache verurteilend, verachtend und herablassend wirkt. Vielmehr wünsche ich mir, dass meine Arme, mein Herz und mein Verstand weit geöffnet sind, sodass ich die Menschen in meinem Umfeld stets lieben kann.

Absolut jeder hat es verdient, eine örtliche Kirchengemeinde zu besuchen und dort als ein Gegenüber willkommen geheißen und so behandelt zu werden wie jeder andere auch. Wir alle sind sündhafte, fehlerhafte, selbstsüchtige und unvollkommene Menschen – nur gerettet durch die Gnade Gottes, die Liebe Christi und die Kraft des Heiligen Geistes.

Wir müssen also nicht einer Meinung sein, aber wir haben einander einzuladen. Die Kirche ist nicht dazu aufgerufen, Regeln und Gesetzmäßigkeiten zu vollstrecken, sondern Gnade auszuteilen. Du und ich sind berufen, Gottes Gnade und Liebe innerhalb und außerhalb der Kirche weiterzugeben. Und diese Gnade muss sich in unserem Leben widerspiegeln.

Gott hat weder Lieblinge noch ist er parteilich, geschweige denn bevorzugt er eine Person, Gruppe oder Nation. Doch oft gelingt es uns nicht, dieselbe allumfassende Liebe an den Tag zu legen wie unser Retter.

Ich bin überzeugt, dass wir Gott gegenüber ein offenes Herz bewahren und ihn bitten müssen, an uns zu arbeiten, sodass wir barmherzig, mitfühlend und liebevoll bleiben und uns der Gnade bewusst bleiben, die er uns zuteilwerden ließ. Denn wenn wir uns dessen bewusst sind, können wir nicht anders, als selbst gnädig zu sein. Könnten wir doch bloß immer Menschen sein, die verstehen, welche Kraft im Evangelium liegt und dass Gott keinen Menschen mehr liebt als den anderen … Du bist sein Liebling. Ich bin sein Liebling – genauso wie der Betrunkene oder der Bauarbeiter am Ende der Straße. Wir alle sind seine Lieblinge.

Du kannst dieses überfließende – von der liebevollen Gegenwart Gottes erfüllte – Leben genießen und im Gegenzug seine grenzenlose Liebe mit jedem teilen, dem du begegnest. Jesu Beispiel folgend sind wir, die wir Gnade empfangen haben, berufen, in diese dunkle Welt hinein zu leuchten. Er hat gesagt: *„Heute gebe ich euch ein neues Gebot: Liebt einander! So wie ich euch geliebt habe, so sollt ihr euch auch untereinander lieben. An eurer Liebe zueinander wird jeder erkennen, dass ihr meine Jünger seid"* (Johannes 13,34–35).

Eine Liebe, die bedingungslos andere Menschen einschließt, nährt das große Leben, nach dem wir uns so sehr sehnen.

KAPITEL 5

PIONIERARBEIT

„Through waters uncharted my soul will embark.
I'll follow Your voice straight into the dark.
Should there come a moment when faith and I part,
speak to the sails of my wandering heart.“
„Ich steche in See, mein Ziel ist nicht bekannt.
Folg deiner Stimme, erforsch fremdes Land
und weich ich vom Kurs ab, den du für mich planst,
hörn meine Segel auf das, was du sagst.“
„CAPTAIN“ (KAPITÄN), HILLSONG MUSIC, 2015

M ein Pastor schwingt wie ein Affe an einem Seil.“
Nicht gerade die Worte, von denen man meint, sie könnten der Anfang einer Bekehrung sein, oder? Und dennoch: Genau diese Worte waren es, die einige unserer ersten späteren Konvertiten zu uns führten und einen fortlaufenden Segen für Tausende von Menschen hervorriefen, die an den Altären der Hillsong Church ein Leben mit Jesus Christus begannen. Von da an geschah vieles bei uns.

Ich erinnere mich, wie ich vor über dreißig Jahren Richtung nordwestliches Ackerland gefahren bin, raus aus Sydney mit Sicht auf die braune und trockene Landschaft des damaligen „Hills Distrikt". Die Hills waren wegen einer Sache in aller Munde: Dort hatte einer der erfolgreichsten Autohändler unseres Landes sein Geschäft. Er war bekannt für seine Fernsehwerbung. Als ich an diesem Händler vorbeifuhr, dachte ich: „Wenn so viele Menschen hier rauskommen, um ein Auto zu kaufen, warum sollten sie dann nicht auch hier hinkommen, um in die Kirche zu gehen?" Trotz aller verwunderten Blicke und Kommentare, die ich von anderen erhielt, war ich entschlossen, eine Kirche an diesem Ort aufzubauen – durch Gottes Gnade erkannte ich etwas, das andere nicht sehen konnten.

An unserem ersten Sonntagsgottesdienst wurde ich so ermutigt, als Bobbie und ich in die kleine gemietete Schulturnhalle blickten und siebzig Menschen zählen konnten. Siebzig Menschen im Hills Distrikt gleich am ersten Sonntag! Doch meine Begeisterung war nur von kurzer Dauer, denn in der nächsten Woche zählten wir fünfundsechzig, dann dreiundfünfzig, anschließend fünfundvierzig; ich rechnete und kam zu dem Schluss, dass uns nur noch vier bis fünf Wochen blieben, bis es null sein würden.

Ich war neunundzwanzig Jahre alt, jung und sorgenfrei, und nach diesem ersten Monat, in dem ich versuchte, die Kirche von Grund auf aufzubauen, packte ich eines Sonntags während meiner Predigt – entweder aus Begeisterung oder Verzweiflung – eines der beiden von der Decke hängenden Gymnastikseile der Turnhalle. Ich schwang eine Runde über die Versammlung (was nicht so schwer war, da sie nur ein paar Reihen umfasste) und ein Mann, der an diesem Tag unter den fünfundvierzig Menschen war, fand das sehr amüsant.

In der darauffolgenden Woche traf er seine Freunde und erzählte ihnen: „Leute, ihr solltet mal in meine Kirche mitkommen – da schwingt der Pastor wie ein Affe an einem Seil!" Er brachte in der nächsten Woche neun Freunde mit und alle neun entschieden sich vor Ort für ein Leben mit Jesus Christus. In der nächsten Woche brachten sie elf weitere mit und in der Woche darauf zehn. Innerhalb von nur drei Wochen führte der eine Impuls des Mannes dreißig Menschen zur rettenden Gnade Jesu und entzündete eine leidenschaftliche Erweckung in unserer kleinen Schulturnhalle. Dem Mann war nicht bewusst, dass er ein Pionier war.

PIONIERGEIST

Hören wir heutzutage das Wort „Pionier", denken wir sicherlich sofort an Namen wie Amelia Earhart, Kapitän James Cook, Christopher Columbus, Albert Einstein, Steve Jobs und zahlreiche andere, die den Lauf der Geschichte mit ihrem mutigen und neugierigen Geist verändert haben. Ihre Leben waren der Entdeckung und dem Fortschritt gewidmet. Walt Disney, einer der ideenreichsten Pioniere des zwanzigsten Jahrhunderts, hat einmal über sein wachsendes Imperium gesagt: „Hier schauen wir nicht lange zurück. Wir bewegen uns ständig vorwärts, öffnen neue Türen und tun neue Dinge, weil wir neugierig sind … und Neugier führt uns immer wieder auf neue Wege."

Diese neuen Wege führten nicht immer nur zu dem Erfolg, den wir so oft mit dem Namen Disney verbinden. 1927, als Walt die MGM-Studios dazu bringen wollte, Mickey Mouse in den Vertrieb aufzunehmen, sagte man ihm, dass seine Idee niemals funktionieren würde. Sie versicherten ihm, eine riesige Maus auf der Leinwand würde Frauen und Kinder in Schrecken versetzen.

Pionierarbeit zu leisten benötigt Mut, Einfallsreichtum und einen Sinn für das Abenteuer. Jemand mit Pioniergeist muss die Möglichkeit seines Scheiterns in Betracht ziehen können und gleichzeitig einen felsenfesten Glauben an die langfristige, zukünftige Vision wahren. Letztlich bleibt Pionierarbeit nicht ohne Widerstand. Und für das reiche, uneingeschränkte und großzügige Leben, das wir uns wünschen, müssen wir zweifellos einige Risiken eingehen. Wir müssen Schritte hinaus ins Unbekannte wagen und den Preis des gegenwärtigen Komforts im Gegensatz zur zukünftigen Belohnung erwägen. Ich glaube, Gottes Wille ist es, dass Pioniergeist in uns allen steckt.

KLEIN ANFANGEN, GROSS TRÄUMEN

Wenn du Jesus nachfolgst, wirst du nie aufhören, ein Pionier zu sein. In meinem Leben bewahrheitet sich das immer wieder. Seit dreißig Jahren leiste ich Gemeindegründungsarbeit in Kirchen und Pionierarbeit in meinem eigenen Leben. Durch Gottes Gnade habe ich nie den Pioniergeist verloren. Als Bobbie und ich 1980 nach Australien gezogen sind, zwei Jahre bevor wir Hillsong Church gründeten, waren wir Gemeindegründer einer kleinen Kirche in der Küstenregion nördlich von Sydney.

Nach ein paar Monaten fühlte es sich richtig an, die Kirche an einen anderen Pastor zu übergeben. Kurz danach wurden wir gefragt, ob wir es in Erwägung ziehen würden, eine Kirche im Südwesten Sydneys zu übernehmen. Diese Kirche war in einer verzweifelten Situation: Die Gemeinde bestand aus drei älteren Damen, die sich in einem alten Gebäude in einer rauen Gegend trafen und ihr einziger Besitz war ein alter Minibus. Als wir ankamen, fand ich eine Kanzel vor, die größer war als ich und mit mehr Plastikblumen dekoriert war, als ich jemals in meinem

Leben gesehen hatte. Nun ja, ich entfernte die Kanzel und die Plastikblumen, und du wirst es mir nicht glauben ... zwei der drei Gemeindemitglieder verließen daraufhin die Kirche! Doch nachdem wir ein paar Veränderungen vorgenommen und Gott um Weisheit gebeten hatten, brach neues Leben hervor und die Kirche begann zu wachsen.

Dort starteten wir etwas, das jetzt als Hillsong Church weltweit bekannt ist. Ich erinnere mich noch genau an einige der ersten Tage unseres Diensts. Wir waren jung, abenteuerlustig und entschlossen, dass Gott durch uns arbeiten wollte. Frühmorgens bereiteten wir die kleine Schulhalle, in der sich die Kirche traf, mit einigen Freiwilligen vor und blieben bis spät, um wieder abzubauen. Wir liehen uns Baseballkappen, die vergessene Behälter für unsere Kollekte ersetzten, und eine staubige Besenkammer war unser Besprechungsraum vor dem Gottesdienst. Schaue ich heute zurück, dann danke ich Gott, dass damals unser Pioniergeist auch auf andere Menschen übersprang.

Die Bibel berichtet uns in Sacharja 4,10, dass wir den Tag der kleinen Anfänge nicht verachten sollen. Was immer Gott dir anvertraut und in deine Hand gelegt hat – deine Familie, deine Karriere, deinen Dienst –, betrachte es nicht als unbedeutend und gehe es nicht mit einem Mangel an Vision an. Wenn du daran festhältst, was er dir ins Herz gelegt hat, und es mit einem Pioniergeist angehst – und mit Gottes Augen, seiner Führung, Weisheit, Gunst und Versorgung –, dann glaube ich, wirst du es sich verwirklichen sehen.

NEUES LAND EINNEHMEN

In unserem Leben als Kirche, aber auch in unserem persönlichen Bereich, gibt es für diesen Pioniergeist noch viel zu tun. Ein

Pionier nimmt beispielsweise ein zuvor für als unbewohnbar erklärtes Land ein und entfaltet dessen Potenzial – genau wie Christus es getan hat. Jesus hat immer hinter die Fassade von Menschen geschaut und wusste, was in ihren Herzen vor sich ging. Er hat einen Weg jenseits menschlicher Vorurteile, Neigungen und Stereotypen gebahnt. Und er beruft seine Nachfolger, dasselbe zu tun.

Wir erleben das, als Philippus die Botschaft des Evangeliums nach Samarien bringt. Es ist ein Ort, den die Juden verachteten, weil diese Region nicht nur von Heiden, sondern auch von untreuen Juden bewohnt wurde, die sich mit den Heiden vermischt hatten. Samariter wurden als Außenseiter angesehen, die ihr Erbe kompromittiert hatten.

Und doch machte Philippus sich auf den Weg in diese unbeliebte Region als ein Pionier der Gnade. Was einst als unbewohnbar und unerreichbar galt, wurde plötzlich zu einem entscheidenden Bestandteil des Reichs Gottes. Und tatsächlich: Als sich fortan das Evangelium unter den Heiden ausbreitete, waren es nicht mehr nur die Juden, die von Gott erwählt waren. Wegen dem, was Christus für uns am Kreuz getan hat, kann jeder Teil von Gottes Familie sein.

Es gibt so viele Menschen, die noch von Gottes Liebe berührt werden müssen. Ob es jemand ist, der ein paar Türen weiter wohnt, sich anders kleidet oder andersgläubig ist. Oder ob es der obdachlose junge Mann ist, der an der Ecke um Geld bettelt: Außenseiter gibt es immer. Und immer noch gibt es neue Gebiete, die es zu entdecken gilt.

Jesus hat stets diejenigen aufgesucht, die am Rande der Gesellschaft standen und von anderen abgelehnt wurden. Er sprach mit Ausländern, Frauen mit schlechtem Ruf, Männern mit tödlichen

Krankheiten und mit Kindern, die seine Aufmerksamkeit suchten. Und er frustrierte und verärgerte dabei die damaligen religiösen Leiter, indem er sich weigerte, sich an ihren Machtspielen zu beteiligen.

Die Apostelgeschichte berichtet uns, dass die ersten Jünger seinem Beispiel folgten. Es war sicherlich der unbequemere, unangenehme und unsichere Weg, aber sie gehorchten dem Befehl Jesu, das Evangelium der Gnade nicht nur mit ihren jüdischen Nachbarn, sondern mit allen Menschen zu teilen. Christus hatte die Schranken von Ausgrenzung und Mauern des elitären Denkens zerstört, die viele selbstgerechte Juden für sich errichtet hatten, und nun bahnten seine Jünger den Weg in diesen geöffneten Raum, den er hinterlassen hatte.

Dass die ersten drei Menschen außerhalb Jerusalems, deren Leben durch das Evangelium verändert wurden, nicht nur Außenstehende waren, sondern richtige Außenseiter, muss man sich mal vor Augen führen. Der erste war ein Magier – ein Hexenmeister, namens Simon –, der Menschen mit seinen Zaubertricks verblüffte.

Der zweite (in Apostelgeschichte 8) war ein äthiopischer Eunuch. Er war nicht nur Afrikaner und stammte damit aus einem anderen Land und einer anderen Kultur, sondern er war auch kastriert – wahrscheinlich, um den Frauen (vermutlich Ehefrauen und Konkubinen) eines sehr reichen Mannes zu dienen. Ungeachtet seiner Arbeit gehörte jener Mann einer sehr kleinen Minderheit von Außenseitern an.

Und der dritte war Saulus, der die Christen „mit grenzenlosem Hass verfolgte" (Apostelgeschichte 9,1). Über ihn lesen wir außerdem, dass er aufgrund des Glaubens von Stephanus dessen Steinigung zugestimmt hatte. Und doch begegnet Saulus – jener

Attentäter des christlichen Glaubens – auf dem Weg nach Damaskus auf dramatische Weise Gott. Dieses Aufeinandertreffen ließ ihn erblinden. Er war so benommen und orientierungslos, dass er nicht einmal wusste, was ihm zugestoßen war. Doch nach und nach erkannte er die Macht der Gnade Gottes, die ihm widerfahren war, und er wurde ein neuer Mann. Vom zornigen Attentäter Saulus wurde er zum demütigen und doch starken Apostel Paulus – einem Schreiber vieler Briefe des Neuen Testaments.

Ein ehemaliger Magier, ein Eunuch und ein Berufskiller – wie wäre es, wenn du sie alle einmal in der ersten Reihe einer Kirche treffen würdest? Im Grunde hört sich das nach dem Anfang eines Witzes an – doch wäre es nicht eine große Ermutigung?

Das Evangelium ist für jeden da, nicht nur für religiöse Leiter, Wohlhabende oder Erfolgreiche. Menschen jeglicher Herkunft und Volksgruppe, egal aus welchem Hintergrund, sind in Gottes Familie willkommen. Als Gottes Pioniere sind wir daher dazu berufen, ähnlich wie Philippus sich traute, unbekanntes Gebiet zu erschließen, unsere Komfortzone zu verlassen, um sein Reich voranzubringen.

EIN PIONIER DES UNMÖGLICHEN SEIN

Ein Pionier in Sachen Gottes Gnade zu sein, ist quasi die DNA der Hillsong Church. 1977, als meine Eltern in ihren Fünfzigern waren, zogen sie von Neuseeland nach Sydney, Australien. In den östlichen Außenbezirken fanden sie in Double Bay eine kleine Halle, in der sie eine Kirche gründeten, die sie „Eastern Suburbs Christian Life Centre" nannten. Nachdem die Kirche weiter wuchs und sie umziehen mussten, diente das Gebäude einer Vielzahl anderer Zwecke. Als ich neulich daran vorbeifuhr, sah ich, dass nun „Local History Centre" über den Türen stand, was mir passend erscheint, da dort in vielfacher Weise Hillsong seinen Anfang fand.

1999 bekamen Bobbie und ich die Möglichkeit etwas zu tun, was für uns damals ein mutiger und innovativer Schritt war. Wir wurden angefragt, die Leitung der innerstädtischen Kirche meiner Eltern zu übernehmen, zusätzlich zu Hillsong, unserer Kirche im Nordwesten Sydneys. Auch wenn es heutzutage viele Beispiele von Kirchen mit mehreren Standorten gibt, war so etwas 1999 komplettes Neuland. Wir hatten keine Vorbilder, zu denen wir aufschauen konnten. Wir waren damit Pioniere.

Sechzehn Jahre später ist unser sogenannter City Campus ein erfolgreicher und wesentlicher Bestandteil unserer Kirche. In den zurückliegenden Jahren, während Hillsong Churches in einigen der einflussreichsten Städten der Welt ihren Platz gefunden haben, durften wir eine Menge über das Wachstum und den Ausbau einer Kirche an mehreren Standorten und weltweite Gemeindegründung lernen. Zwar bin ich nicht berufen, überall Kirchen zu gründen, aber wo wir es tun, hoffe und bete ich, dass wir Gemeinden von Bedeutung aufbauen können, die jeden Menschen willkommen heißen, und deren Einfluss für die Sache Christi weit über die eigenen vier Wände hinausgeht.

Ständig etwas Neues zu tun, war nicht unser Ziel. Aber wir streben stets danach, als Kirche eine Pionierrolle einzunehmen. So durften wir in der Vergangenheit immer wieder dabei zusehen, wie Gott Dinge in unserer Mitte tat, wenn wir uns darauf ausrichteten, seine Stimme zu hören und seiner Führung zu folgen. Der Weg war nicht immer leicht – manchmal war es sogar der kostspieligere Weg –, aber im Willen Gottes Pionierarbeit zu leisten, hat letztlich Großartiges und Ewiges hervorgebracht.

Dr. Elmer Towns von der Liberty Universität hat kürzlich ein Buch mit dem Titel „Die 10 einflussreichsten Kirchen des vergangenen Jahrhunderts" geschrieben. Ich war überrascht und geehrt, dass er Hillsong in seine Auswahl aufgenommen hat. Dr. Towns schreibt: „Hillsong Church in Sydney, Australien, mag nicht die allererste Kirche gewesen sein, die zeitgemäße Lobpreismusik verwendete. Sie wurde nicht nur zum Pionier für eine Bewegung in Australien, sondern nahm auch eine Führungsrolle ein, der Kirche weltweit beizubringen, Gott mit zeitgemäßer Lobpreismusik anzubeten."[*]

Vor dreißig Jahren mit siebzig Leuten in unserem ersten Gottesdienst in einer Turnhalle hätten wir über den Gedanken gelacht, einflussreich zu sein. Ich wette, dass dieser junge Mann, der dreißig Freunde mit zur Kirche brachte, keine Ahnung hatte, welchen Einfluss und Ewigkeitswert seine Entscheidung mit sich brachte. Wir versuchten nicht, Pioniere um der Anerkennung oder des Ruhmes willen zu sein. Über viele Jahre hinweg waren wir einfach bestrebt, eine Kirche zu bauen, die Jesus nachfolgt, Menschen mit Jesus bekannt zu machen, in Gottes Wahrheiten gelehrt zu werden und Menschen in Gottes Bestimmung für ihr Leben hineinwachsen zu sehen. Ich glaube, das ist es, was es bedeutet, ein reiches, uneingeschränktes und großzügiges Leben zu führen: Ein Pionier zu sein, der dem Beispiel Jesu folgt.

PIONIER SEIN IN DEINEM HIER UND HEUTE

Jesus war der größte Pionier. Er tat, was zuvor und danach kein anderer tat: Er starb für unsere Sünde und stand von den Toten auf. Er ist die Quintessenz, was es bedeutet, im Rahmen deiner

---

[*] Towns, Elmer L.: *The Ten Most Influential Churches of the Past Century* (Shippensburg, Destiny Image)

Gnade zu leben, das anzunehmen, was dir von Gott gegeben wurde, und es zu dem Abenteuer zu machen, zu dessen Entdeckung du berufen bist.

Per Definition zählt ein Pionier zu den Ersten oder er ist unter den ersten Entdeckern eines Bereichs, einer Entwicklung oder eines Fortschritts. Er weitet Grenzen und eröffnet Horizonte. Ein Pionier ist auch derjenige, der ein Lied singt, das Musik in den Ohren der Uneingeweihten ist, die in der Wüste hinter ihm verloren sind. Er trotzt immer und immer wieder allen Widrigkeiten, indem er wiederholt Risiken eingeht und Durchhaltevermögen bis zur Vollendung seines Unterfangens an den Tag legt.

Wenn du Jesus folgen, ihm nahe sein und die Kraft seiner Liebe erleben möchtest, musst du ein Pionier sein – jemand, der leidenschaftlich die unerforschte Wildnis des uneingeschränkten Lebens entdeckt. Vielleicht findest du dich selbst nicht in diesem Bild wieder, dich in dieser Art selbst zu leiten, geschweige denn ein Pionier zu sein – jedenfalls nicht so, wie unsere Welt und Kultur es definiert. Aber wenn du Jesus folgst, bist du bereits ein Leiter, der sich den Weg bahnt. Vielleicht erkennst du die Autorität und Ressourcen nicht, die dir gegeben sind, vielleicht erkennen andere deine Führungsgabe nicht, aber wenn der Heilige Geist in dir lebt, dann hat Gott dich bereits dazu gesalbt, ein Leiter in seiner Revolution zu sein, um jeden Menschen von der Sklaverei der Sünde zu befreien.

Du musst nicht in ein Amt oder in die Regierung gewählt werden, Immobilien anhäufen oder große Unternehmen aufbauen. Du wirst vielleicht keine Firma leiten oder ein Berater sein, kein Vorstandsvorsitzender oder Teamleiter, aber wenn du Jesus Christus nachfolgst, bist du berufen, eine Stellung einzunehmen und seinem Reich zu dienen. Es ist unser Auftrag, die Talente und

Fähigkeiten, die uns gegeben wurden, einzusetzen, sodass Gottes Reich wächst und die Leben anderer Menschen verändert werden.

Wir sind alle dazu berufen, ein Leben zu führen, das Gott gefällt – und zwar so, dass wir unser göttliches Potenzial ausschöpfen können, egal, ob wir dazu berufen sind, irdische Arbeitsplätze mit Autorität einzunehmen oder nicht. Egal, ob du der Leiter eines globalen Unternehmens, der Leiter einer Bibelkreises oder einfach in verantwortlicher Leitung deines Zuhauses mit deinen Kindern lebst – du bist ein Pionier an deinem gegenwärtigen Platz, in deinem Hier und Heute.

Welche große Entdeckung hast du verpasst, die gleich um die Ecke auf dich wartet? Wo suchst du weiter nach Gottes Führung, während du weiterhin deine Talente einsetzt und die Fähigkeiten verwaltest, die dir gegeben sind? Ich frage mich, welche großen Überraschungen wir auf dieser Seite der Ewigkeit verpassen, wenn wir jemals unseren Pioniergeist verlieren sollten. Was liegt gerade vor dir, was Mut, Ausdauer und vielleicht ein bisschen Risiko und Pioniergeist benötigt?

Egal, wo du dich gerade in deinem Leben befindest, es ist nicht zu spät anzufangen. Das reiche und erfüllte Leben, nach dem wir uns sehnen, kann so oft durch Rückschläge oder Fehler, unerwartete Schlaglöcher, aus der Spur gebracht werden. Aber wenn wir unsere Zeit damit verbringen, in die Vergangenheit zu schauen oder in ihr zu verweilen, werden wir vielleicht niemals die Begegnung mit Gott haben, die in der Zukunft auf uns wartet. Nichts ist unmöglich für den Einen, der dich berufen hat, dich gesandt hat und versprochen hat, den Weg mit dir gemeinsam zu gehen.

Es ist an der Zeit, auf das Leben mit dem Geist eines Pioniers zu blicken.

TEIL 2

EIN SCHWIERIGER WEG

KAPITEL 6

DER SCHLIMMSTE TAG
MEINES LEBENS

„Christ alone, Cornerstone.
Weak made strong in the Saviour's love.
Through the storm, He is Lord.
Lord of All.“
„Du allein sollst Zentrum sein.
Die Schwachen macht deine Liebe stark.
Selbst im Sturm bist du Herr.
Herr der Welt.“
„CORNERSTONE" (ECKSTEIN),
HILLSONG MUSIC, 2012

Es geht nicht um dich, es geht um deinen Vater.“
Mit diesen Worten begann ein Albtraum, der sich letztlich
über die nachfolgenden Jahre meines Lebens ausbreiten sollte. Alles, was nach diesem Satz kam, waren die Konsequenzen der Vergangenheit jemandes anderen und sollten einen großen Teil meiner Zukunft beeinflussen.

Es war Ende Oktober 1999, und ich war zu diesem Zeitpunkt 45 Jahre alt. George Aghajanian, ein Freund, mit dem ich bereits viele, viele Jahre zusammenarbeite, saß mir bei unserem wöchentlichen Dienstagsmeeting gegenüber. Als Geschäftsführer von Hillsong Church ist George für die meisten Angestellten und alle administrativen Abläufe weltweit verantwortlich. Er ist immer vorbereitet mit einer Liste von Dingen, die wir besprechen müssen. Oft beginnen wir mit einfachen Dingen, die wir schnell abhaken können, und arbeiten uns zu den schwierigeren Angelegenheiten vor, über die wir vielleicht länger zu reden haben.

An diesem Oktobertag also, zur Frühlingszeit in Australien, saßen wir in meinem Büro auf dem Hills Campus und gingen Georges Liste durch. Die meisten Sachen waren schnell erledigt und ich dachte, wir würden vielleicht ein bisschen früher zum Schluss kommen. Ich glaube, ich war mit meinen Gedanken schon nicht mehr ganz bei der Sache, dachte schon über die nächsten Termine nach und fragte mich, ob ich wohl eine schnelle Joggingrunde dazwischenschieben könnte. Dann aber sah George mich an und sagte: „Da ist noch eine Sache, Brian."

„Leg los", sagte ich und deutete ihm durch ein kurzes Nicken an, fortzufahren. Er zögerte und ich merkte, dass es um etwas Wichtiges ging. An seinem Tonfall und dem ernsten Ausdruck in seinen Augen hätte ich eigentlich sofort erkennen können, dass er mir nichts Gutes zu sagen hatte.

„Es geht nicht um dich", sagte er. „Es geht um deinen Vater."

Mein Herz klopfte und es fühlte sich an, als ob alle Farbe aus meinem Gesicht wich. George erzählte mir daraufhin von einem Anruf, den unser Kirchenbüro erhalten hatte. Der Anrufer erzählte einem unserer Pastoren, dass sein Dienst ihn vor Kurzem in eine Kirche in unserer Nähe geführt hätte. Nach seiner Predigt habe ihn eine Frau um ein Gespräch gebeten. Darin enthüllte sie etwas, das sie (wie ich später erfuhr) jahrelang mit sich herumgetragen hatte: „Frank Houston hat meinen Sohn sexuell missbraucht."

Von allen Dingen, die George mir über meinen Vater hätte erzählen können und die ich erwartet hatte zu hören, lag nichts ferner. Diese Art von Anschuldigung lag jenseits all meiner Vorstellungskraft. Ich bin sicher, es waren nur Sekunden, aber die Zeit schien stillzustehen, während eine Flut schmerzvoller Gefühle über mich hereinbrach: Verwirrung. Wut. Unglaube. Angst. Schmerz. Betrug.

Um das ein wenig einzuordnen: Mein Vater – William Francis „Frank" Houston – war immer mein Held gewesen. Einige meiner frühesten Erinnerungen sind die an Zeltmissionen mit ihm im Norden von Neuseeland. Ganze Dörfer von Maoris, Neuseelands Ureinwohnern, wurden errettet, als mein Vater Abend für Abend die Gute Nachricht des Evangeliums predigte. Tagsüber brachten die Einwohner von Waiomio meinem Bruder und mir das Reiten bei und am späten Nachmittag standen wir an einer Biegung des Flusses und fingen Aale, indem wir sie durch unsere Beine aufs Ufer schnippten. Unsere neu gewonnenen Freunde bereiteten unseren Fang zu und zeigten uns so die Delikatessen ihrer Kultur. Die Erinnerungen an meine Kindheit stecken aber auch voller Verabschiedungen, jedes Mal wenn ich meinem Vater zuwinkte, weil er wieder zu einer neuen Reise als Prediger aufbrach. Jedes Mal glaubte ich, als ich ihm sehnsüchtig nachsah, dass ich eines Tages dasselbe tun würde. Einen großer Teil meiner Motivation, Gott zu dienen und seine Kirche zu bauen, führe ich auf meinen Vater zurück. Auch deshalb war Georges Nachricht so niederschmetternd.

Kinder denken niemals gern an das Intimleben ihrer Eltern, aber das, was George über meinen Vater sagte – etwas, das so gar nicht zum Charakter des Mannes zu passen schien, der mich großgezogen und geliebt und mich so viel über Gott und den geistlichen Dienst gelehrt hatte –, war gelinde gesagt *unfassbar*.

Der Gedanke, dass mein Vater, der nun Ende siebzig ist, so abscheulichen sexuellen Missbrauch begangen haben soll, lähmte mich. Als an diesem Tag in meinem Büro die Details der Anschuldigungen offengelegt wurden, erfuhr ich, dass es nicht nur um den Missbrauch einer männlichen Person ging, sondern dass diese Person auch minderjährig war. Dieses Kind war jemand, der ebenso wie seine Familie zu dem Zeitpunkt, als es in den späten 1960ern oder frühen 70ern passierte, zu meinem Vater aufgeschaut hatte.

Mein Vater war damals ein bekannter Pastor in Neuseeland und nur zu Besuch in Sydney. Erst Jahre später zogen meine Eltern nach Australien und gründeten dort das Sydney Christian Life Centre. Die Hillsong Church gab es damals noch nicht. Meine Gedanken sprangen von diesen Fakten zu der Erkenntnis, dass es um einen Jungen ging, der zu diesem Zeitpunkt nicht einmal zehn Jahre alt gewesen sein musste, und ich dachte: „Das ist nicht nur unmoralisch – das ist kriminell." Mein Vater hatte sich der Pädophilie schuldig gemacht. Und dann realisierte ich, dass ich damals selbst erst ein Jugendlicher gewesen war. All diese Gedanken überwältigten mich, als ich anfing zu verstehen, was gerade passierte: Was als normaler Dienstag begann, als guter Tag, wurde plötzlich zum schlimmsten Tag meines Lebens. Doch da ahnte ich noch nicht, wie schlimm es noch werden würde …

DER STILLE CRASH

Ich denke, besonders wenn wir gläubig sind, hoffen wir stets das Beste im Leben. Aber ganz ehrlich: Wenn wir nur lange genug leben, erhalten wir alle irgendwann die „schlimmste" Nachricht unseres Lebens. Sie kann der Anruf mitten in der Nacht sein – der nie etwas Gutes bedeutet –, in dem es um die Gesundheit eines betagten Elternteils geht oder um die Festnahme deines Teenagers. Sie kann ein Gespräch mit deinem Chef sein, von dem du dachtest, dass es nur ein reguläres Meeting sei, in dem du aber plötzlich entlassen wirst. Sie kann eine Routineuntersuchung sein, der eine ernste Diagnose folgt, oder ein Klopfen an deiner Tür, wonach du plötzlich eine gerichtliche Vorladung in der Hand hältst.

Ich versuche immer, das Beste vom Leben zu erwarten. Aber es ist wahr: Wir wissen einfach nicht, wie unser schlimmster Tag aussehen wird oder wann er stattfinden wird. Unser Leben verläuft nicht geradlinig. Die Bibel weist uns geradezu darauf hin, dass wir „in der Welt in Bedrängnis sein werden" (siehe Johannes 16,33). Ganz gleich wie großartig und erfüllt unser Leben auch sein mag, wie erfolgreich, wohlhabend, gebildet oder klug wir sind, wir alle fahren irgendwann einmal Umwege und landen im Graben. Dinge treffen uns wie aus heiterem Himmel, da wir sie einfach nicht vorhersehen können. Oder wir erfahren Geheimnisse, die für uns unvorstellbar waren.

All das traf in Bezug auf jenen Tag und was ich über meinen Vater erfuhr zu. Zu dem Zeitpunkt, als mich die Nachricht überraschte, war ich nicht nur Pastor einer wachsenden Kirche, sondern auch Vorsitzender eines Bundes mit über 1100 Kirchen. Nach dem Gespräch mit George kam mein Kopf einfach nicht zur Ruhe. Auch wenn dieses Verbrechen vor Jahrzehnten geschehen war und ich als Teenager nichts davon mitbekommen hatte, wusste ich doch tief in meinem Herzen, dass ich herausfinden musste, ob diese Anschuldigungen tatsächlich wahr waren. Die Möglichkeit, dass sich alles bestätigte, drehte mir den Magen um. Gibt es etwas Schlimmeres, als herauszufinden, dass dein Vater pädophil ist? Man hätte mir nichts an den Kopf werfen können, das unerwarteter und gleichzeitig vernichtender gewesen wäre.

Mein Vater befand sich zu diesem Zeitpunkt im Ausland, was mir ein wenig Zeit gab, meine Gedanken zu sortieren und mehr Informationen zu sammeln, um mich auf das schwierigste Gespräch meines Lebens vorzubereiten.

Am Dienstag nach seiner Rückkehr kam mein Vater in Erwartung eines ganz normalen Treffens in mein Büro. Ich versuchte, so ruhig wie möglich zu bleiben und erzählte ihm in aller Kürze von dem Anruf, den wir erhalten hatten. Ich erinnere mich, dass er nach seiner Reise müde aussah. Aber als er hörte, was ich erzählte, schien er vor meinen Augen um Jahre zu altern.

Die Pause, die folgte, war lang und schwer. Dann begann er zu sprechen. Ich hörte, wie sein Mund völlig austrocknete, als er bestätigte, dass die Anschuldigungen wahr seien.

Als Vorsitzender unseres Kirchenbundes musste ich ihn daraufhin vom Dienst suspendieren und ihn bitten, seinen Berechtigungsausweis zurückzugeben. Ich glaube, als er an diesem Tag mein Büro verließ, wusste er, dass er niemals wieder predigen würde – und so war es auch.

Er versicherte mir damals, dass es nur einmal passiert sei. Während ich innerlich betete, dass das wahr sei, wurde mir bewusst, dass mit einem Mal die Zukunft sehr ungewiss wurde.

HÖR AUF DAMIT

Ich stand diese ganze Situation nur durch, weil ich wusste, dass Gott mit mir war. Ich musste mich auf seine Kraft verlassen, während ich mich in einer Tortur befand, die in persönlicher und beruflicher Hinsicht außerhalb meiner Vorstellungskraft lag. Aber mehr noch als mit dem persönlichen und beruflichen Schmerz musste ich mit der Gewissheit leben, dass es da jemanden gab, der so viel mehr verletzt worden war als ich selbst – ein unschuldiges Opfer, dessen Leben sich für immer verändert hatte. Während dieser Zeit wusste ich, dass ich es nicht allein schaffen würde, den Schmerz zu ertragen und weiterhin der Leiter zu sein, zu dem Gott mich für unsere Kirche und unseren Bund berufen hatte. Ich brauchte meinen himmlischen Vater.

Jesus ging mit seinem Leiden genauso um; er bezog Stärke aus der Kraft seines himmlischen Vaters. Und für ihn musste es noch weit schwerer gewesen sein, denn als Sohn Gottes hätte er definitiv die Möglichkeit gehabt, etwas an der Herausforderung zu verändern, der er sich gegenüber sah. Passiert uns das Schlimmste, dann können wir nicht einfach mit den Fingern schnippen und es ungeschehen machen. Jesus hätte das gekonnt. Und dennoch entschied er sich dafür, nicht den einfachen Weg zu gehen. Er wählte vielmehr das Leiden und Sterben als unschuldiger Mensch, sodass alle Menschen, die Strafe für ihre Sünde verdienen, Vergebung erlangen und ewig leben können.

Aber Jesus war auch ganz Mensch und rang offensichtlich damit, den schweren Weg zu gehen, der vor ihm lag. Wir sehen das in dem Gespräch, das er mit seinen Jüngern in Matthäus 16 hat. Dort wird berichtet, wie ihm seine Jünger sagen, dass einige glaubten, er sei Johannes der Täufer oder Elia oder einer der anderen Propheten aus vergangenen Tagen. Und dann fragt Jesus sie, was sie glauben, wer er sei. Petrus antwortet korrekt: dass er tatsächlich der Messias ist – Gottes Sohn, auf diese Welt gesandt, um sein Volk zu erlösen. Doch da es für Jesus noch nicht an der Zeit war, seine Identität öffentlich zu machen, befahl er seinen Jüngern, nichts von all dem zu erzählen. Aber er offenbarte ihnen auch, welch schwerer Weg vor ihm lag. Dass er nach Jerusalem gehen müsse, um den Zorn der vielen heuchlerischen jüdisch-religiösen Führer zu ertragen, bevor er gefangen genommen, umgebracht und am dritten Tag von den Toten auferweckt werden würde. Wenn die Jünger die Prophezeiungen des Alten Testaments kannten, und die meisten, wenn nicht alle, taten das, dann verstanden sie, dass Jesus keine einfache Zeit bevorstand. Dieses schmerzvolle Bild der Zukunft betrübte Petrus so sehr, dass er seinen Herrn zur Seite nahm und sagte: „Nein! Das kann dir nicht geschehen – du bist der Sohn Gottes! Ich will nicht, dass das passiert, und ich werde es nicht zulassen."

Jesus antwortete auf diesen Gefühlsausbruch mit einer sehr dramatischen Aussage: „Geh weg von mir, Satan!" Er bezeichnete seinen geliebten Freund, den Mann, den er vorher den „Felsen, auf den er seine Kirche bauen würde" genannt hatte, mit dem schlimmsten Ausdruck, den ich mir vorstellen kann – Satan! Das scheint auf den ersten Blick ein wenig drastisch zu sein. Immerhin hatte Petrus sicher nicht dem Teufel die Treue geschworen, sodass er ein Spion hätte sein können, der Christus in Versuchung führen wollte, dem aus dem Weg zu gehen, was ihm bevorstand. Wir erwarten vielleicht sogar, dass Jesus Petrus freundlich antwortet: „Danke, dass du so besorgt bist, Petrus. Ich weiß, du meinst es gut und willst nicht, dass ich mich dem Leiden aussetze, das mir bevorsteht, aber dafür bin ich auf diese Welt gekommen – um die Menschheit von ihren Sünden zu erlösen."

Stattdessen weist er ihn scharf zurück. Jesus sagt seinem Jünger, dass er ein Ärgernis ist, ein „Stolperstein", wie manche englische Übersetzung es ausdrückt (Matthäus 16,23). Dass er mehr bedacht ist auf Menschliches als auf die Wege Gottes. Das ist eine schwere Anklage! Allerdings eine, die Jesu Menschlichkeit klar zum Ausdruck bringt. Ich denke, er sagte eigentlich Folgendes: „Schau, Petrus, das hier ist schon hart genug! Verführ mich nicht, meine göttliche Macht zu gebrauchen, um all die schmerzvollen Dinge zu vermeiden, die ich erleiden muss. Du versuchst, mir Ideen einzuflüstern, wie ich dem Leid aus dem Weg gehen kann. Du versuchst, mich dazu zu bringen, meine Sicht auf Gottes Plan zu verengen und nur meine eigene Bequemlichkeit im Kopf zu haben. Aber das ist kurzsichtig. Also hör auf damit!"

Stehen wir nicht oft derselben Versuchung gegenüber? – Letztlich geht es darum, die Augen auf Jesus zu richten. Er nahm keinen Umweg um das finstere Tal herum. Also müssen wir ihm folgen – mitten hindurch.

DEINE EIGENE OFFENBARUNG

Wann immer der Weg für uns schwierig wird, wann immer wir das finstere Tal betreten und uns fühlen, als ob das Schlimmste geschehen ist, passiert es schnell, dass wir kurzsichtig werden und die Dinge mit menschlichen anstatt mit Gottes Augen sehen. Wenn Jesus Petrus zuruft, dass seine Gedanken vom Teufel sind, als er ihn in Versuchung führt, den einfachen Weg zu gehen, dann denke ich, dass solche Gedanken bei uns aus derselben Quelle der Angst stammen. Wir können uns nicht vorstellen, wie wir eine solch schmerzvolle Tortur durchstehen sollen, also wollen wir den ersten Ausweg nehmen, den wir sehen. Wir wollen nicht leiden, ohne zu wissen, wann – oder ob – wir da wieder herauskommen werden.

Dennoch wusste ich, dass ich keine andere Möglichkeit hatte, als der Situation entgegenzutreten. Ich musste den schweren Weg gehen, der vor mir lag.

Nach dem Tag des Geständnisses meines Vaters war es meine Verantwortung, mit den Ältesten des Sydney Christian Life

Centre zu sprechen. Und das war nur der Beginn einer Reihe von schrecklichen und doch aufgrund der Erkenntnisse notwendigen Gesprächen und Ereignissen. In den folgenden Tagen versammelten sich auch unsere national verantwortlichen Leiter in einem Sitzungszimmer. So direkt und gerade heraus wie es mir nur möglich war, teilte ich der Runde die verheerende Neuigkeit mit. Ich übergab die Leitung des Treffens an jemand anderen und setzte mich, während diese weisen Männer, die so viele Male zuvor meiner Vision gedient und meinen Vater als Leiter erlebt hatten, darüber sprachen, wie es nun weitergehen könne.

Ein Jahr später kamen weitere Missbrauchsvorwürfe aus Neuseeland gegen meinen Vater ans Licht, die sich auf den gleichen Zeitraum bezogen. Etliche erwiesen sich als zutreffend. So schmerzhaft das war – und immer noch ist –, ich wusste: Gott hatte versprochen, in diesem finsteren Tal, in den Tagen voller Verzweiflung an meiner Seite zu sein.

In dem Wissen, dass ich ihm vertrauen musste wie niemals zuvor, verpflichtete ich mich, der Wahrheit ins Auge zu sehen und zu tun, was getan werden musste, ganz gleich wie schmerzhaft es auch war. Allein die negativen Auswirkungen auf meine Familie waren immens. Meine Geschwister gingen auf ganz unterschiedliche Weise mit ihrem eigenen Schmerz um. Wir alle hatten nun mit dem Wissen zurechtzukommen, dass der liebende Vater, den wir kannten, ein Mann mit üblen Geheimnissen war.

Was er getan hatte, war falsch, furchtbar und entsetzlich. Ich konnte in dieser schweren Zeit nur weitermachen, indem ich den ganzen Schmerz aushielt.

In der Öffentlichkeit musste ich mich dem Ganzen als Pastor stellen und gleichzeitig musste ich mit jeder neuen niederschmetternden Neuigkeit persönlich klarkommen. Als Ehemann und

Vater und als Sohn. Ich hatte mit meinen Kindern über ihren Großvater zu sprechen, der so sehr geliebt wurde und für uns alle ein Held war.

Ich werde nie vergessen, wie ich es meinen Kindern sagte. Sie reagierten unterschiedlich, aber für mich unglaublich großartig. Ben, mein zweitältester Sohn, der nun Pastor von Hillsong Los Angeles ist, hörte mit seinen siebzehn Jahren aufmerksam zu und versuchte, alles zu begreifen. Nachdem wir beide einige Zeit geschwiegen hatten, sagte ich: „Ben, ich hoffe so sehr, dass das nicht deinen Glauben beeinträchtigen wird."

Er nickte und sagte: „Mach dir keine Sorgen, Dad, das wird nicht passieren – ich hatte meine eigene Offenbarung von Jesus." Zu diesem Zeitpunkt war dies das Schönste, was er sagen konnte. Jeder von uns muss an seiner eigenen Offenbarung, die er von Jesus erlebt hat, festhalten, wenn düstere Tage den Weg unseres Glaubens verdunkeln wollen.

Mein Vater kehrte nie wieder in den Dienst zurück. Er alterte schnell, während ihn die Schande und der Schmerz seiner dunklen Vergangenheit überwältigten. Zudem erkrankte er an Demenz. Fünf Jahre später, nur zehn Monate nach dem Tod meiner Mutter, erlitt er dem Anschein nach einen Schlaganfall in der Dusche, denn er war nach hinten gefallen, hatte sich den Kopf aufgeschlagen und verstarb. Mein in Ungnade gefallener Held war tot.

Wenn ich heute diese Tage des Jahres 1999 gedanklich wieder durchlebe, kämpfe ich immer noch mit den Auswirkungen dieser schweren Zeit. Ich habe währenddessen gelernt, dass wir, wenn wir im finsteren Tal um eine Kurve biegen und einen Blick auf den schweren, schmerzerfüllten Weg vor uns werfen, nur nach vorn gehen können.

Und um einen Schritt nach dem anderen machen zu können, müssen wir uns auf Gott verlassen und unsere Augen auf Jesus gerichtet halten. Er hat versprochen, uns niemals zu verlassen oder aufzugeben und uns durch unsere dunkelsten Tage zu führen. Sodass wir selbst im finsteren Tal, mit Gott an unserer Seite, sagen und vor aller Welt proklamieren können: „*Deine Güte und Liebe werden mich begleiten mein Leben lang; in deinem Haus darf ich für immer bleiben*" (Psalm 23,6).

KAPITEL 7

DEN PROZESS VON SCHMERZ VERSTEHEN

„This is my prayer in the desert,
when all else within me feels dry,
this is my prayer in my hunger and need,
my God is the God who provides."
„Ich bete zu dir in der Wüste,
wenn alles in mir trocken scheint.
In meiner Not such ich Zuflucht bei dir,
denn du bist der Gott, der versorgt."
„DESERT SONG" (IN DER WÜSTE),
HILLSONG MUSIC, 2008

Immer wenn ich daran denke, wie schnell man in eine Lebenskrise geraten kann, kommt mir Captain James Cook in den Sinn – einer der großen australischen Helden. Er war ein Pionier. Im Jahr 1770 landete er in der Bucht von Botany. Heute ist sie einer der drei wunderschönen Häfen, die Sydney entlang der Ostküste begrenzen. Captain Cook gilt allgemein als der Entdecker Australiens, doch es hat ihn einiges gekostet. Er wusste nichts vom Great Barrier Reef, dem fast 2000 Kilometer langen, wunderschönen, aber sehr zerklüfteten Korallenriff, das eins der größten Naturwunder der Erde ist. Wie du dir sicherlich vorstellen kannst, vertrugen sich die scharfkantigen Korallen mit dem alten hölzernen Schiff, der *Endeavour* (dt.: Bestreben), nicht sonderlich gut. Captain Cook lief auf das Riff auf und sein Schiff begann zu sinken.

Vermutlich hätte die *Endeavour* wohl ihr nasses Grab gefunden, wäre da nicht die Crew gewesen, die anfing, Dinge über Bord zu werfen, um das Schiff leichter zu machen. Die Matrosen bugsierten jeglichen Ballast über die Reling, der ihnen in die Hände kam: Werkzeuge, Krüge mit Oliven, Getreidesäcke, sogar ihre Kanonen. Sie warfen all das weg, um zu überleben. Und tatsächlich! Das Schiff wurde leicht genug, um über das Riff zu fahren und weiterzusegeln. Die Stelle, an der Cooks Schiff fast havariert wäre, wurde im Laufe der Jahre ziemlich berühmt. Sie wird heute Cape Tribulation – das Kap der Trübsal – genannt.

In unserem Leben stoßen auch wir an solche Kaps der Trübsal. Laut Bibel sind solche Prüfungen unvermeidbar: *„Für **alles** gibt es eine bestimmte Stunde. Und für **jedes Vorhaben** unter dem Himmel gibt es eine Zeit"* (Prediger 3,1; ELB, Hervorhebungen durch den Autor).

Ob es uns passt oder nicht – *alles* schließt die schmerzhaften, unerwarteten, enttäuschenden, beängstigenden, herausfordernden Momente genauso ein wie die freudigen, vorhersehbaren, aufregenden, beruhigenden und tröstlichen. Das Leben bringt Zeiten des Schmerzes wie der Trauer mit sich, Zeiten des Leidens und der Heilung, des Kampfes und der Versöhnung.

Problematisch wird es, wenn wir in unserem Schmerz gefangen bleiben. Wenn wir nicht mehr die Kraft finden, auf die Beine zu kommen und weiterzugehen. Letztlich ist das Leben ein schwieriger Weg, der uns aber weiter nach vorne bringt. Geben wir allerdings auf, weil wir vor lauter Schmerz nicht wissen, wie wir weitermachen sollen, dann verpassen wir, was Gott in unserem Leben tun will. Ich glaube zwar nicht, dass Leidvolles von Gott kommt, aber ich glaube daran, dass er unser Leiden benutzt – denn sind wir mit Gott unterwegs, ist nichts umsonst oder vergebens. Christus, der uns bereits Vorbild ist in puncto Leben, Lieben und Leiten, ist es auch hier: Er litt Unvorstellbares, damit wir ewiges Leben haben können:

„Er wurde verachtet, von allen gemieden.
Von Krankheit und Schmerzen war er gezeichnet.
Man konnte seinen Anblick kaum ertragen.
Wir wollten nichts von ihm wissen,
ja, wir haben ihn sogar verachtet.

Dabei war es unsere Krankheit, die er auf sich nahm;
er erlitt die Schmerzen, die wir hätten ertragen müssen.
Wir aber dachten, diese Leiden seien Gottes gerechte Strafe für ihn.
Wir glaubten, dass Gott ihn schlug und leiden ließ, weil er es verdient hatte.
Doch er wurde blutig geschlagen,
weil wir Gott die Treue gebrochen hatten;
wegen unserer Sünden wurde er durchbohrt.
Er wurde für uns bestraft – und wir?
Wir haben nun Frieden mit Gott!
Durch seine Wunden sind wir geheilt."
Jesaja 53,3–5

Wir haben einen Retter, der nicht nur weiß, was es heißt zu leiden, sondern der sich freiwillig an unserer statt opferte. Er liebte uns so sehr, dass er sogar das Kreuz auf sich nahm. Und er besiegte die Sünde und den Tod, sodass wir Gnade, Freude und Hoffnung empfangen können. Wenn uns also Prüfungen auf dem schwierigen Weg unseres Lebens begegnen, dann können wir ihnen standhalten, weil Jesus Christus von den Toten auferstanden ist. Aber ähnlich wie Captain Cook und seine Crew müssen wir uns manchmal von unnötiger Last befreien, wenn wir im Leben weiterkommen wollen.

DIE EIGENEN GRENZEN AKZEPTIEREN LERNEN

Mich hat es einiges gekostet, zu lernen, wie ich Schweres, das mich niederdrückt, loslassen kann. So tat ich, was ich nur konnte, um die Angelegenheit mit meinem Vater zu verarbeiten. Ich verließ mich dabei auf die Kraft von Gottes Geist, der mir Mut, Stärke und Durchhaltevermögen gab. Aber der andauernde Schmerz forderte seinen Tribut. Als 2004 dann mein Vater starb, trauerte ich um den Vater, den ich als Kind gekannt hatte: den liebenden Mann, der mein Held und Vorbild gewesen war; den brillanten Prediger und Evangelisten, den Mann, der die Massen um sich scharte und sie in einem Moment vor Lachen brüllen und im nächsten schluchzen ließ, wenn er unfassbare Zeugnisse des Glaubens erzählte. Ich kämpfte damit, dieses Bild mit dem Bild von Mann zusammenzubringen, der mir fremd war, der seine dunklen Seiten verbarg und Dinge tat, die ich mir nie hätte vorstellen können. Das hielt den Schmerz in meinem Herzen lebendig.

Schließlich kam ich an den Punkt, an dem all der Druck, die Anspannung und der innere Kampf zu viel für mich wurden. Nach dem Gespräch mit George in meinem Büro geriet ich für zwölf Jahre in einen Strudel der Depression, der mich immer weiter abwärts sog. Die Ereignisse hatten mich traumatisiert. Während ich mich um jeden anderen Menschen kümmerte – außer mich selbst –, verblasste ich innerlich. Von außen gesehen, war mein Leben reicher denn je. Hillsong Church wuchs, auch weltweit, und unsere Musik bekam einen immer größeren Bekanntheitsgrad, die Einschaltquoten für unsere Fernsehsendungen gingen durch die Decke und Gott schenkte Bobbie und mir zunehmenden Einfluss, sein Reich zu bauen. Doch in meinem Herzen war ich einfach zerbrochen.

Mit dem Wachstum einerseits nahmen auch die Prüfungen andererseits zu. Und zwar in einer Art, wie ich es nie zuvor erlebt hatte. Ich fühlte mich oft wie abgeschnitten von meinem Leben, von der Leidenschaft und Bestimmung, die mich bis dato hat jeden Morgen freudig und in Erwartung aufstehen lassen. Jetzt aber fühlte ich mich nur noch so, als ob ich einfach nur noch funktionieren müsste. Oft verlor ich mich in Gedanken und wusste nicht, wie ich meine Freude und meinen Frieden wiederfinden sollte.

In dieser Zeit reiste ich unglaublich viel. Ich predigte und diente im Ausland und baute unsere Hillsong Churches weltweit auf. Die häufigen Zeitumstellungen und das Schlafen im Flugzeug führten dazu, dass ich immer häufiger Schlaftabletten nahm, um wenigstens ein paar Stunden Ruhe zu finden oder den Jetlag loszuwerden. Es dauerte nicht lange, bis die Tabletten nicht mehr wirkten und ich die Dosis erhöhte. Und irgendwann konnte ich ohne Schlaftabletten überhaupt nicht mehr schlafen.

Meine Familie bekam das mit und begann mich zu fragen, ob alles in Ordnung sei. Ich bejahte es immer und versuchte, so lange wie möglich durchzuhalten. Ich predigte, reiste um die Welt und leitete die Kirche, während Hillsong weiter wuchs und Gott weiter unglaubliche Dinge tat. Aber die Ruhelosigkeit forderte ihren Tribut: Ich wurde zerstreuter und predigte nicht mehr mit derselben Überzeugungskraft wie früher. Trotz meiner persönlichen

Herausforderungen war Gott gnädig. Menschen in unserer Kirche erlebten weiterhin Segen und fanden Freiheit in Jesus Christus; aber die, die mir nahestanden, wussten, dass es meiner Seele überhaupt nicht gut ging.

Eines Tages zerbrach etwas in mir. Es war, als ob meine emotionale Stärke plötzlich komplett aufgebraucht wäre. Mein Schiff sank, niedergedrückt vom übermäßigen Ballast all der Probleme in meinem Leben – und ich fühlte mich wie zerschellt an einem großen Riff aus scharfkantigem Schmerz, Angst und Sorge.

Bobbie und ich waren zu diesem Zeitpunkt zu Besuch bei einer unserer Campus-Gemeinden am Strand von Noosa im wunderschönen Queensland. Hinter uns lagen zwei anstrengende Wochen, in denen wir quer durchs Land gereist waren, um an damals noch vergleichsweise kleinen Hillsong Konferenzen teilzunehmen. Ich sollte an diesem Sonntagabend predigen und war eigentlich gut vorbereitet, doch ich fühlte mich irgendwie körperlich schwach. Meine Knie zitterten, als ich auf die Bühne ging. Und dort brachte ich dann die Worte durcheinander. Es kam mir wie Geschwafel vor.

Als wir spät abends in unser Zimmer kamen, dachte ich über all die Belastungen in meinem Leben nach und geriet in Angst und Panik. Plötzlich bekam ich keine Luft mehr. Ich konnte nicht mal mehr normal atmen, mein Herz hämmerte immer schneller in meinem Brustkorb. Ich begann zu schwitzen und mein Mund wurde trocken. Tausend Gedanken schossen mir auf einmal durch den Kopf, aber ich konnte keinen davon aussprechen. Ich meinte, ersticken zu müssen, und schrie Bobbie an, dass ich vielleicht sterben werde.

Bobbie wusste sofort, dass ich eine Panikattacke hatte. Glücklicherweise erreichte sie noch um diese späte Uhrzeit, es war nach

Mitternacht, ein Mitglied unserer Gemeinde – einen Arzt unseres Vertrauens, der mich am Telefon beruhigen konnte und mich direkt untersuchte, als wir nach Sydney zurückkehrten. Schließlich wurde eine Posttraumatische Belastungsstörung (PTBS) diagnostiziert und die Ärzte sprachen davon, dass ich eventuell mein ganzes Leben lang unter Panikattacken leiden würde. Doch in meinem Herzen beschloss ich, dass das nicht geschehen sollte.

Die Diagnose ergab aus logischer wie medizinischer Sicht einen Sinn. Einerseits war ich erleichtert, denn nun gab es einen Namen für das, was ich hatte durchmachen müssen. Andererseits war ich erschüttert. Sprachen die Ärzte da wirklich über mich? Ich war bislang doch immer stark genug gewesen, um mit allem fertigzuwerden. Niemals war ich einer von „den Typen" gewesen, die gleich unter etwas Druck zusammenbrechen. Für mich lief immer alles gut, ich war ein Visionär und hatte bereits einige Erfolge zu verzeichnen. Ich wollte doch jetzt, da sich vieles so gut entwickelt hatte, die starke Schulter sein, an der andere sich anlehnen konnten. Ich wollte einfach nicht glauben, dass es nun so um mich stand. Dennoch musste ich damit zurechtkommen, dass ich nicht unbesiegbar bin. Auch wenn Gott allmächtig ist – ich bin es nicht. Mein Körper, meine Seele und mein Geist sind begrenzt.

Nach der Panikattacke nahm ich mir sofort ein paar Tage frei, um über meine Prioritäten nachzudenken. Ich änderte die Art, wie ich lebte und leitete. Und ich traf einige wichtige Entscheidungen darüber, wie ich in Zukunft mein geistliches Amt und das Reisen unter einen Hut bringen konnte, ich hörte auf Schlaftabletten zu nehmen, die mein Verhalten veränderten und meine Gefühle negativ beeinflussten, und ich überließ Gott die Kontrolle über die Lasten, die mich niederdrückten. In dieser Zeit wusste ich, dass viele Menschen für mich beteten – ich war immer gesegnet mit einer unglaublich liebevollen und unterstützenden Familie. Durch Gottes Gnade erholte ich mich schnell. Ich hatte nie mehr eine Panikattacke und rechne auch in Zukunft nicht damit. Dieses Schlagloch auf der Straße des Lebens kam unerwartet, aber mithilfe meiner Familie, guter professioneller Hilfe und dem Frieden Gottes ließ ich mein Schiff nicht auflaufen.

Wie schmerzhaft deine Situation auch sein mag, wie schwierig dir dein Lebensweg auch erscheinen mag, er wird dich nicht zerstören. Ich glaube, dass alles im Leben von Entscheidungen abhängt. Wir können uns entweder entscheiden, den Worten des Todes und der Krankheit über unserem Leben Gehör zu schenken, oder wir können uns entscheiden, über sie hinauszuwachsen. Der Kummer oder Schmerz, den du fühlst, ist real, aber es gibt etwas, das stärker, mächtiger, allumfassender ist als jeder Verlust, jede Krise und jedes Trauma, das wir durchleben: die Liebe Gottes durch die Kraft seines Sohnes, Jesus Christus.

„Denn ich bin ganz sicher: Weder Tod noch Leben, weder Engel noch Dämonen, weder Gegenwärtiges noch Zukünftiges, noch irgendwelche Gewalten, weder Hohes noch Tiefes oder sonst irgendetwas können uns von der Liebe Gottes trennen, die er uns in Jesus Christus, unserem Herrn, schenkt."
Römer 8,38–39

Wie schwer der Weg auch sein mag – nichts kann dich trennen von der Liebe Gottes.

PROZESS UND ENTWICKLUNG

Nichts kann uns von Gottes Gegenwart trennen. Aber um gesund, heil und stark zu werden, müssen wir den Prozess des Schmerzes verstehen. Wir wünschen uns zwar, dass er schnell vorbeigeht, nur die meisten Belastungen verschwinden nicht einfach so über

Nacht. Dass Leiden und Kämpfe ein fortschreitender Prozess sind – nicht nur ein Moment oder eine einmalige Sache –, verdeutlicht auch die Bibel. Ich selbst wollte sehr oft an meinen Herausforderungen wachsen, war aber nicht bereit, den Prozess zu akzeptieren. Dass Schmerz nicht einfach fein säuberlich portioniert im Regal verstaut werden kann, haben wir alle irgendwann zu lernen. Denn Schmerzvolles vergiftet unseren Alltag, wenn wir es ignorieren.

Dass alles seine Stunde hat und es für jedes Vorhaben unter dem Himmel eine Zeit gibt (Prediger 3,1), haben wir bereits in der Bibel gesehen. Wenn also jede Zeit ihren Sinn hat, dann entfaltet sich dieser Sinn in einem Prozess, den wir zu durchlaufen haben. Oft aber fühlt es sich nicht so an, als ob die Prüfungen des Lebens irgendeinen Sinn hätten, aber es ist unglaublich, wie Gott absolut alles dazu benutzen kann, um dich voranzubringen. Dich stärker, weiser und mitfühlender zu machen. Deinem Dienst ein wenig mehr Tiefe zu geben, deinem Unternehmen neues Leben einzuhauchen, deiner Familie eine zweite Chance zu geben, Zuneigung und Verständnis zu zeigen. Dich fester in seine Arme zu schließen und die Beziehung zu ihm noch enger werden zu lassen.

Ich habe seit damals weitere Prüfungen erlebt, aber mein Herz und meine Seele haben standgehalten. Wir dürfen die Bedeutung des Prozesses nicht ignorieren – auch wenn wir es gerne tun würden. Ich habe daher für mich gelernt, den Prozess des Schmerzes anzuerkennen, anzunehmen und mich mit der Lösung zu arrangieren, anstatt ein Opfer des Problems zu bleiben.

In der Bibel gibt es viele Beispiele, was geschieht, wenn wir uns nicht auf Gottes Zeitplan einlassen und den Prozess schmerzhafter Umstände nicht akzeptieren. Wenn wir die Dinge vor uns herschieben, die harten Entscheidungen nicht treffen und die Schwierigkeiten nicht angehen, die notwendig sind, um den Schmerz durchzustehen, endet das für gewöhnlich in einer Katastrophe. Ablehnung verschlimmert nur den Schmerz und führt dazu, dass er wächst und wie eine Infektion in deinem Körper eitert.

Als unsere Kinder klein waren, entschieden wir uns, wie viele junge Familien, für Reisen das Auto zu nehmen anstatt kostspielige Flüge zu buchen. Während unserer Fahrten ertönte dann irgendwann die ganz sicher allen Eltern bekannte Frage vom Rücksitz: „Sind wir bald da?" Meine Kinder ziehen mich heute noch mit der Antwort auf, die immer lautete: „Nein … es liegen noch Hunderte Kilometer vor uns!" Es hatte keinen Sinn, die lange Strecke zu leugnen, die noch vor uns lag und gleichzeitig gab ich ihnen eine ehrliche Antwort, um sie für die Reise zu stärken.

Mit den Prüfungen, die wir durchleben, ist es ähnlich. Zögere nicht das hinaus, was du gleich zu Beginn des Prozesses angehen solltest, nur weil du hoffst, dass es eventuell zu vermeiden wäre oder du irgendwie deinen Schmerz minimieren könntest. So quälend es auch sein mag: Wenn du das Richtige tust und Gott gehorsam bist, wird das den Prozess beschleunigen. Du siehst dann klarer, was auf dich zukommt.

HALT FÜR DIE SEELE

Den Prozess zu akzeptieren, bedeutet nicht, dich in Selbstmitleid zu suhlen oder dich auf deine eigenen Anstrengungen zu verlassen, um den Schmerz durchzustehen. Wir werden in den nächsten Kapiteln genauer auf die Rolle von Beziehungen und die Kraft von Gemeinschaft in schwierigen Lebensabschnitten eingehen. An dieser Stelle will ich nur sagen, dass du verstehen solltest, dass wir alle Unterstützung brauchen. Steckst du inmitten einer turbulenten und erschütternden Prüfung, dann brauchst du den Trost und die Unterstützung anderer und du brauchst Gott.

Ich erwähnte bereits, dass die Bibel voller Beispiele ist, wie schwierig das Leben und der Prozess des Schmerzes sein kann. Das zeigt sich vielleicht nirgendwo besser und in konzentrierterer Form als in den Psalmen. Wie du wahrscheinlich weißt, sind die Psalmen eine Sammlung von Gedichten und Liedern. Viele davon schrieb David, der Hirtenjunge, der zum König Israels wurde. Viele seiner wunderschönen Worte drücken die Freude und das pure Staunen aus, die er in seiner Gottesbeziehung empfand. Aber es kommen auch Zorn, Schmerz, Leiden und Furcht zum Ausdruck.

In Psalm 142 spricht David direkt aus seinem Herzen: *„Ich schreie zum Herrn, so laut ich kann, und flehe um sein Erbarmen. Ihm klage ich meine Not; ihm sage ich, was mich bedrängt"* (Psalm 142,2–3). Anschließend folgt eine Liste, die begründet, warum es ihm so schlecht geht – weil jeder hinter ihm her ist, ihm Fallen stellt, seinen Schmerz und sein Bedürfnis nach Trost ignoriert. Kennen wir nicht alle solche Gefühle?

„Niemand kümmert sich um mich."

„Diese Person hat es auf mich abgesehen."

„Warum hilft mir niemand?"

„Gnade mir Gott!"

Aber dann beendet David den Psalm, indem er sich selbst an die Wahrheit erinnert: *„Herr! Du allein bist meine Zuflucht!"* (Psalm 142,6). Und eben dieser Satz taucht noch in vielen weiteren Psalmen auf – zum Beispiel in Psalm 18, 46, 62 und 91.

Wie sehr uns Schmerz, Leid und Zorn bedrängen, müssen wir Gott im Gebet wissen lassen. Ich kann dir gar nicht sagen, wie oft ich mich in den Monaten und Jahren nach dem Oktober 1999 emotional zurückgezogen oder die Art angezweifelt habe, wie andere mit meinem stillen Schmerz umgehen. Aber auch wenn ich nicht wusste, wie ich das jemals in den Griff bekommen sollte, wusste ich doch immer, dass es Gott möglich war. Genau wie David schrie ich zu ihm und erinnerte mich an die Wahrheit, auch wenn es sich in diesem Moment ganz und gar nicht danach anfühlte:

Gott wird deiner Seele *immer* Halt geben.

Ganz besonders, wenn es am schlimmsten ist.

BEFREIE MEINE SEELE AUS DEM GEFÄNGNIS

In Psalm 142 bittet David: *„Führe meine Seele aus dem Kerker, dass ich deinen Namen preise!"* (V.7). David zeigt uns damit, was wir zu tun haben, um durch den Prozess des Schmerzes zu gehen. Er traf die Entscheidung, sich mit gottesfürchtigen Menschen zu umgeben, und während er den Psalm in Klage beginnt, beendet er ihn in Anbetung.

Davids Psalm erinnert mich sehr an etwas, das in unserer eigenen Kirche passiert ist und Bobbie und mir immer noch persönlich nahegeht. In der Highschool lernten meine Söhne einen jungen Mann namens Matt kennen, oder „Stealth", wie seine Freunde ihn nannten. Stealth war ein begabter junger Schwimmer und ein talentierter Schüler mit viel Elan und Zielstrebigkeit. Er war die Art von Freund, die du dir für deine Söhne wünschst. Dennoch war der Schmerz, den er bereits in seinem jungen Leben durchlitten hatte, mehr als das, was die meisten Leute hätten ertragen können.

Als kleines Kind wurde Stealth von einer wunderbaren Familie adoptiert. Seine Adoptiveltern kümmerten sich ganz besonders um ihn, schickten ihn auf eine gute Schule und liebten ihn wie auch seine Geschwister wie ihre eigenen Kinder. Als er gerade ein Teenager war, wurde bei seiner Mutter Krebs festgestellt. Es ging ihr sehr schnell schlechter und sie starb kurz nach seinem siebzehnten Geburtstag. Nur ein paar Jahre später starb auch sein Vater und ließ Stealth und seine Geschwister als Waisen zurück. Er brauchte eine Familie und wir hatten das Privileg, ihn bei uns aufzunehmen.

Seine Zeit an der Universität verbrachte er mit meinem Sohn Joel und Matt war fester Bestandteil unserer Kirche. Dort traf er Jill, eine unserer jungen Hillsong-College-Studentinnen. Jill war Amerikanerin, unglaublich talentiert, leitete unser Worship-Team und schrieb Songs. Die beiden wurden ein Paar und heirateten. Zwei Jahre danach teilten sie uns freudig mit, dass sie ihr erstes Kind erwarteten.

Max Kingston McCloghry wurde in der 23. Schwangerschafts-woche geboren und war noch am selben Tag bei Jesus. Matt er-zählte mir, wie ihre Freunde sich in diesen ungewissen Stunden im Krankenhaus versammelt hatten, an ihrer Seite waren und zu Gott beteten für Max und Jill und ihren Erstgeborenen, dessen kleines Leben bereits so viele berührt hatte. Der Schmerz, den Stealth in seinem jungen Leben bereits erfahren musste, erreichte in dieser Nacht im Februar seinen Höhepunkt, als er und Jill um den Sohn trauerten, nach dem sie sich so sehr gesehnt hatten. Es war eine ungerechte und unerklärliche Tragödie und bittere Enttäuschung.

Für mich war die Beerdigung eine der härtesten, die ich je hal-ten musste. Bobbie und ich und unsere ganze Church-Familie empfanden so viel Liebe und Respekt für Stealth und Jill. Wir weinten mit ihnen, als wir uns von Max verabschiedeten.

Dennoch glaube ich, dass sich aufgrund der Ereignisse, die dann folgten, der Schmerz und die niederschmetternden Um-stände vor der kraftvollen Heilung und dem Trost, den wir in Je-sus haben, zu beugen hatten.

Nur Tage nach der Beerdigung von Baby Max fand die „Colour Conference 2008" statt. Außerdem begannen wir mit den ersten Aufnahmen für unser Hillsong-Worship-Album „*This is our God*". Brooke Ligertwood (bekannt als Brooke Fraser) hatte gerade ein neues Lied geschrieben und sie fragte ihre Freundin Jill, die gerade zweifellos ihre dunkelsten Stunden durchlebte, ob sie wohl mit ihr zusammen den Lobpreis leiten würde. Als Jill an diesem Abend auf der „Colour Conference" tapfer die Bühne betrat, war die Gegenwart Gottes mit Händen zu greifen. Viele der dort Anwesenden würden bezeugen, dass es sich anfühlte, als ob Jills Seele aus dem Gefängnis ihrer Verletzung befreit wurde, als sie an diesem Abend sang. Sie führte eine ganze Halle in eine intensive Anbetung, wie wir es nie zuvor erlebt hatten. Und mutig verkündete Jill an diesem Abend:

„All of my life, in every season,

You are still God.

I have a rason to sing, I have a reason to worship."

„Mein Leben lang, durch alle Zeiten,

bleibst du mein Gott, darum sing ich dir mein Lied,

darum bring ich dir Anbetung."

„Desert song" (In der Wüste), Hillsong Music, 2008

Schmerz ist ein steiniger Weg und das lässt sich nicht ändern. Seit Jahren beschreiten Jill und Matt den Weg der Heilung und sind gleichzeitig ein Segen für viele andere. Gott hat die beiden mittlerweile mit zwei wunderbaren Kindern gesegnet und sie leben ein reiches, uneingeschränktes und großzügiges Leben in New York City. Letztlich wurde – durch die Entscheidung eines jungen Paares mit standhaftem Herzen, das Jesus liebt, und durch die unendliche Gnade eines allmächtigen Gottes – das Gefängnis des Schmerzes zu einem Gefäß der Anbetung.

FRIEDE WIE EIN STROM

Egal, wer du bist oder wie lange du schon Christ bist, jeder hat Prüfungen zu bestehen und Herausforderungen zu meistern. Aber in solchen Zeiten entdeckst du, dass die Stärke deines Geistes und die Gesundheit deiner Seele von Gott kommen. Solche Rückschläge fordern ihren Tribut, und wir suchen Trost bei Gott und Menschen, aber die Bibel fordert uns auf, uns nicht von den Problemen dieser Welt zerstören zu lassen. *„Ein Mensch kann durch festen Willen sogar körperliche Krankheit ertragen; aber wer den Mut zum Leben verloren hat, ist zu nichts mehr in der Lage"* (Sprüche 18,14). Verpflichte dich daher dazu, den Weg mit Gott zu gehen, erlaube seiner Gnade dich zu tragen, zu stärken und zu stützen, wenn du überwältigt wirst und nicht weißt, wie es weitergehen soll.

Ich befürchte, wir stehen manchmal der übernatürlichen Heilung im Weg, die Gott uns inmitten unseres Schmerzes zuteilwerden lassen möchte. Hätte ich mich nur darauf konzentriert, was mein Vater getan hat und auf all die furchtbaren Auswirkungen, dann hätten die Sorge, der Zorn und die Bitterkeit mich tatsächlich gefangen genommen. Entscheidend ist, wohin du in einem solchen Moment guckst. Und ich wusste, ich hatte meinen Blick auf Christus zu richten. *Denn worauf du deinen Blick im Leben richtest, bestimmt, ob du in deinem Herzen Frieden finden wirst.* Die Bibel gibt uns klare Anweisungen, wie wir Frieden für unser Leben finden können und sie sagt uns auch, was uns den Frieden nimmt.

Angst und Sorge arbeiten gegen den inneren Frieden. Bist du um etwas besorgt, auch wenn es zum Prozess dazu gehört, gibst du Gottes Frieden wenig Raum. Und ich habe gelernt, dass Sorge eine echte Gefahr für die Gesundheit ist. *„Sorgen drücken einen*

Menschen nieder – aber freundliche Worte richten ihn wieder auf" (Sprüche 12,25).

Frieden wird fließen, wenn du deinem Herzen nicht gestattest, sich zu verhärten und Dämme zu errichten. Ich konnte nichts daran ändern, was mein Vater all die Jahre zuvor getan hatte. Jill und Matt hatten auch keine Kontrolle über die Umstände, in denen sie sich befanden. Sie konnten sich nur auf die Gegenwart konzentrieren und nach vorne schauen. Sich zu sorgen, heißt, dass du dich auf dich selbst verlässt, anstatt in Gottes Kraft und Güte zu ruhen. Die Bibel betont es immer wieder klar und deutlich: *„Macht euch keine Sorgen! Ihr dürft Gott um alles bitten. Sagt ihm, was euch fehlt, und dankt ihm! Und Gottes Friede, der all unser Verstehen übersteigt, wird eure Herzen und Gedanken im Glauben an Jesus Christus bewahren"* (Philipper 4,6–7).

Wenn du ein reiches, uneingeschränktes, großzügiges und überfließendes Leben wie Jesus leben möchtest – vor allem dann, wenn es schwierig wird –, dann triff täglich die Entscheidung, Gottes Wort zu vertrauen. Glaube daran, dass seine Versprechen für dich voller Segen sind, wenn du die Samen voller Glaube und Geduld säst. Bitte Gott, dir Geduld zu schenken, während du durch den Prozess des Schmerzes gehst und warte darauf, dass sich seine Verheißungen über deinem Leben erfüllen. Bitte ihn, dich mit Hoffnung und Vertrauen zu erfüllen, dass er ein guter Gott ist, der gute Dinge für dein Leben möchte. Bitte ihn, dir den Frieden zu gewähren, den sein Wort verspricht: *„Und Gottes Friede, der all unser Verstehen übersteigt, wird eure Herzen und Gedanken im Glauben an Jesus Christus bewahren"* (Philipper 4,7).

Dieses reiche, uneingeschränkte und großzügige Leben gehört dir, auch wenn der Weg dorthin recht unvorhersehbar sein kann.

KAPITEL 8

KEINE SCHAM MEHR

„A thousand times I've failed,
still your mercy remains,
and should I stumble again,
still I'm caught in your grace."
„Tausend Mal hab ich versagt,
doch deine Gnade bleibt bestehen,
und sollte ich wieder fallen,
hält mich deine Gnade fest."
„FROM THE INSIDE OUT" (AUS TIEFSTEM HERZEN),
HILLSONG MUSIC, 2006

Als ich dreizehn Jahre alt war, rief meine Mutter meine Geschwister und mich ins Wohnzimmer. Sie verkündete uns, dass sie eine große Überraschung für uns hätte. Sie und mein Vater hätten sich entschieden für eine Weile ein Baby zu betreuen, ähnlich wie Pflegeeltern, und dass sie dafür unsere Hilfe bräuchten. Ich war genauso überrascht wie die anderen. Einige Wochen später brachte meine Mutter das Baby zu uns nach Hause.

Was ich damals zu dieser Zeit nicht wusste, war, dass das Baby mein Neffe war. Meine ältere Schwester war siebzehn und gerade von Wellington in Neuseeland nach Melbourne an die Westküste Australiens gezogen. Dass unsere Eltern sie weggeschickt hatten, weil sie verheimlichen wollten, dass sie unverheiratet schwanger geworden war, wussten wir nicht. Als Pastoren spürten meine Eltern das Gewicht von Schuld und Schande, die so ein Vorfall zu der damaligen Zeit bedeutete, und sie dachten, sie hätten keine andere Wahl, als meine Schwester fortzuschicken. Ich fand später heraus, dass sie nach einigen Monaten still und leise zurückgeholt worden war und in der Kleinstadt Martinborough lebte, die nur durch den Gebirgszug Rimutaka von unserem Zuhause getrennt war. Dort lebte sie dann später mit ihrem Baby, das zu uns gekommen war und ungefähr ein Jahr bei uns blieb.

Es dauerte einige Zeit, bis ich von dem Geheimnis meiner Schwester erfuhr. Beim Durchstöbern von Schubladen fand ich einige Jahre später Papiere, aus denen hervorging, dass sie die Mutter des Babys war. Damals waren uneheliche Kinder eine große Schande in unserer Gegend und meine Schwester bekam das in vollem Ausmaß zu spüren. Heute macht es mich sehr traurig, wenn ich daran denke, dass sie dieses Kind als schamvoll gehütetes Geheimnis bekommen musste, anstatt als wunderbaren Segen. Sie litt viele Jahre darunter, aber glücklicherweise nahm die Geschichte ein gutes Ende. Heute sind mein Neffe Rick, seine Mutter wie auch seine Geschwister liebevoll in die Familie eingebunden.

Ich weiß, dass meine Schwester nicht die Einzige ist, die mit verborgener Scham und Schande zu kämpfen hat. So viele Menschen lassen es zu, dass ihr Tun von Scham vergiftet wird und werden daraufhin von ihr kontrolliert. Scham beraubt dich des Segens, den Gott für dich hat und versucht dich zu beherrschen, sodass du nicht die volle Macht der Liebe Christi erfährst. Scham macht einen schwierigen Weg noch tückischer und bedrohlicher. Aber das muss nicht sein.

DIE FESSELN DER SCHAM ABSCHÜTTELN

Die Last von Scham hindert uns fast mehr als alles andere, den Segen zu erfahren, den Gott für uns hat. Es ist traurig, dass so viele Menschen nicht verstehen, wie viel Macht Scham hat und dass sie uns wie in einem Gefängnis gefangen nehmen kann. Scham und Schande isolieren uns, liegen schwer auf uns und belasten uns so sehr mit der Vergangenheit, dass unsere herrliche Zukunft in Gefahr gerät. Doch die gute Nachricht ist, dass uns Jesus Christus von aller Scham und Schande befreit hat.

Jeder besitzt eine Vergangenheit. Du bist nicht alleine, wenn du dich für vergangene Fehltritte schämst. Jeder hat Dinge, die er vergessen oder hinter sich lassen möchte. Dinge, die ihm schlaflose Nächte bereiten. Viel zu oft aber erlauben wir unserer Vergangenheit, unsere geistige Verfassung und unsere Emotionen und Gedanken zu beherrschen.

Ganz gleich ob deine Verfehlungen Jahre zurückliegen oder erst gestern passiert sind, es gibt eine Macht, die die Ketten der Sünde sprengt. Die Bibel sagt uns, dass der Lohn der Sünde der Tod ist (siehe Römer 6,23). Wenn du für einen Moment darüber nachdenkst, wirst du erkennen, dass wir unsere eigene Zerstörung verdienen, wenn wir sündigen. Bei dem Wort „verdienen" denken wir normalerweise an einen Gehaltsscheck, doch wenn wir sündigen, *verdienen* wir als der Sünde Lohn den Tod.

Gnade andererseits gewährt uns ein Geschenk – das wertvolle Geschenk der Gerechtigkeit vor Gott. Wir brauchen es uns nicht zu verdienen – wir könnten es nicht mal, selbst wenn wir es wollten –, wir müssen nur danach fragen und es annehmen. *„Denn wenn infolge der Übertretung des Einen der Tod zur Herrschaft kam durch den Einen, wie viel mehr werden die, welche den Überfluss der Gnade und das Geschenk der Gerechtigkeit empfangen, im Leben herrschen durch den Einen, Jesus Christus!"* (Römer 5,17; SLT).

Herrschst du im Leben?

Bestimmst du über dein Leben?

Denke darüber nach, was dieser Vers Menschen, die heutzutage Jesus nachfolgen, zu sagen hat: Durch Jesus Christus und das Geschenk der Gerechtigkeit wirst du im Leben herrschen. Du bist berufen, aufzublühen, dieses weit offene, freie und überfließende Leben zu genießen, das wir durch Christus haben. So beschreibt das Alte Testament dieses Geschenk: *„Der Gerechte wird sprossen wie ein Palmbaum …"* Und es geht weiter: *„… er wird wachsen wie eine Zeder auf dem Libanon. Die gepflanzt sind im Haus des Herrn, sie werden gedeihen in den Vorhöfen unseres Gottes …"* (Psalm 92,13–14; SLT).

Falls du Ballast von Schuld, Scham oder Verurteilung mit dir im Leben rumschleppst, wirst du nicht aufblühen. Du wirst weder über dein Leben bestimmen noch herrschen. Die Bibel sagt uns, dass die Gerechten im Leben herrschen können. Du hast also die Fähigkeit über dein Leben zu herrschen und zu bestimmen, aber wenn du in Scham lebst, herrschst du nicht mehr, sondern wirst beherrscht. Du bestimmst nicht, sondern wirst bestimmt – von Dingen, die überhaupt keine Kraft und keinen Wert in deinem Leben haben.

Du kannst denken, dass du es nicht anders verdient hast, als dich wegen der Dinge, die früher geschehen sind, schlecht zu fühlen. Und ich sage auch nicht, dass du die Sünden deiner Vergangenheit auf die leichte Schulter nehmen solltest. Ich sage nur, dass in Jesus wahre Hoffnung liegt. Du solltest dich darauf konzentrieren, Jesus nachzufolgen und nicht darauf, zurückzuschauen und zu bereuen, was du nicht mehr ändern kannst. Scham ist ein Gefängnis, aber deine Zellentür steht offen.

Jesus ruft dich, ihm in die Freiheit seiner Gnade zu folgen.

WERDE KLUG

Einer meiner Lieblingsverse steht in Sprüche 15,24: *„Der Weg des Klugen führt aufwärts ins Leben …"* (NL). Traurig ist nur, dass manche Menschen dessen ungeachtet in eine Abwärtsspirale nach unten abdriften, weil Folgendes passiert: Sünde führt zu Schuld, Schuld zu Scham und Scham am Ende zu Verurteilung, die letztlich zum Tod führt.

Im Englischen gibt es den Ausdruck „condemned building", wörtlich übersetzt heißt das „Dies ist ein abbruchreifes Gebäude". Die weitere Nutzung des Hauses ist ausgeschlossen. Es ist nur noch für den Abriss gut. Genau so leben viele Menschen ihr Leben. Sie fühlen sich zu nichts nutze und absolut untauglich, wenn es darum geht, Gott zu dienen, oder auch nur in die Kirche zu gehen, anzubeten, die Gnade Gottes anzunehmen. Sie fühlen sich wertlos und Gottes Vergebung und Liebe unwürdig.

Diese Menschen sind zwar gerettet, aber sie sind nicht frei. Sie glauben nicht, dass sie es verdient haben, glücklich zu sein, das reiche, uneingeschränkte und großzügige Leben zu leben, das Gott für sie bereithält. Sie fühlen sich disqualifiziert. Nicht gemacht fürs Glück. Aber das ist nicht wahr! Das sind nur Lügen des Teufels.

Sünde wird zu Schuld und Schuld ist ein Gefühl. Aber Scham und Schande sind etwas, das wir mit uns tragen – ein Zustand unseres Seins. Menschen werden manchmal Dinge sagen, wie: „Du solltest dich schämen!" oder „Schande über dein Haupt!" und versuchen dir Scham und Schande aufzuerlegen. Sie verurteilen dich, richten dich und lassen dich ihre Ablehnung spüren.

Wurden jemals Scham und Schande über dich ausgesprochen? Hast du dich jemals noch schlechter gefühlt aufgrund der Art und Weise, wie andere dich behandelt oder angesehen haben, als sie wussten, was du getan hast? Während Sünde etwas ist, das wir tun, und Gefühle etwas sind, das wir empfinden, befinden sich Scham und Schande auf einer anderen Ebene. Sie sind etwas, das du mit dir trägst – ein Gewicht und eine Last. Du gehst mit ihnen durchs Leben und fühlst, wie sie dich niederdrücken. Letztlich sind sie das genaue Gegenteil von Gottes Segen.

Wenn wir die Scham und Schande von uns abschütteln wollen, müssen wir das volle Ausmaß der Kraft dessen verstehen, was Jesus Christus für uns getan hat. Scham und Schande, die wir im Leben mit uns tragen, kommen nicht von Gott. Sein Segen hingegen trägt seinen Namen. Und es gibt keinen anderen Namen, der Erlösung bringt, Gefangene befreit und die Verurteilung durch Sünde aufhebt. Wenn du dir also andere Dinge auferlegen lässt, die dich beherrschen, irgendwo anketten oder anderer Dinge berauben, bist du leider weit entfernt von dem Leben, das Gott für dich bereithält.

Sünde hat die Angewohnheit, dich und dein Leben klein zu halten. „… *denn alle haben gesündigt, und in ihrem Leben kommt Gottes Herrlichkeit nicht mehr zum Ausdruck …*" (Römer 3,23; NGÜ). Wenn sich also Gottes Herrlichkeit in deinem Leben nicht mehr ausdrückt, kann das bedeuten, dass Sünde begonnen hat, dich kleiner zu machen. Denn sie reduziert dich – dein Potenzial, deine Beziehung mit Gott und deine Zuversicht. Dann wird es dir nicht möglich sein, unerschrocken und selbstbewusst durchs Leben zu gehen, weil dich Scham und Schande niederdrücken und du nur noch mit einem hängenden Kopf herumläufst.

Scham wirkt wie Gift, wenn sich Menschen von ihr bestimmen lassen. Sie leben dann wie unter einer mächtigen schwarzen Wolke von Verdammung und Verurteilung. In einer englischen Bibelübersetzung wird Verurteilung tatsächlich als schwarze Gewitterwolke beschrieben, die jederzeit einen Blitzschlag aussenden kann, um jemanden zu bestrafen.

Aber so ein Zustand steht weder im Einklang mit der Wahrheit, die wir in Gottes Wort finden, noch mit der Kraft, die in Jesu Tod und Auferstehung steckt. Uns ist gesagt: *„Denn Gott hat die Menschen so sehr geliebt, dass er seinen einzigen Sohn für sie hergab"* (Johannes 3,16). Und uns wurde auch gesagt, warum er ihn hergab: *„Gott hat nämlich seinen Sohn nicht zu den Menschen gesandt, um über sie Gericht zu halten, sondern um sie zu retten"* (Johannes 3,17). Viele kennen den ersten Teil dieser Verse sehr gut, aber ihre Kraft entfalten die Worte erst im zweiten. Denn dort erfährst du, dass dein himmlischer Vater dir die Freiheit eines großartigen und pulsierenden Lebens schenkt. Und er sehnt sich danach, dass du diese Erlösung und das Leben in Fülle empfängst.

Aus diesem Grund sandte er Jesus.

ORANGENSAFT HAT NOCH NIE SO GUT GESCHMECKT

Wie wir unser Leben als erlöste Menschen bestreiten können, haben wir zu lernen. Denn erlöst zu sein, bedeutet Freiheit zu haben von Sünde, von Schuld, von Scham und Schande und Freiheit von Verurteilung. Denke daran, dass Sünde etwas ist, das du tust, Schuld etwas, das du empfindest und Scham und Schande etwas, das du mit dir trägst. Vielleicht kommt es dazu, dass dich der Ballast von Scham und Schande überwältigt, dann setzt dich als Nächstes die Verurteilung außer Gefecht. Denn sie lässt dich glauben, dass du genau wie ein zum Abriss bestimmtes Gebäude nicht mehr zu gebrauchen bist.

Das ist auf keinen Fall Gottes Wille. Wir werden uns aber wohl immer wieder an die Wahrheit erinnern müssen. Denn wird unser Lebensweg erst einmal schwierig, versuchen Scham und Schande, den Kurs unter ihre Kontrolle zu bringen. Manchmal geschieht das aber auch selbst in den Momenten, in denen alles gut läuft und du Gottes besonderen Segen genießen darfst. Warum? Ganz einfach. Der Teufel kann es nicht ertragen, wie du Gottes Güte genießt, und er wird versuchen, dich durch Scham und Schande wieder kleinzukriegen.

Ich weiß aus eigener Erfahrung, wie Scham und Schande dich hinterrücks überfallen können: 2002 hatten wir mit der Hillsong Church in Australien gerade einen großen Neubau fertiggestellt. Obwohl wir zu dieser Zeit bereits weltweit durch unsere Lobpreismusik bekannt waren, hatten die meisten Australier noch nie etwas von uns gehört. Der einfache Mann auf der Straße wusste vermutlich nicht einmal von unserer Existenz.

Plötzlich aber tauchten wir auf der Bildfläche auf, und zwar auf unvergessliche Art und Weise. Denn eines Samstags, kurz nachdem unser neues Gebäude eingeweiht war, prangte ein Foto von Bobbie und mir auf dem Cover der Wochenendmagazinbeilage einer unserer größten australischen Zeitungen. Leider eins, das wenig schmeichelhaft war.

Bobbie und ich waren erschüttert, verletzt und fühlten uns so gedemütigt. Über Wochen hatten wir arglos mit dem Autor des Artikels zusammengearbeitet, für Fotos posiert und uns so offen wie möglich gegeben, und nun bekamen wir die Quittung. Wir hatten geglaubt, es würde ein faires und ausgewogenes Porträt über uns und unseren Dienst werden. Aber das war es nicht. Wir fühlten uns betrogen und hinters Licht geführt. Der mehrseitige Artikel spiegelte uns in keiner Weise wider, verdrehte völlig unsere Motive und machte alles schlecht, wofür wir standen.

Ich erinnere mich, wie beschämt ich war. So geniert.

Als die Zeitung erschien, waren Bobbie und ich am Strand. Viele freuten sich über das tolle Wetter und waren an diesem Samstagmorgen bereits unterwegs. Die Cafés waren voll, alle genossen entspannt ihr Frühstück an der frischen Luft. Und es schien, als ob jeder diese Zeitung las und das Wochenendmagazin mit unserem Bild und dieser furchtbaren Überschrift.

Wir gingen die uns vertraute Strandpromenade entlang. Eine Strecke, die wir sehr lieben. Doch an diesem Morgen fühlten wir uns hier nicht mehr zu Hause – nur noch gedemütigt und beschämt. Schließlich gingen wir in ein Café, um zu frühstücken. Wir waren schon oft dort gewesen; das Personal kannte uns. Als der Kellner kam, hielt ich meinen Kopf gesenkt, während ich einen Orangensaft bestellte und hoffte, dass uns niemand erkannte. Ein paar Minuten später kam er zurück mit dem unglaublichsten Glas Orangensaft, das ich je gesehen hatte. Anstelle eines normalen Getränks erhielt ich ein riesiges Glas frisch gepressten Orangensafts, das am Rand mit lauter wunderbaren Früchten garniert war. Und nachdem der Kellner es vor mir abgestellt hatte, sah er mich an und sagte: „Du bist ein guter Mensch."

Seine Worte, seine Freundlichkeit und die Art und Weise, wie er sich auf all das Geschehene bezog, berührten mein Herz zutiefst. Das Joch von Scham und Schande, das mich bis dato niederdrückte, war damit zerbrochen. Ich war in meinem Leben einem Kellner noch nie so dankbar. Ist es nicht unglaublich, wie

Gott Momente unseres alltäglichen Lebens nutzt, um zu uns zu sprechen und uns seiner Liebe zu versichern? Gott wollte mich wissen lassen, dass lange nicht jeder, der die Zeitung las, all diese Verfälschungen und erfundenen Dinge glaubte, nur weil sie gedruckt waren.

Seit diesem bittersüßen Samstagmorgen war ich noch viele Male dort am Strand. Bondi Beach ist einer meiner Lieblingsplätze. Damals lehnte ich es ab, der Schande Macht über mich zu gewähren und auch heute verbiete ich der Scham, mir anzuhaften. Ich habe gelernt, mich nicht durch die Meinungen und Einstellungen anderer bestimmen zu lassen. Durch die Gnade Jesu Christi bin ich ein freier Mann. Und ich bin von meinem himmlischen Vater über alle Maßen geliebt.

Und du ebenfalls.

IN FREIHEIT AUFBLÜHEN

Gott schenkt dir den Sieg über Scham und Schande – das musst du verstehen! Und: Lerne in den guten Botschaften, die das Evangelium von Jesus Christus dir gibt, zu leben. Letztlich gibt Jesus dir jeden Grund, erhobenen Hauptes und aufrecht durchs Leben zu gehen und keine Schande anzunehmen, die dir aufzulegen versucht wird. Lebe in Freiheit!

Wir brauchen nicht selbst die Scham und Schande abzuschütteln, die uns im Würgegriff zu halten versucht. Jesus hat ihre Macht bereits für uns gebrochen. *„Wer nun mit Jesus Christus verbunden ist, wird von Gott nicht mehr verurteilt. Denn für ihn gilt nicht länger das Gesetz der Sünde und des Todes. Es ist durch ein neues Gesetz aufgehoben, nämlich durch das Gesetz des Geistes Gottes ...“* (Römer 8,1). Achte einmal auf die Unterscheidung, die dieser Vers macht! Weder sagt er, dass du keiner Versuchung mehr ausgesetzt sein wirst, noch sagt er, dass das Leben uns nicht manchmal eine hässliche Fratze zeigt. Doch es gibt keine Verurteilung! Sie hat keinen Anspruch auf dich und dein reiches, uneingeschränktes und großzügiges Leben in der Freiheit Christi. Gott will die Macht der Scham und Schande über deinem Leben brechen.

Wie sieht es bei dir aus? Kannst du glauben, dass es absolut nichts gibt, dessen du dich schämen musst, weil Jesus alles für dich getan hat? Oder verurteilst du dich immer noch selbst? Vielleicht glaubst du, dass Gott dir vergeben hat. Vielleicht akzeptierst du, dass andere Leute dir vergeben, wenn du sie verletzt hast. Aber bist du bereit, dich von Gottes Gnade durchdringen zu lassen?

Das Leben hält genug Schwierigkeiten parat, auch ohne dass wir es uns selbst noch schwerer machen. Erlaube dem Feind nicht, dich wegen Fehlern der Vergangenheit zu verhöhnen. Gott erinnert sich nicht mehr daran, warum also solltest du es tun? Vor Gott gerecht zu sein, ist dein Geschenk. Lebe darin, sauge es auf und blühe auf.

Du lebst durch Glauben, weder durch Scham noch Schande.

Du bist geliebt.

Du bist frei.

Dir ist vergeben.

Schande hat keinen Anspruch auf dich.

Du gehörst zu Jesus.

KAPITEL 9

VERLASS DICH AUF MICH

„I believe in God, Our Father,
I believe in Christ the Son.
I believe in the Holy Spirit, Our God is three in One.
I believe in the resurrection, that we will rise again.
For I believe in the Name of Jesus. "
Ja, ich glaub an Gott, den Vater
und an Christus, Seinen Sohn;
an den Heiligen Geist der Wahrheit, an den dreieinen Gott.
Ja, ich glaub an die Auferstehung, das Leben nach dem Tod.
Ich glaube an Deinen Namen, Jesus.
„THIS I BELIEVE" (DAS GLAUBE ICH),
HILLSONG MUSIC, 2014

Meine Kanzel ist größer als deine."
Diese Worte eines hämisch grinsenden australischen Journalisten kennzeichnen zwölf Jahre intensiver Beobachtung durch die Medien. In unserem Büro in der Kirche haben wir ein Lager, dessen Regale gefüllt sind mit den über die Jahre gesammelten

Zeitungsausschnitten, Videobändern, CDs und DVDs von Berichten über die Hillsong Church.

Letztendlich geht es nicht nur um das, was die Medien über Bobbie und mich und Hillsong Church berichtet haben, sondern auch um jenes, was sie nicht gesagt oder gar ignoriert haben. Das war meist noch schmerzhafter. Stellungnahmen wurden nur selten veröffentlicht und manche Reporter mit negativen Einstellungen gegenüber dem Religiösen schienen viel in puncto negativer Wahrnehmung vorantreiben zu wollen, was letztlich auch die Auffassung von uns in der australischen Gesellschaft beeinflusste.

Manches davon habe ich selbst zu verantworten. Als unsere Kirche noch recht jung war, habe ich ein Buch mit dem Titel „*Du brauchst mehr Geld*" geschrieben. Was habe ich mir nur dabei gedacht? Ich war jung, ehrgeizig und hatte wenig Einfluss außerhalb unserer eigenen örtlichen Kirche. Ich dachte, mit so einem provokativen Titel Leser zu gewinnen. Doch ich hätte mir genauso gut eine Zielscheibe auf die Stirn malen können, denn unsere Kritiker nahmen diesen Titel als Steilvorlage auf und stempelten uns als „Wohlstandsprediger" ab, die ein „Wohlstandsevangelium" lehrten. Ich hasse diesen Ausdruck! Es hat immer nur ein einziges Evangelium gegeben – das Evangelium von Jesus Christus.

Die Kritik an diesem Buch lässt sich vielleicht am besten zusammenfassen mit einem Gespräch, das ein Freund von mir mit einem evangelischen Pfarrer hatte, der sich der allgemeinen Meinung anschloss. Direkt nach dessen vernichtender Bewertung des Buches (das er, wie er später zugab, nie gelesen hatte), erzählte jener Pfarrer meinem Freund, wie verzweifelt ihre Kirche einen Jugendpastor brauchte, aber nicht die nötigen finanziellen Mittel besäße, um einen anzustellen. Und genau darum geht es in meinem Buch!

Ohne Geld ist es nun einmal schwer, das Bemühen für den Bau des Reiches Gottes zu verwirklichen – die Dinge, die dir (als Dienst, als Unternehmen, als Familie) am Herzen liegen. Missionare brauchen Geld, Kirchen brauchen Geld, die Ausbildung deiner Kinder kostet Geld. Tatsächlich werden in dem Buch viele der Gefahren geschildert, die mit der Liebe zum Geld einhergehen und es wird beschrieben, dass Gott sich nicht für eine Haltung der Habgier interessiert. Aber in dem Buch steht auch, dass es ihm wichtig ist, uns zu segnen, sodass wir wiederum das, was wir haben, dafür einsetzen können, uns und andere für die Reise auszurüsten. Oder, wie Gott es Abraham gegenüber ausdrückte: *„Ich will dich segnen, und ich will deinen Namen groß machen, und du sollst ein Segen sein!"* (1. Mose 12,2; ELB).

Ich hätte wirklich vorsichtiger sein sollen, damit das Buch nicht aus dem Kontext gerissen wird und so seinen Zweck verliert. Nur ein törichter Mensch lernt nichts aus solcher Kritik. Auch wenn die Fakten falsch und verdreht waren, kann uns die Wahrnehmung anderer etwas lehren und uns dazu bringen, besser zu werden und es besser zu machen – wenn wir es nur zulassen.

Das Erstaunliche an all der Kritik war, dass Bobbie, unsere Kinder und ich in dieser Zeit immer die Unterstützung unserer eigenen Kirche wie auch die vieler anderer erfahren haben. All die Versuche uns zu entmutigen und uns mit Schmutz zu bewerfen, bewirkten nur, dass Menschen, die es durch ihre eigene Erfahrung mit Hillsong besser wussten, mutig aufstanden und fest zu dem standen, was sie glaubten: dass Bobbie und ich immer danach gestrebt haben, nach den Prinzipien zu leben, die wir andere Menschen lehren.

Eins der Dinge, die ich durch diese Prüfungen gelernt habe, war, wie widerstandsfähig Gottes Kirche ist. Gott spricht: *„Ich* *sage dir: ‚Auf diesen Felsen will ich meine Gemeinde bauen, und selbst die Macht des Todes wird sie nicht besiegen können'"* (Matthäus 16,18). Und wir haben gesehen, dass sich dies in jeder Hinsicht bewahrheitet – wir gewannen nicht nur an Größe, sondern auch an Einfluss.

Außerdem habe ich gelernt, dass dich nicht das verletzt, was die Medien generell berichten, sondern das, was sie an *wahren* Dingen sagen. Deshalb ist es äußerst wichtig, das zu leben, was wir predigen und unser Auftreten vor unserer Gemeinde wie auch der Kommune offen und transparent zu leben.

Den Mut zu entwickeln, mit Überzeugung zu leben und anderen gegenüber Rechenschaft abzulegen, ist der Weg zu Erfüllung im Leben, in der Liebe und in der Leiterschaft. Meiner Erfahrung nach ist es immer die Mühe wert, sich durch Schmerz und Enttäuschung durchzuarbeiten und nicht gerade ideale Umstände als eine Chance für Wachstum und Fortschritt anzusehen, statt ihnen bloß zum Opfer zu fallen. Ich denke, es gibt drei Wege, um aus Fehlern zu lernen: den einfachen Weg, den schweren und den tragischen. Der einfache Weg ist, aus den Fehlern anderer zu lernen. Der schwere ist, aus unseren eigenen zu lernen. Und der tragische, aus keinem der beiden zu lernen.

Lass deine Fehler nicht links liegen, indem du nicht aus ihnen lernst. Erlaube ihnen, dich zu lehren und erlaube dir selbst, durch sie zu wachsen – hin zu einem besseren Menschen. Selbst wenn dein schlimmster Tag kein Ende finden sollte, darfst du Mut aus dem Wissen ziehen, dass es treue Menschen geben wird, die bereit und willens sind, den Weg mit dir gemeinsam zu gehen, um bei jedem einzelnen holprigen Schritt an deiner Seite zu sein.

LEBE TRANSPARENT

Wird es im Leben schwierig, geraten wir in die Versuchung, uns selbst zu isolieren. Es ist ein natürlicher Instinkt, sich von seinen Gefühlen zurückzuziehen, um nicht den bitteren Schmerz zu verspüren, den die Krise verursacht. Reagierst du in solchen Momenten ähnlich wie ich, dann hast du das Bedürfnis, dich zurückzuziehen. Selbst wenn du unter Menschen bist, gelingt es, sich emotional abzukapseln. Bei Prüfungen, Versuchungen oder Turbulenzen des Lebens fühlt man sich einfach ziemlich verletzlich. Da ist es nur natürlich, Mauern zu bauen und sich hinter ihnen verstecken zu wollen. Aber das ist nur ein schwacher Trost, denn es ist niemals eine Lösung für das Problem. Doch die Momente, in denen du dich am wenigsten nach Gemeinschaft fühlst, sind oft die, in denen du sie am meisten brauchst. Gott weiß um den Wert von Beziehungen und von Gemeinschaft. Von Natur aus existiert er als Dreieinigkeit – ein Konzept, das ich einfach liebe. Er ist der Gott des Universums und dennoch wählt er die Partnerschaft mit uns, um seine Pläne und Absichten auf dieser Erde zu verwirklichen.

Gottes Wort bestätigt diese Wahrheit: *„Lasst uns aufeinander achten! Wir wollen uns zu gegenseitiger Liebe ermutigen und einander anspornen, Gutes zu tun. Versäumt nicht die Zusammenkünfte eurer Gemeinde, wie es sich einige angewöhnt haben. Ermahnt euch gegenseitig dabeizubleiben. Ihr seht ja, dass der Tag nahe ist, an dem der Herr kommt"* (Hebräer 10,24–25). Solltest du dich also auf einer schweren Strecke deines Lebens abmühen, ist das Beste, das du tun kannst, dich mit Menschen aus einem großartigen, positiv-denkenden und glaubenserfüllten Umfeld zu umgeben.

Und genau da kann die Ortsgemeinde von so unschätzbarem Wert sein.

Bobbie und ich haben immer danach gestrebt eine Kirche zu bauen, die im Geiste jung, von Herzen großzügig, in ihrem Bekenntnis voller Glauben, in ihrem Wesen liebend und in ihrem Ausdruck offenherzig ist. Leider stelle ich fest, dass es nicht in jeder Stadt eine gesunde Ortsgemeinde gibt. Genau dann aber müssen wir Gottes Wort fest im Herzen haben, damit wir zu unserer eigenen Seele sprechen, Gottes Sieg für uns beanspruchen und in Jesu Namen über uns hinauswachsen können. Nur denke daran: Es gibt keine perfekte Kirche, also unterschätze nicht, wie wertvoll es ist, dir gesunde, Gott verherrlichende Beziehungen aufzubauen, wo auch immer du gerade lebst.

Wie schon in vorherigen Kapiteln angesprochen, verstand David den Prozess des Schmerzes. Aber er erkannte auch die unglaubliche Wichtigkeit, anderen zu erlauben, ihn zu unterstützen. Nach seinem Gebet, dass Gott seine Seele aus dem Gefängnis befreien möge (Psalm 142), erklärte er: *„Die Gerechten werden mich umringen"* (Psalm 142,8; ELB).

David wusste, dass du Menschen, die Gott lieben, dann am meisten brauchst, wenn du dich von Anschuldigungen oder von anderen Menschen umgeben siehst, die dich nicht verstehen oder denen dein Leiden egal ist. Ich möchte dich daher ermutigen, dich in herausfordernden Zeiten – entgegen deiner natürlichen Neigung – bewusst in ein Umfeld zu begeben, in dem die Anbetung Gottes den Fokus weg von deinen Problemen nimmt und ausrichtet auf die Perspektive der Ewigkeit. Tue alles dir Mögliche, um in einer Gemeinschaft von Menschen zu sein, die dir in deinem Schmerz begegnen und nicht nur versuchen, deine Probleme zu lösen oder dir vorgefertigte Antworten zu geben. Menschen, die dich mit ihrem Glauben tragen werden, wenn dein Glaube schwach ist und am Boden liegt.

Unklug wäre es allerdings auch, jedem den Kummer deines Herzens anzuvertrauen. Du musst vielmehr enge Vertraute um dich scharen. Menschen, die du liebst und denen du vertraust. Menschen, die dein Herz kennen und mit deiner schwierigen Lage umgehen können. In der Bibel steht: „*Wo nicht weiser Rat ist, da geht das Volk unter; wo aber viele Ratgeber sind, findet sich Hilfe*" (Sprüche 11,14; LÜ). Beachte, dass hier steht „*viele Ratgeber*", nicht viele Meinungen. Also vertraue nicht jedem – dem Nachbarn an der Ecke, der Dame an der Kasse, dem Typen im Fitnessstudio oder dem Arbeitskollegen im Büro. Konzentriere dich stattdessen auf die Menschen, die glauben wie du.

In der Vergangenheit hat es mich bestürzt, mitzuerleben, wie Menschen zugelassen haben, dass ihr Friseur, dessen eigene Welt ein heilloses Chaos war, zu ihrem Ratgeber wurde und sie anschließend vom Weg abgekommen sind. Nichts gegen Friseure, man könnte dasselbe auch über kirchenferne Kollegen oder Nachbarn sagen. Doch du solltest wissen: Wenn du deine Nöte mit Menschen teilst, die ihr Leben nicht übereinstimmend mit dem Willen Gottes gestalten, kann dies zu schlechten Ratschlägen und falschen Entscheidungen führen. Suche besser in deinem Leben nach den Menschen, die dich lieben und die Gott lieben und die ganz klar dein Bestes wollen ohne Bedingungen zu stellen oder persönliche Ziele zu verfolgen.

MITGEFÜHL ODER BARMHERZIGKEIT?

Jeder liebt es, wenn man ihm ein wenig Mitgefühl entgegenbringt. – Im Alten Testament fragte König Ahab, einer der Könige Israels, vierhundert Propheten um Rat, bevor er in den Kampf zog. Jeder von ihnen sympathisierte mit seinem Herrscher, sodass vierhundert Propheten ihm sagten, was er hören wollte – nämlich, dass der Herr ihm mit Sicherheit zum Sieg verhelfen würde. Doch es gab einen jungen Propheten, der sich dafür entschied, auf Gott zu hören anstatt sich von der Masse einschüchtern zu lassen. In 1. Könige 22 lesen wir, dass sogar der König selbst erkannte, dass er sich einfach nur Menschen gesucht hatte, die ihm ergeben waren, damit sie ihm die passenden Worte sagen würden und rechtfertigten, was er geplant hatte. Nachdem er alle vierhundert Propheten zusammengerufen hatte, sagte Ahab: *„Doch, es gibt noch einen, durch den man den Herrn befragen kann. Aber ich hasse ihn, denn er kündigt mir immer nur Unglück an, nie etwas Gutes!"* (V. 8).

Diese Geschichte bringt mich immer zum Lächeln. König Ahab gibt durch seine Antwort unfreiwillig zu, dass er statt der Wahrheit lieber hört, was er hören will. Hast du schon einmal Menschen gemieden, weil du wusstest, dass sie die Wahrheit sagen würden und Dinge zu sagen hatten, die du nicht hören wolltest? Ich habe das schon getan und lass mich dir sagen, dass es mir ganz sicher nicht geholfen hat. Und dir wird es auch nicht helfen.

Falls du gerade eine schwierige Zeit durchmachst, brauchst du Freunde, Kollegen, Mentoren oder Pastoren um dich, die den Mumm haben, dir die Wahrheit zu sagen und dir Gottes Wahrheit in Erinnerung zu rufen – nicht Menschen, die dir einfach nur zu gefallen versuchen. Menschen, deren Rat auf Liebe basiert und nicht auf Meinung, Verurteilung oder Manipulation.

In meinem Leben habe ich bereits viele Male Rat von Menschen angenommen, die älter oder reifer im Glauben waren und die schon ihre eigenen Herausforderungen erlebt hatten. Menschen, die durch Herausforderungen stärker geworden sind und wirkliche Unterstützung, Weisheit, Liebe und Zuversicht anbieten konnten.

Die Bibel berichtet von keiner einzigen Situation, in der sich Jesus von Mitgefühl leiten ließ. Doch immer, wenn ihn *Barmherzigkeit* leitete, sollte anschließend etwas Mächtiges geschehen – dann bahnte sich ein Wunder an. Letztlich verhält es sich so: Mitgefühl identifiziert sich mit dem Problem, wohingegen Barmherzigkeit aufsteht, aufsieht und sagt: „Hier muss ich etwas tun."

Solltest du dich also auf deinem beschwerlichen Weg abmühen, finde jemanden, der dir in die Augen sieht, dir die Hände auf die Schultern legt und dir die ungeschminkte Wahrheit sagt. Die Wahrheit über Gottes Liebe, Hoffnung, Heilung und seine Kraft in deinem Leben.

LIEBE AUTHENTISCH

Menschen zu finden, die den Weg mit dir gehen, ist genauso wichtig wie auf diesem Weg selbst ein besserer Mensch zu werden. Wenn du gerade eine schwierige Strecke bewältigst, hast du trotzdem die Möglichkeit, die Menschen um dich herum zu segnen und ihnen zu helfen. Du hast die Chance, deine Familie und Freunde mit auf die Reise zu nehmen, damit sie miterleben können, was Gott in deinem Leben tut. Und du hast die Möglichkeit zu beweisen, wie sehr du dich selbst leitest, indem du den schwierigen Weg authentisch und ehrlich meisterst.

Um Zuschauer brauchst du dich nicht zu sorgen, wenn du leidest und kämpfst. Jedes Mal, wenn Bobbie und ich Widerstand von außen erlebten, wussten wir, egal wie sehr es uns selbst verletzte, dass unsere Kinder den Schmerz noch viel mehr spürten, und dass unsere gesamte Kirche die Last der Beobachtung durch Nachbarn, Kollegen und Bekannte zu spüren bekäme. Die Tatsache, dass wir inmitten dieses Schmerzes weiterhin unseren Glauben lebten, half uns dabei, uns nicht auf die Umstände, sondern auf

Gott zu fokussieren. Wir wollten nicht, dass unsere Kinder dächten, wir hätten aufgehört auf Gottes Kraft und Güte zu vertrauen, nur weil wir auf einer schwierigen Wegstrecke unterwegs waren. Was sie sehen mussten, war, dass sich unser Glaube bewahrheitet.

Enttäuschungen und Schmerz bieten die Chance, transparent zu sein, ohne wehleidig zu werden – das ist ein Unterschied. Dieser Prozess kann herausfordernd sein. Und er ist umso herausfordernder, je mehr Menschen dich dabei beobachten. In Zeiten wie diesen neigen wir von Natur aus dazu, für die Menschen um uns herum tapfer zu sein, während wir uns bei den Menschen, die uns in unserem Kummer am nächsten sind, abreagieren oder sogar unsere Wut an ihnen auslassen. Oft werden Ehepartner in leid- wie schmerzvollen Zeiten Opfer unserer angestauten Gefühlen, und das obwohl gerade die Menschen, die uns am nächsten stehen, diejenigen sind, die wir am meisten brauchen. Wirf also gute Beziehungen nicht wegen eines Moments der Wut und Verletzung weg! Lerne vielmehr, dich auf diejenigen zu verlassen, die versprochen haben, in guten wie in schlechten Zeiten treu zu dir zu stehen.

Sich selbst zu leiten und Leiterschaft zu leben – egal auf welcher Ebene –, bewährt sich oft in schwierigen Zeiten. Es ist ein Zeichen von Stärke, wenn du dich in solchen Momenten als menschlich und verletzlich zeigst, ohne dabei jedoch verzweifelt zusammenzubrechen. Durch seine Gnade hat Gott uns als Hillsong Church bisher durch jede Prüfung navigiert, wobei es kontinuierlich aufwärts anstatt abwärts ging – doch auch das hatte seinen Preis. Als Leiter haben Bobbie und ich stets die Entscheidung getroffen, dass eine Krise niemals eine größere Krise auslösen bzw. verursachen soll. Und wir lassen nicht zu, dass uns irgendetwas von dem abhält, wozu Gott uns berufen hat: Gott zu lieben und Menschen zu lieben.

Ich bin überzeugt, dass wenn du Menschen auf transparente und authentische Weise wissen lässt, was bei dir los ist und wo du gerade stehst, sie positiv darauf reagieren und sich hinter dich stellen.

Dieser Prozess der Transparenz bedeutet nicht, defensiv zu werden und anderen die Schuld zu geben. Wenn ich mit meinem Motorrad fahre – was heutzutage nicht besonders häufig vorkommt –, fahre ich mit der Einstellung, dass jeder mögliche Unfall meine Schuld ist. Weil es ein Motorrad ist, bekommst du vielleicht keine zweite Chance. Mit anderen Worten: Wenn nun jemand vor mir herausfährt oder mir die Vorfahrt nimmt, bin ich immer noch derjenige, der das Risiko des Motorradfahrens eingeht und mit einem lebensgefährlichen Unfall rechnen muss. Also fahre ich lieber gleich mit der Einstellung, dass ich für alles, was mir auf der Autobahn passiert, verantwortlich bin. Natürlich kann ich andere Fahrer, ihre Entscheidungen und Fehler, nicht beeinflussen, aber das gehört zum Risiko, das ich eingehe, wann auch immer ich mich zum Fahren entschließe.

Ich versuche auf dieselbe Weise zu leiten. Nicht indem ich anderen die Schuld gebe oder davon ausgehe, dass jemand anderes im Unrecht ist, sondern indem ich Verantwortung für meine Entscheidungen trage und Verantwortung für das übernehme, was passiert. Du kannst immer Gründe finden, warum es nicht deine Schuld ist und warum du eigentlich das Opfer bist. Aber das ist keine Art, dein Leben zu führen. So zu denken, wird letztendlich das erfüllte und uneingeschränkte Leben untergraben, das du leben möchtest, wenn du Jesus nachfolgst.

Jesus war während seines Dienstes hier auf der Erde oft mit unglaublichem Druck konfrontiert: als ihn die Nachricht von Lazarus' schwerer Krankheit erreichte, als er in der Wildnis von Satan versucht wurde, als er im Garten Gethsemane war und als er am Kreuz hing. Und doch blieb er jedes Mal fokussiert und standhaft im Geist.

Satan wird versuchen, Druck und Widerstand zu benutzen, um dich zu kontrollieren. Wenn wir diesem Druck nachgeben, geben wir unsere Leiterschaft auf. Es ist wichtig, sich mit den Umständen auseinanderzusetzen, wenn wir Widerstand erleben. Wir dürfen nicht zulassen, dass sie uns kontrollieren.

WEITERMACHEN

Vor vielen Jahren standen wir vor einer der bizarrsten und unvorhergesehensten Herausforderungen, der wir jemals begegnet sind. Bereits wenige Tage nach der Veröffentlichung eines neuen Hillsong-Albums fanden wir heraus, dass eines der Lieder auf dem Album, das bereits viel Aufmerksamkeit erzeugt hatte, von jemandem geschrieben worden war, der nicht nur eine Lüge lebte, sondern viele Menschen wissentlich mit einer erfundenen Geschichte getäuscht hatte. Und diese Geschichte hatte neben Aufmerksamkeit auch das Mitgefühl der Leute erregt.

Da wir die Täuschung, für die diese Person verantwortlich war, nicht aufrechterhalten wollten, mussten wir eine schwierige Entscheidung treffen. Die Enthüllungen wirkten sich direkt aus: Sie bedeuteten einen enormen finanziellen Schaden und den Rückruf Tausender DVDs. Außerdem hätten die weiteren Auswirkungen der Lüge für viele Leben verheerende Entwicklungen annehmen können. Sie hätten sowohl bei uns als auch in der christlichen Gemeinschaft weltweit katastrophal sein können.

Dennoch: Obwohl ich mich betrogen und enttäuscht fühlte, musste ich in dieser Zeit die Kirche auf eine Weise leiten, welche die Menschen, die verletzt und verwirrt waren, ermutigte. Es ging darum, ihre Enttäuschung zu überwinden und Gott bei all ihren Fragen zu finden. Ich appellierte daher, diese Person bewusst aus der Perspektive ihrer menschlichen Schwäche zu sehen und Vergebung anzubieten, statt Anstoß zu nehmen.

Letztlich können wir uns in Momenten wie diesen entscheiden: Lassen wir zu, dass Enttäuschung in uns eine Wurzel der Bitterkeit und der tief sitzenden Verletzung bildet? Oder lassen wir es zu, dass sie uns demütig macht? Und entscheiden wir uns dafür, Verständnis und Liebe anzubieten?

Solch eine Enttäuschung ist eine Chance, das eigene Leben anzusehen und den Einfluss zu bedenken, den wir auf die Menschen um uns herum haben können.

Es war kaum zu glauben, aber wahr: Die ganze Angelegenheit war in unserer Kirche relativ kurzlebig. Trotzdem: Ich hatte als Leiter gelernt, dass, wenn etwas für mich ein Problem ist, wird es auch für diejenigen um mich herum ein Problem sein. Deshalb ist es wichtig, nicht so zu tun, als sei alles in Ordnung, sondern die Angelegenheit anzusprechen, den Fokus zu verändern und dann erst weiterzumachen.

LEITE MUTIG

Was ich dir noch sagen möchte: Konzentriere dich darauf, dich vorwärts zu bewegen, während du den schwierigen Weg mit anderen gehst und dich auf ihre Stärke verlässt. Lerne aus der Vergangenheit, ja, insbesondere, wenn es Entscheidungen gab, die du anders hättest treffen sollen – das ist die Grundlage der Weisheit. Aber du musst auch die Gegenwart sehen und dir klarmachen, dass du die Vergangenheit nicht verändern kannst. Gehe mutig vorwärts, ohne die Dinge zu überstürzen, aber auch ohne den Fokus auf dem zu belassen, was vorgefallen ist.

Eine der besten Arten, im Einklang mit Gottes Timing vorwärts zu gehen, ist, dich auf seine Güte zu konzentrieren. Uns wird gesagt: *„Konzentriert euch auf das, was wahr und anständig und gerecht ist. Denkt über das nach, was rein und liebenswert und bewunderungswürdig ist, über Dinge, die Auszeichnung und Lob verdienen"* (Philipper 4,8; NL). Wenn wir uns selbst damit fertigmachen, was hätte passieren sollen oder sein können, verpassen wir, was Gott uns heute lehren und schenken möchte, wenn wir weitergehen.

Wenn wir uns im Schmerz vorwärtskämpfen, ist es verlockend, genau dem Gegenteil dieser Aufforderung Folge zu leisten. Wenn ich in unserer Kirche predige, mache ich gern etwas klar. Scherzhaft zeige ich auf, wie wir als Menschen so ticken, und kleide das in biblisch anmutende Worte – allerdings einer „Gegensätzliche-Welt-Übersetzung". Das klingt in diesem Fall dann ungefähr so: „Konzentriert euch auf Gerüchte und Hörensagen, auf das, was negativ und gemein ist. Denkt über das nach, was wertlos ist, das, was Dreck aufwirbelt, das, was eine gute Schlagzeile abgibt, über Leichen im Keller und über Dinge, über die man gut tratschen kann."

Lebst du gemäß der „Gegensätzlichen Welt Übersetzung" oder lebst du gemäß Gottes Wort? Falls du von negativen Tatsachen umgeben sein solltest, ist es gut, sich auf die positive Übersetzung zu konzentrieren. Sage nicht, du würdest dich auf Gottes Perspektive konzentrieren, wenn du eigentlich in Wahrheit über deine Schulter schaust oder zu Boden. Sieh nach vorne! Schau auf! Und begib dich auf deine Glaubensreise gemeinsam mit Menschen, die deinen geistlichen Kompass wieder ausrichten. Durchlebe Krisen mit Mut und einer Autorität, die Menschen auf den Einen hinweist, der uns Antworten statt Probleme schenkt.

Und vergiss niemals, dass Gott dich letztendlich durch deine gegenwärtige Prüfung hindurchbringen wird. Er wird dich befreien – aus Umständen wie aus deinem Leid. Und eine der besten Arten, wie er dies vollbringt, ist durch seine Leute. Falls also der Weg dunkel werden oder du aufgeben solltest, wende dich an Geschwister im Glauben, deine örtliche Kirchengemeinde und verlass dich auf ihre Stärke. Nimm sie in deinen Schmerz mit hinein und erlaube ihnen ein Stück weit an dem, was du durchmachst, Anteil zu nehmen. So schaffen wir es durch die schweren Abschnitte des Lebens zu gehen. So wachsen wir und so leiten wir.

Lebe transparent.

Liebe authentisch.

Und leite mutig.

KAPITEL 10

DER ERSTE PIONIER

„Open our eyes, to see the things that make Your heart cry,
to be the Church that You would desire, Your light to be seen."
„Öffne unsere Augen, damit wir sehen, was dein Herz bricht,
um die Kirche zu sein, die du ersehnst – ein strahlendes Licht."
„WITH EVERYTHING" (MIT ALLEM), HILLSONG MUSIC, 2008

S tell dir vor, du verlierst deinen Bruder aufgrund einer unheil-
baren Krankheit. Und stell dir anschließend vor, du entdeckst
eine Möglichkeit, diese unheilbare Krankheit zu heilen.

Genau das passierte Christian Barnard, einem Herz-Lungen-
Chirurgen aus Kapstadt. Er führte 1967 als erster Chirurg eine
Herztransplantation am Menschen durch. Die jahrelange For-
schung seiner Kollegen und verschiedene Test-OPs machten es
möglich, dass er der Vorreiter dieses lebensrettenden Verfahrens
wurde, das zweifellos die moderne Medizin grundlegend verändert hat. Viele würden sagen, er war der erste Pionier des Herzens. Doch es gab noch jemanden vor ihm.

DER ERSTE PIONIER DES HERZENS

Selbstverständlich ist Gott der erste Pionier, denn er schuf Himmel und Erde aus dem Nichts. Er schuf die ersten Menschen. Er blies seinen Atem in den Staub, um daraus Fleisch und Blut zu formen. Seitdem scheint es in der DNA aller Generationen zu liegen, Pioniere zu sein – was in Anbetracht dessen, dass wir nach Gottes Ebenbild geschaffen sind, nur allzu verständlich ist.

In Johannes 1,1 heißt es: *„Am Anfang war das Wort. Das Wort war bei Gott, und das Wort war Gott selbst."* Und in Vers 14 heißt es weiter: *„Das Wort wurde Mensch und lebte unter uns."* Es gibt keinen Zweifel: Von Anfang an war Gott ein Pionier! Ebenso heißt es in Hebräer 4,12: *„Denn das Wort Gottes ist lebendig und wirksam und schärfer als jedes zweischneidige Schwert, und es dringt durch, bis es scheidet sowohl Seele als auch Geist, sowohl Mark als auch Bein, und es ist ein Richter der Gedanken und Gesinnungen des Herzens"* (SLT).

Ich liebe es, wie die Bibel das Wort Gottes nicht nur als wirksam und kraftvoll beschreibt, sondern auch als schärfer als ein beidseitig geschliffenes Schwert – so scharf, dass es nicht nur zwischen Seele und Geist dringt, sondern auch Mark und Bein voneinander scheidet. Das nenn ich Präzision! Die Bibel, das Wort Gottes, hat die Fähigkeit – mit noch größerer Präzision als Dr. Christian Barnard – unsere Gedanken und geheimsten Wünsche unseres Herzens offen darzulegen.

Die Pionierarbeit Jesu geht in uns im Innern vonstatten und wird äußerlich sichtbar. Er ist laut Bibel der Pionier unserer Erlösung und unseres Glaubens. Ich würde ihn sogar als Pionier unseres Herzens beschreiben. In unserem Herzen vollbringt Jesus die Erlösung, welche unser Schicksal in der Ewigkeit verändert. Es verändert den Grund deiner Existenz, dein Verständnis von

Bestimmung, die Art wie du lebst, den Zweck deiner Gaben und Talente, es verändert unsere Familien und unsere Ehen. Letztlich beginnt Erlösung in unserem Herzen und beeinflusst über Generationen die Menschen, die nach uns kommen.

Was macht dein Herz aus?

PIONIER UND VOLLENDER

Man erzählt sich die Geschichte, dass Walt Disneys Witwe Lilly nach dessen Tod die Eröffnung des neuesten Themenparks, Walt Disney World in Orlando, Florida, besuchte. Während der Zeremonie beugte sich einer ihrer Freunde zu ihr und sagte: „Schade, dass Walt nicht hier ist, um das zu sehen." Lilly antwortete: „Walt hat es gesehen – deshalb ist es hier."

Was siehst du gerade jetzt, wenn du die Augen schließt? Welche Vision oder welchen Traum hat Gott auf dein Herz gelegt, dem du nachgehen sollst? Welche Vision hält dich aufrecht, wenn du verletzt und verängstigt bist, geschockt und betäubt von dem, was dir im Leben widerfährt?

Gott ist tatsächlich ein großer Pionier und ich glaube, dass er dir nicht einfach nur Visionen und Träume gibt, sondern dass er auch immer vollendet, was er begonnen hat. Gott lässt nicht etwas in uns entstehen, damit wir frustriert, unerfüllt und verbittert sind. Jesus wird in Hebräer 12,2 der Anfänger (oder Pionier) und Vollender unseres Glaubens genannt oder wie es in einer anderen Übersetzung heißt: *„Er hat uns den Glauben geschenkt und wird ihn bewahren, bis wir am Ziel sind."* Gott hat etwas in dir gepflanzt und er will, dass es Frucht bringt, du musst nur deinen Traum und deine Vision lebendig halten. Er will dass wir auf weitem Raum wachsen, wo unsere Seelen aufblühen können! Daran müssen wir uns stets erinnern, vor allem, wenn der Weg schwierig wird.

Dein Herz bestimmt deinen Weg und deine Fähigkeit, wie du das große Leben führst, das Gott für dich vorbereitet hat. In der Schrift lesen wir, wie der Apostel Johannes seinen Freund grüßt: *„Mein Lieber, ich wünsche dir in allen Dingen Wohlergehen und Gesundheit, so wie es deiner Seele wohlgeht!"* (3. Johannes 2; SLT).

Bei diesem Wohlergehen handelt es sich nicht so sehr um materiellen Wohlstand, sondern vielmehr um einen inneren Zustand des Friedens, der Freude und der Erfüllung dadurch, wie du dein Leben lebst. Tatsächlich glaube ich, dass sich dieser Segen eines inneren Gedeihens auf jeden Bereich des Lebens auswirken kann. Es beginnt in unserem Herzen.

Wird allerdings der Weg steinig, müssen wir oft innehalten und uns sammeln, eine Pause einlegen und unsere Richtung überprüfen. Das Herz ist quasi unser innerer Kompass, der sich an Gottes Geist ausrichtet. Der Psalmist sagt: *„Mein Herz ist von Freude erfüllt, ein schönes Lied will ich für den König singen. Wie ein Dichter seine Feder, so gebrauche ich meine Zunge für ein kunstvolles Lied"* (Psalm 45,2). Jede Geschichte hat einen Klang und ein Thema. Und der Klang und das Thema deines Herzens bestimmen die Geschichte deines Lebens.

David sagt: *„Auch mahnt mich mein Herz in der Nacht"* (Psalm 16,7; EU). So viele Dinge brodeln nachts. Furcht und Sorge. Verwirrung, Entmutigung, Verzweiflung und Unzufriedenheit. Wie viele Menschen kennst du, die in der stockfinsteren Dunkelheit einer schweren Zeit vom Weg abgekommen sind? Aber wie wir in der Bibel lesen, konnte David aufgrund des Klangs in seinem Herzen sagen: *„Auf schönem Land fiel mir mein Anteil zu. Ja, mein Erbe gefällt mir gut. Ich preise den Herrn, der mich beraten hat … Ich habe den Herrn beständig vor Augen"* (Psalm 16,6–7,8).

Treten Versuchungen oder plötzlich Hindernisse auf deinem

Lebensweg auf, dann halte dein Herz auf Gott ausgerichtet und du wirst deine Reise mit neuer Kraft und Fokussierung fortsetzen. An der Art, wie du dein Leben lebst, zeigt sich, wovon dein Herz überfließt. Wenn du deine Vision verlierst – den Traum, den Gott in dich hineingelegt hat –, dann wirst du letztendlich vom Weg abkommen.

EIN KAPITÄN IM STURM

Bobbie und ich waren erst seit ein paar Tagen verheiratet, als wir bereits in schweres Fahrwasser gerieten. Und das meine ich wortwörtlich!

Wir hatten damals nicht viel Geld, also mussten wir unsere Flitterwochen bescheiden gestalten. Wir reisten durch unsere Heimat Neuseeland und übernachteten in kleinen Motels und Wohnwagen. Nichts Aufregendes, aber wir waren jung, glücklich und bis über beide Ohren verliebt.

Ich hatte mir das Auto meiner Mutter geliehen, um den südlichen Teil der Insel zu umrunden. Wir standen früh am Morgen auf, um die große Fähre zwischen den südlichen und nördlichen Inseln zu erwischen. Diese Schiffe sind nicht wie die kleinen Fähren, die Touristen und Pendler vom Hafen in Sydney nach Manly Beach bringen. Es sind riesige Frachter, ihr Rumpf bietet Platz für Hunderte Autos, Güterzüge und eine Menge Passagiere.

Wir saßen gemeinsam mit vielen anderen im Salon an der Vorderseite und sahen aus den riesigen Fenstern auf den Bug des Schiffes. Wir waren ungefähr drei Stockwerke hoch und die Aussicht war grandios. Ich erinnere mich an einen älteren Mann und seinen kleinen Enkel, die gerade an den bodenhohen Fenstern standen und sich aufgeregt unterhielten, als die Crew uns bat, uns alle zu setzen.

Unser Schiff verließ den Hafen und kam an eine Stelle, die bekannt für ihren rauen Seegang war. Tatsächlich war nur wenige Jahre zuvor eine riesige Passagierfähre zwischen Lyttelton und Wellington während eines unglaublichen Sturms gekentert. Das Schiff, die *Wahine*, befand sich damals nur einige Hundert Meter vom Ufer entfernt, an der Spitze des Hafens von Wellington, aber viele Menschen starben, denn die See war so rau, dass die Strömung sie ins offene Meer zog und jede Hilfe zu spät kam.

Es war ein bisschen bewölkt – nicht ungewöhnlich an der Küste –, die Morgensonne würde die Wolken bald vertreiben. Als wir jedoch den Hafen hinter uns ließen, verdunkelte sich der Himmel zunehmend, und der Wind frischte extrem auf. Zuerst fühlte es sich an, als säßen wir in einer Achterbahn. Die Wellen warfen uns, obgleich noch recht sachte, von einer Seite auf die andere. Bald wurde deutlich, dass die Situation nicht mehr harmlos war. Die Wellen türmten sich höher und höher und ließen uns jedes Mal dumpf aufknallen. Die dunkelgrünen Wellen wurden immer heftiger und brachen sich an der Reling des Decks unter uns. Wir mussten zusehen, wie sich Wände aus Wasser um uns herum aufbauten.

Der Bug des Schiffes bekam die ganze Wucht der anlaufenden Wellen ab. Aber dann, fast wie in Zeitlupe, rollte eine gigantische Welle von der Seite heran. Der Bug tauchte durch die schiere Wucht unter und wir schauten starr vor Entsetzen zu, wie die Welle über das Deck unter uns heranraste und durch die Fenster des Salons brach. Instinktiv schlossen wir die Augen und klammerten uns an unsere Stühle, während das Wasser über uns zusammenschlug.

Sekunden später öffneten Bobbie und ich die Augen. Menschen begannen zu schreien, durchnässt und blutend, überall lag zersplittertes Glas. Der scharfe, salzige Geruch des Ozeans schlug uns entgegen, während das Wasser den Innenraum des Schiffs flutete. Später las ich in der Zeitung von dem armen Mann, der sich in den Toilettenräumen im hinteren Teil des Salons aufgehalten hatte. Er saß dort auf der Toilette, als er eine Welle über die Tür der Kabine schwappen sah. Kannst du dir das vorstellen? Im einen Moment benutzt du die Toilette und das nächste, an das du dich erinnerst, ist das Gefühl, in einer Wildwasserbahn zu sitzen. Ich glaube es war ganz gut, dass er schon saß.

Bobbie und ich kämpften uns Hand in Hand durch das knietiefe Wasser zum hinteren Teil des Schiffes. Besatzungsmitglieder rannten wie wahnsinnig herum und versuchten, Ordnung in das Chaos zu bringen. Die Gänge waren voll mit Glas, Blut und allerlei herumschwimmenden Gegenständen wie Hüten und Handtaschen. Ich erinnere mich, dass ich das Gefühl hatte, meiner jungen Frau versichern zu müssen, dass alles in Ordnung sein würde, also sagte ich etwas wie: „Mach dir keine Sorgen Bobbie, alles wird gut werden – und wenn nicht, dann werden wir im Himmel sein. Fragt sich nur, wie wir dort hinkommen!" Nicht gerade die tröstlichsten Worte, aber sie wusste, wie ich es meinte.

Unser Kapitän, dem die Gewässer vertraut waren, stoppte das Schiff, das Schlagseite bekommen hatte, bis es wieder sicher war weiterzufahren. Er wusste, dass wir erst einmal mit den Folgen der Welle zurechtkommen mussten, bevor wir weiterfahren konnten: nämlich das Wasser aus dem Schiff schöpfen und den Kurs wiederherstellen. Ich bin mir nicht sicher, ob ich so ruhig hätte agieren können, um zu tun, was getan werden musste, um das Schiff wieder seetauglich zu machen. Gott sei Dank für diesen Kapitän, der ruhig blieb und nicht nur den Kurs kannte und die Küste im Blick hatte, sondern auch auf diese Reise vorbereitet war.

In unseren jungen Herzen trugen wir so viele Geheimnisse und Träume – ich bin Gott dankbar, dass unser Kapitän nie seine Vision verlor und wir sicher ankamen. Bobbies und meine Reise in die herrliche Ungewissheit unserer gemeinsamen Zukunft startete in unruhigen Gewässern – diese Fahrt werden wir nie vergessen!

GEHEIMNISSE DES HERZENS

Was lässt dein Herz überfließen? Wie sieht das Lied, die Geschichte aus, die dein Leben erzählt? Bist du allzeit bereit, festzuschreiben, dass du Gott vertraust, selbst wenn die Stürme des Lebens um dich toben? Oder klagst, murrst und verzweifelst du, wenn die Wellen hereinbrechen?

Wenn du dich nach einem langen, fröhlichen Leben sehnst, musst du aufhören, dich abzustrampeln und anfangen an der Vision festzuhalten, die Gott in dich hineingelegt hat. Wenn es einen Schlüssel zu einem großen, weit offenen, überfließenden Leben gibt, dann liegt er im Zustand deines Herzens. Gott legt solch wundervolle Dinge auf unser Herz.

Hören wir das Wort Geheimnis, denken wir oft an etwas Negatives. Natürlich können Geheimnisse schmerzlich oder gar gefährlich sein. Oft denken wir dabei an Leichen im Keller – Dinge, von denen wir nicht wollen, dass irgendjemand sie herausfindet. Aber was ist mit den „Geheimnissen", die Gott dir ursprünglich ins Herz gelegt hat? Etwas, das nur euch beide etwas angeht? – Eine Sehnsucht, ein Verlangen, etwas, das dir Tränen in die Augen treibt und tief in dir etwas bewegt.

Vor gar nicht allzu langer Zeit ermutigte ich die Menschen unserer Kirche, die Vision ihres Herzens aufzuschreiben. Was ist die eine Sache, über die Gott zu dir gesprochen hat, die du vielleicht aus Angst nicht laut aussprechen willst? Wenn du groß träumen könntest und niemand dich auslachen oder verspotten würde … wie sähe dein Traum aus? Ich war überrascht, wie viele Menschen mir sagten, dass sie Angst hätten, es aufzuschreiben oder auszusprechen!

Es könnte so viele wunderbare, vielleicht sehr persönliche Dinge in deinem Herzen geben, die Gott dort hineingelegt hat. Vielleicht sind diese Träume so zerbrechlich, so verletzlich, dass du niemals jemandem davon erzählt hast. Vielleicht hast du nur deinem Ehepartner etwas über eine tiefe Sehnsucht, einen tiefen Glauben erzählt, etwas über einen unglaublichen Traum, den Gott in dein Herz gelegt hat. Nun, ich kann dir mit absoluter Sicherheit sagen, dass er das, was er in dein Herz gelegt hat, in deinem Leben verwirklicht sehen will.

In Lukas 2 gibt es einen Abschnitt über Maria, die Mutter Jesu. Zwölf Jahre nachdem der Engel ihr verkündet hatte, sie werde schwanger, wird uns berichtet, wie sie ihren zwölfjährigen Sohn Jesus im Tempel wiederfand. *„Jesus kehrte mit seinen Eltern nach Nazareth zurück und gehorchte ihnen willig. Seine Mutter aber bewahrte das alles in ihrem Herzen"* (Lukas 2,51; GNB). Maria reagierte auf das Geheimnis der Anwesenheit Jesu im Tempel genau so, wie sie auf die Nachricht ihrer Schwangerschaft reagiert hatte. Sie bewahrte das alles in ihrem Herzen. Als Mensch fiel es Maria zweifellos schwer, den göttlichen Plan zu verstehen, an dem sie teilhatte. Doch die Tatsache, dass sie sich Gott und seinem Plan für ihr Leben unterordnete und vertraute, ließ sie immer mehr von dem verstehen und umsetzen, was sie in aller Stille in ihrem Herzen bewahrte.

Was ruht in deinem Herzen? Was solltest du hüten, um nicht zu verpassen, was Gott für dich vorbereitet hat? Ich habe oft erlebt, dass, wenn dein Weg blockiert ist und du eine neue Route finden musst, dir Gottes Geheimnis in deinem Herzen dabei helfen kann, nicht aufzugeben und weiterzumachen.

Eine andere Frau in der Bibel, die sich mit Geheimnissen des Herzens auskannte, ist Hanna. Sie wünschte sich so sehr ein Kind, obwohl es körperlich unmöglich schien. Hanna, die mit Elkana verheiratet war, kämpfte mit all ihrer Wut, Enttäuschung und ihrem Schmerz, weil sie nicht schwanger werden konnte. Dennoch hielt sie an der gottgegebenen Hoffnung und Vision fest, einen Sohn zu bekommen:

*„Und sie war in ihrer Seele verbittert, und sie betete zum Herrn und weinte sehr. Und sie legte ein Gelübde ab und sprach: ‚Herr der Heerscharen! Wenn du das Elend deiner Magd ansehen und meiner gedenken und deine Magd nicht vergessen wirst und deiner Magd einen männlichen Nachkommen geben wirst, so will ich ihn dem Herrn alle Tage seines Lebens geben. Und kein Schermesser soll auf sein Haupt kommen.' Und es geschah, als sie lange vor dem Herrn betete, achtete Eli auf ihren Mund. Hanna aber **redete in ihrem Herzen**. Nur ihre Lippen bewegten sich, aber ihre Stimme hörte man nicht"*

(1. Samuel 1,10–13; ELB, Hervorhebungen durch den Autor). Ist es nicht faszinierend, wie Hannas Bitte an Gott beschrieben wird? *„Hanna aber redete in ihrem Herzen."* Ich frage mich, wie das genau funktioniert, auch wenn jeder – mich eingeschlossen – diese innere Stimme, dieses innere brennende Verlangen kennt. Hanna sprach in ihrem Herzen – ihre Lippen bewegten sich, ohne dass ein Laut aus ihrem Mund zu hören war. Eli, der Tempelpriester, nahm an, dass sie entweder verrückt oder betrunken war!

Wann hast du dich zuletzt so verzweifelt gefühlt wie Hanna, als du an deiner gottgegebenen Vision festgehalten hast? Manchmal, wenn du gar nicht die richtigen Worte für das findest, was Gott in dein Herz gelegt hat, fällt es dir schwer, dem Ausdruck zu verleihen. Du sorgst dich, dass es sich albern oder komisch anhören könnte. Vielleicht würde man es nicht verstehen und glauben, dass du nur prahlst oder eine wahnhafte Idee verfolgst. Aber die Geheimnisse, die Gott uns ins Herz legt, sind so wertvoll und wunderschön, dass wir sie schützen müssen.

Schließe ich meine Augen, sehe ich heute nichts anderes als vor vielen Jahren: einen Außenposten der Gnade – eine Kirche so groß, dass die Stadt sie nicht ignorieren kann. Einen gesunden, funktionsfähigen und herrlichen Körper Christi. Lange bevor sich einige Dutzend Leute in einem Schulgebäude in einem Vorort Sydneys versammelten, lange bevor es Hillsong Church in Australien gab, gar nicht zu reden von vielen anderen Ländern, hatte ich diese Vision in meinem Herzen. Bis heute hat Gott so viele unglaubliche Dinge getan, dass es alles übersteigt, was ich mir je hätte vorstellen können. In meinem Herzen habe ich stets an dieser Kirche, die wir gegründet haben, festgehalten. Gab es Zeiten, in denen ich dachte, dass wir es niemals schaffen werden? Natürlich! Aber die Vision in meinem Herzen habe ich nie aus den Augen verloren.

Vergiss nicht, dass es seine Zeit dauerte, bis Hannas Sehnsucht erfüllt wurde: *„Und Hanna wurde schwanger. Und als die Tage um waren, gebar sie einen Sohn. Und sie gab ihm den Namen Samuel: Denn vom Herrn habe ich ihn erbeten"* (1. Samuel 1,20; ELB). Vielleicht braucht es Zeit, vielleicht sogar eine lange Zeit, in deinem Leben, bis das, was du in deinem Herzen empfangen hast, das Licht der Welt erblickt. So viele Träume brauchen Geduld und Zeit: gesund werden, eine Ehe wiederherstellen, ein Unternehmen gründen, Kinder, die Jesus annehmen, Familien, die sich wieder vereinen, Beziehungen, die heilen.

Gib nicht auf! Auch wenn das, was Gott in dein Herz gelegt hat, noch keine Frucht bringt. Halte die Hoffnung in deinem Herzen lebendig und beschütze sie. Schließ deine Augen und sorge dafür, dass deine Vision nicht verschwommen wird. Halte sie lebendig, auch wenn Umstände sie immer wieder verhindern wollen – bis es nach Gottes Plan an der Zeit ist, sie wahr werden zu lassen.

SCHÜTTE DEIN HERZ AUS

Vor Jahren erzählte mir meine Mutter eine Geschichte von früher. Damals war mein Vater Offizier bei der Heilsarmee und zu dieser Zeit arbeitslos. Nicht nur das, er war auch nach zwei Nervenzusammenbrüchen arbeitsunfähig geworden. Meine Mutter zog fünf Kinder in einem Zimmer groß, war mittellos und hatte einen Mann, der völlig die Perspektive und den Fokus verloren hatte und sie nicht unterstützen konnte. Eines Tages, als sie im Hinterhof in Neuseeland die Wäsche aufhing, warf sie sich voller Verzweiflung buchstäblich über die Wäscheleine und schrie zu Gott: „Ich kann nicht mehr!"

Und Gott begegnete ihr an diesem Ort. Sie erinnert sich, wie sie mit einem Seufzer zusammensackte – verzweifelt und auf eine Antwort Gottes wartend.

Wofür steht dieser Seufzer bei dir? Was in deinem Leben verstehst du nicht? Worüber verzweifelst du? Womit kannst du dich nicht abfinden? Denn derselbe Pionier, der Urheber deiner Erlösung ist, kann auch den Glauben in deinem Herzen erneuern – und die Kraft dieses Glaubens kann in deinem Leben den Durchbruch bringen.

Was ist deine Sehnsucht? Diese zarte, verletzliche Sache, für die du nicht einmal Worte findest? In Psalm 62,9 sagt der Psalmist:

„*Ihr Menschen, vertraut ihm jederzeit, und schüttet euer Herz bei ihm aus!*"

Schütte dein Herz vor Gott aus, denn er ist deine Zuflucht.

DEN STURM ÜBERSTEHEN

Manchmal haben wir keine andere Wahl als durchzuhalten und die „Wellen" des Lebens – unvorhersehbare Situationen wie Krankheit und Tod, finanzielle Engpässe und plötzlichen Verlust – über uns hereinbrechen zu lassen. Aber dann müssen wir uns wie der Kapitän auf der Fähre verhalten, auf der Bobbie und ich waren. Wir müssen den Schaden abschätzen, so viel wie möglich beseitigen und beheben und dann unsere Aufmerksamkeit und Energie wieder auf den Kurs richten, den wir verfolgen. Wir müssen sicherstellen, dass unser Herz auf das ausgerichtet ist, was Gott für uns will, was er in uns hineingelegt hat und was er in unserem Leben verwirklichen möchte.

Wenn du dir in schwierigen Zeiten überlegst, wie du einen Schritt nach dem anderen gehen kannst, stellst du oft fest, dass du innehalten und deinen Kurs korrigieren musst. Wenn es hart auf hart kommt und die Wellen über dir zusammenschlagen, kannst du nicht den Kopf in den Sand stecken und die Umstände leugnen. Andererseits kannst du den Stürmen des Lebens nicht erlauben, dich ständig zum Kentern zu bringen. Es kann verführerisch sein, einfach anzuhalten, Ausreden zu erfinden und dann stehen zu bleiben, anstatt wieder loszugehen.

Diese Versuchung, in Angst und Selbstmitleid zu versinken, zeigt uns, wieso wir nur so lange innehalten dürfen, bis wir unsere Vision erneuert haben. Sehr oft sind die äußeren Hürden kleiner als die inneren. Wenn wir mit widrigen Umständen kämpfen, kommt die größte Einschränkung vielleicht durch das, was in unserem Herzen vor sich geht. Wenn wir nicht auf das achtgeben, was Gott in unser Herz gelegt hat, verlieren wir unsere Vision und es wird schwierig, beharrlich weiterzugehen. Die Vision, die du für dein Leben hast, musst du in deinem Herzen bewahren. Wenn du auf einem beschwerlichen Weg unterwegs bist, musst du deine Augen auf den Siegespreis richten, der auf dich am anderen Ende wartet.

AN DER HOFFNUNG FESTHALTEN

Ich erinnere mich noch sehr gut an den 27. Dezember 2012. Bobbie und ich flogen von Sydney in die Vereinigten Staaten. Bevor wir zum Flughafen fuhren, trafen wir uns mit Joel und Esther (meinem ältesten Sohn und seiner frisch angetrauten Frau) zum Frühstück am Bondi Beach, in einem kleinen Café namens Trios. Ironischerweise waren sie aus New York City zu Besuch, und wir waren gerade auf dem Weg dorthin – so ist unser Leben. Ich werde diesen Tag nie vergessen, denn sie sagten uns, dass sie ein Kind erwarteten.

Wir lieben Esther über alles und waren noch ganz außer uns vor Freude, dass unser ältester Sohn endlich verheiratet war – die Nachricht über die Schwangerschaft setzte noch einen drauf! Nachdem wir uns angeregt unterhalten, die beiden ausgefragt und ihnen gratuliert hatten, wollten wir unser Frühstück bezahlen und erfuhren, dass sich schon jemand um die Rechnung gekümmert und beglichen hatte! Ich war mir sicher, dass derjenige unser ganzes Gespräch mit angehört haben musste – wie Joel und Esther uns erzählt hatten, dass sie ein Kind erwarteten. Er hatte vermutlich unsere Freunde mit angesehen und ich nahm an, dass er sich für uns freute. Letztlich fragte ich mich aber schon die ganze Zeit, wer es wohl gewesen sein mag.

Genau ein Jahr später – am 27. Dezember 2013 – ging ich an der Küste joggen. Um ehrlich zu sein bestand mein Joggen eher darin, etwas schneller zu gehen. Jedenfalls hielt mich ein junger Mann an und sagte: „Entschuldigung, Entschuldigung, Pastor Brian, kann ich mit Ihnen sprechen und Ihnen eine kurze Geschichte erzählen?" Vermutlich weißt du, wie unwillkommen es ist, wenn du Sport machst und dich jemand dabei stört. Aber dieser Mann nannte mich „Pastor Brian", also dachte ich, ich halte besser an. Ich hörte auf zu laufen, und er ging neben mir her, während er mir Folgendes erzählte:

„Vor einem Jahr waren meine Frau und ich in einem kleinen Café in Bondi und frühstückten. Wir waren verzweifelt. Wir waren verzweifelt, weil wir keine Kinder bekommen konnten und wir hofften und glaubten dennoch, dass wir nächstes Jahr ein Kind haben würden. In diesem Café beschlossen wir, die ersten dreißig Tage des neuen Jahres darüber zu fasten. Wir hatten gerade diese Entscheidung getroffen, als Sie mit Bobbie und Joel und Esther hereinkamen und sich an einen der Nachbartische setzten."

Er fuhr fort zu erzählen, dass er mitbekam, wie Joel und Esther die großartigen Neuigkeiten mit uns teilten. Dann gab er ehrlich zu, wie weh es tat, das zu hören. Sie saßen dort als Paar und sprachen über ihre Verzweiflung und die tiefe Sehnsucht ihres Herzens, nur um Zeugen der Freude von jemand anderem zu werden. Er sagte mir, dass er trotz des empfundenen Schmerzes, den sie fühlten, unsere Rechnung bezahlte. Und ich hatte mich zwölf Monate lang gefragt, wer das wohl gewesen war.

Er sagte weiter: „Wir taten, was wir uns vorgenommen hatten, und fasteten dreißig Tage lang." Und jetzt kommt der beste Teil der Geschichte: Als er mir das erzählte, war er überglücklich, denn er trug seine wunderschöne, zwei Monate alte Tochter in einem

Tragetuch vor seiner Brust. Meine Augen wurden feucht, als er mir weiter von seiner Entschlossenheit erzählte, an dem Traum in seinem Herzen festzuhalten und wie er nun Gottes Treue mit mir teilen konnte. Ich rannte wahrscheinlich doppelt so schnell wie vorher, um nach Hause zu kommen und Bobbie diese unglaubliche Geschichte zu erzählen.

Gepriesen sei Gott! Er war der Urheber und Pionier jenes Traums in ihren Herzen. Und was er dort begonnen hatte, vollendete er in ihrem Leben.

HÖR NIEMALS AUF, PIONIER ZU SEIN

Was für Hanna, Maria und meine Freunde am Bondi Beach galt, gilt auch für dich: Halte an der Hoffnung fest! Halte an deiner Vision fest! Und bewahre sie in deinem Herzen. Dann wird dein Leben weiter Frucht bringen. Ja, der Weg wird schwierig werden und die Stürme des Lebens mögen durch dein Fenster brechen und dich durchnässt zurücklassen, aber wenn du zu dem Geheimnis zurückkehrst, das Gott dir ins Herz gelegt hat, wenn du seine Vision für deine Zukunft lebendig hältst, dann wirst du die Zufriedenheit erleben, die Paulus beschreibt: *„Schließlich habe ich gelernt, in jeder Lebenslage zurechtzukommen. Ob ich nun wenig oder viel habe, beides ist mir durchaus vertraut, und so kann ich mit beidem fertig werden: Ich kann satt sein und hungern; ich kann Mangel leiden und Überfluss haben. Alles kann ich durch Christus, der mir Kraft und Stärke gibt"* (Philipper 4,13).

TEIL 3

EIN ENGES TOR

KAPITEL 11

KEIN ANDERER NAME

„One Name holds weight above them all.
His fame outlasts the earth He formed."
„Ein Name klingt in aller Welt.
Sein Ruhm besteht in Ewigkeit."

„NO OTHER NAME"
(KEIN ANDERER NAME IST SO GROSS),
HILLSONG MUSIC, 2014

Die Geschichte hat eine Vielzahl berühmter Namen hervorgebracht.

Hartnäckige, berüchtigte, religiöse und frevelhafte. Welche Bilder kommen dir in den Sinn, wenn du Namen wie „Socrates", „Churchill", „Mussolini", „Mandela" und „Einstein" hörst?

Schreckst du zurück, wenn du den Namen „Hitler" hörst?

Bist du direkt inspiriert, wenn du den Namen „Armstrong" hörst?

Gähnst du und rollst mit den Augen, wenn du an „Shakespeare" denkst?

Namen sind voller Bestimmung. Das ist es, was ein Name ist.

Und, Freunde, darf ich euch fragen, was sich tief in eurer Seele regt, wenn ihr den Namen Jesus hört?

Ein Mysterium in Person, völlig Mensch und völlig Gott. Er nahm den niedrigsten Namen an, damit Sklaven wie Könige regieren können. Göttlichkeit, die sich entschied, die Sterblichkeit zu ertragen, damit wir uns erfreuen …

am ewigen Leben.

Warum beeinflusst **kein anderer Name** *die Skeptiker, Andersgläubigen und Hoheiten, die Mörder, die Lebensmüden und die Stars?*

Kein anderer Name *veränderte Natur, Gedankenwelten und Materie; öffnete blinde Augen, taube Ohren und heilte Krebs.*

Kein anderer Name *kam mit diesem Auftrag: Das Königreich des Himmels auf der Erde zu errichten.*

Aber wenn seine Wunder nur „Märchen" wären, warum versammeln sich Millionen von Menschen und riskieren dabei ihr Leben für **seinen** *Namen?*

Ich bin zu diesem Schluss gekommen: **Es gibt keinen anderen Namen!**

Text vom Wortschöpfer Iseme Adeola (auch bekannt als Isi the Scribe)

Ich liebe diesen Text. Unser Creative-Team verfasste diese Worte anlässlich unseres Live-Worship-Albums und unserer Hillsong-Konferenz 2014. Nachdem mein Sohn Joel zusammen mit Jonas Myrin das Lied mit dem Titel „No other name" (dt.: „Kein anderer Name") geschrieben hatte, begannen wir als Kirche, uns intensiv mit dem Namen Jesu zu beschäftigen, mit der alles übersteigenden Kraft, Majestät, Schönheit und Heiligkeit, die in diesem einen Namen liegen und dem Effekt, den er auf unser heutiges Leben hat.

Durch den Namen Jesu haben wir Zugang. Der Weg zum Leben ist Jesus. Jesus allein. Doch für alle, die mit Christus leben, bedeutet das keineswegs ein kleines unscheinbares Leben. Stattdessen wird ein Leben mit Christus noch größer und weiter und wir entdecken viel mehr Potenzial und Segen, als auf irgendeinem anderen Weg, den wir einschlagen könnten.

In der ersten Hälfte dieses Buches lag mein Fokus auf der Vision, auf dem Wunder eines offenen und uneingeschränkten Lebens und dem manchmal schwierigen Weg, den wir nehmen müssen, um dorthin zu gelangen.

Ich glaube, dass manche Menschen den schweren Weg einem begrenzten und eingeschränkten Weg gleichstellen – das ist jedoch nicht, was die Bibel dazu sagt! Im gesamten Alten Testament lesen wir, dass Davids Lebensweg zu bestimmten Zeiten sehr schwierig war, doch in 2. Samuel 22,37 sagt David: *„Du hast mir alle Hindernisse aus dem Weg geräumt, nie bin ich beim Laufen gestürzt."* Der Weg mag steinig sein, und die Pforte schmal – aber glaube mir, wenn du durch das schmale Tor gehst, hält das Leben so viel mehr für dich bereit!

Sein Name ist JESUS. Und wenn wir seine Gnade ergreifen, um durch diese schmale Pforte zu gehen, führt er uns in ein Leben mit enormem Potenzial.

DER WEG, DIE WAHRHEIT UND DIE SCHMALE PFORTE

Warum ist dies für uns von Bedeutung, wenn wir versuchen, Christus nachzufolgen und in unserem Glauben zu wachsen? Weil der Grundstein für dieses große und erfüllte Leben, welches Gott für uns bereithält, in einem Name liegt: Jesus. Wir denken vielleicht nicht über die Auswirkungen, die Bedeutung oder die Kraft des Namens Jesu nach, doch sie ist maßgeblich, wenn wir unser göttlich festgesetztes Ziel erreichen wollen. Tatsächlich lässt Jesus uns hier keine große Wahl. Er sagt: *„Ich bin der Weg, ich bin die Wahrheit, und ich bin das Leben! Ohne mich kann niemand zum Vater kommen."* (Johannes 14,6)

Jesus sagt hier nicht, dass er uns als Reiseleiter oder als Verkehrspolizist zu Gott führen möchte. Er sagt, er ist der Weg. Und obgleich ich keinen Zweifel daran hege, dass wir Gott einzig und allein durch eine Beziehung zu Jesus kennenlernen können, weiß ich auch, dass die Botschaft des Evangeliums nicht exklusiv ist. Vielmehr lädt Jesus jeden ein – Männer wie Frauen, Juden wie Nichtjuden, reich und arm, jung und alt –, allein durch das Bekenntnis zum einzig wahren Namen Zugang zu dem Geschenk der Gnade zu erhalten. Während Jesus verkündet, dass er der einzige Weg ist (exklusiv), gibt er allen, die seinen Namen anrufen, die Möglichkeit, ihm zu folgen (damit sind all diejenigen eingeschlossen).

Um dieses große und weite Leben zu genießen, müssen wir Jesus vertrauen, wenn er in seinem Wort sagt: *„Geht durch das enge Tor! Denn das Tor zum Verderben ist breit und ebenso der Weg dorthin! Viele Menschen gehen ihn. Aber das Tor, das zum Leben führt, ist eng, und der Weg dorthin ist schmal. Deshalb finden ihn nur wenige"* (Matthäus 7,13–14). Wie ich bereits in der Einleitung geschrieben habe, hat mich dieser Vers inspiriert, dieses Buch zu schreiben und ist so etwas wie der rote Faden. Jesus sagt hier, dass Nachfolge nicht einfach oder bequem sein wird und dass seine Anhänger nicht beliebt sein werden. Allerdings glaube und befürchte ich, dass wir diese Pforte oft schmaler machen oder enger schnüren, als er es tut.

Aber ich greife den Dingen schon etwas voraus. Der Schlüssel, um das schmale Tor zu entriegeln, ist Jesus. Es gibt keinen anderen Namen. Also, lass uns einmal anschauen, was diesen Namen so einzigartig macht und warum er allein kraftvoller als jeder andere Name ist.

WAS IST EIN NAME?

„Houston?"

„Hier!"

Du kennst das. Ständig müssen wir unseren Namen angeben, ihn bestätigen oder auf ihn reagieren. Je nachdem welche Schwierigkeiten andere damit haben, müssen wir ihn sogar für Bestellungen oder einen Arzttermin buchstabieren. Vielleicht sind wir mächtig stolz auf unseren Namen oder haben unseren Geburtsnamen wegen verschiedener Gründe ändern lassen. Doch wir können nicht leugnen, dass Namen allein durch die Assoziationen, die wir mit ihnen verbinden, große Macht besitzen.

Das mit den Namen ist eine lustige Angelegenheit. Wir denken vielleicht nicht besonders oft über sie nach, doch normalerweise dienen sie uns als Anhaltspunkt. Menschen erhalten Namen, damit wir sie auseinanderhalten, wiedererkennen oder um anlässlich eines größeren Rahmens (Familie, Business, Herkunft) Honorationen aussprechen zu können.

Mein Name ist Brian Charles Houston. Ich weiß nicht, wieso sich meine Eltern den Namen „Brian" ausgesucht haben. Charles war der Name meines Großvaters mütterlicherseits. Ich habe die Ehre, diesen Namen zu tragen, nie richtig verstanden – bis mein ältester Sohn einen Jungen bekam und ihn Zion Alexander *Charles* Houston nannte – nach seinen beiden Großvätern! Brian Charles Houston hat mir als Name gute Dienste geleistet. Hier auf der Erde gibt mir mein Name Identität – allerdings nicht geistlich gesehen –, denn …

… meine Glaubwürdigkeit steckt in diesem Namen.

… mein Ruf versteckt sich hinter diesem Namen.

… meine Autorität steckt in diesem Namen.

Um anderen Personen Autorität zu übertragen – meine Autorität –, muss ich mit meinem Namen unterschreiben. In meinem Namen liegt ein Stück weit Anerkennung – wenn auch begrenzt. Mein Name gibt mir nicht automatisch Zugang zum Buckingham Palace oder dem Weißen Haus.

Doch dafür verschafft mir mein Name Zugang zu anderen Orten und Plätzen.

Kürzlich sind meine Tochter und ihr kleiner Sohn, Jack, am selben Tag von Sydney abgeflogen wie ich. Und obwohl wir in völlig unterschiedlichen Richtungen und mit anderen Fluglinien unterwegs waren, konnten wir ein wenig Zeit miteinander verbringen. Jack musste zu dieser Zeit noch gestillt werden, also hielt meine Tochter Ausschau nach einem ungestörten Fleckchen. Ich schlug ihr vor, mit mir zur Flughafen Lounge zu kommen. Obwohl dort eine gewisse Exklusivität herrscht, ist mir durch meine vielen Flugreisen diese Lounge zu einer Art zweitem Zuhause geworden. So hoffte ich, dass es den Servicekräften vor Ort nichts ausmachen würde, wenn ich mal einen Gast mitbrächte, der nicht mit ihrer Fluggesellschaft flog.

Wir gingen also durch die Schiebetür aus Milchglas, an dem Türsteher vorbei, der mich immer mit einem Lächeln begrüßt; und sofort erblickte ich ein bekanntes Gesicht am Empfang, das ebenfalls lächelte. Da Ehrlichkeit immer die beste Methode ist, halte ich ein direktes Vorgehen meist für die effektivste Taktik. Nachdem die Empfangsdame und ich ein paar Höflichkeiten ausgetauscht hatten, lehnte ich mich vor und sagte: „Das ist meine Tochter Laura. Sie fliegt heute nicht mit mir – sie hat einen späteren Flug bei einer anderen Fluggesellschaft gebucht. Denken Sie, dass es vielleicht möglich wäre, wenn sie bei mir im Loungebereich bleibt?"

Die Frau schaute meine Tochter und den kleinen Jack an und konnte bei dem Anblick von Mutter und Kind nicht anders, als zu lächeln. „Nun ja, Herr Houston", sagte sie entschuldigend, „dafür haben wir nicht die Erlaubnis … und ich sollte das auch einhalten, aber für Sie können wir das selbstverständlich tun."

Also durfte meine Tochter zusammen mit mir in den eleganten Loungebereich kommen, um in einem ruhigeren, persönlicheren Rahmen mit mir zu warten. Sie wäre nicht berechtigt gewesen, das von ihrem eigenen Namen aus zu tun, doch in diesem Fall erhielt sie Zugang durch meinen Namen. Mein Name brachte sie an Orte, die ihr sonst verwehrt geblieben wären. Natürlich ist mir klar, dass es nicht mehr lange dauern wird, bis ich derjenige bin, der jedem sagen wird: „Ich bin Lauras Vater. Ihr kennt Laura, nicht wahr? Nun, ich bin ihr Vater."

Ihr Name und die Umstände begrenzten an diesem Tag ihre Möglichkeit, diese Lounge zu betreten. Sie selbst hätte es gar nicht erst versucht, da sie die strengen Regeln der Mitgliedschaft kannte. Doch da ihr Vater dabei war, konnte ich ihr den Zugang ermöglichen.

Leider gestalten wir unser Leben oft basierend auf den Begrenzungen, die unser Name mit sich bringt, anstatt nach dem Verständnis, der Hoffnung, dem Verprechen, der Kraft und dem Sieg, den wir in einem anderen Namen auf einer ganz anderen Ebene haben. In anderen Worten: Wir gehen oft davon aus, dass wir etwas aufgrund unserer eigenen Begrenzungen nicht können. Wir vergessen dabei, wer uns erschaffen hat, wer uns befähigt und wem alles möglich ist.

Dass wir sogar dann in die Fülle des Lebens eintreten können, wenn die Pforte schmal ist, da wir die Autorität des Namens Jesu erhalten haben, müssen wir uns immer wieder vor Augen halten. Es gibt keine Situation in deinem Leben – weder Herausforderungen, Probleme oder Kummer –, über der du den Namen Jesu nicht aussprechen kannst. So wie Laura Zugang zur Lounge erhalten hat, weil sie meine Tochter ist, gehören wir einer Familie mit noch viel mehr Macht, Einfluss und Autorität an: der Familie Gottes.

DER UNVERÄNDERLICHE NAME

Seit wir mit Hillsong Church begonnen haben, auf der ganzen Welt Gemeinden zu bauen – in Städten wie London, Kiew, Düsseldorf, Paris, Kapstadt, New York und erst neulich in Los Angeles –, wäre es ein Leichtes zu denken, dass es der Name Hillsong wäre, der die Leute anzieht. Doch das wäre ein großer Fehler. Vielleicht lockt der Name Hillsong Leute anfangs an, doch niemals wird er irgendjemandem Errettung bringen!

Versteh mich bitte nicht falsch, wir sind gesegnet und fühlen uns geehrt, einen so anerkannten Namen wie Hillsong zu tragen. Es ist unser Name und Gott hat uns mit diesem Namen gesegnet. Aber mal ehrlich, ist Hillsong nicht ein merkwürdiger Name für eine Kirche? Du wirst vielleicht bemerkt haben, dass der Name weder aus dem griechischen noch hebräischen Urtext stammt, geschweige denn Hillsong in der Bibel zu finden ist. Nein, wir haben einfach unsere kleine Kirche in einem hügeligen Stadtbezirk im Nordwesten Sydneys gegründet, den man auch „Hills District" nennt. Und das ist auch schon alles.

Als wir begannen, unsere ersten Live-Lobpreis-Alben aufzunehmen, wurde mir klar, dass die Menschen keine CDs mit dem Titel „Hills Christian Life Centre Worship" kaufen würden.

Das war zwar der damalige Namen unserer Kirche, aber er ging nicht gerade leicht von der Zunge. Also setzte ich mich mit unserem Team zusammen, um zu überlegen, wie wir diese Projekte nennen sollten – schließlich einigten wir uns auf den Namen „Hillsong". Damals liefen unter diesem Namen unsere Alben und unsere kleine, jährlich stattfindende Musik-Conference. Auf unseren Flyern luden wir die Menschen also zu „Hillsong"-Veranstaltungen ein. Doch als der Lobpreis und die Konferenz bekannter wurden und die Besucherzahl wuchs, schien es Verwirrung über den eigentlichen Namen der Kirche zu geben. Sätze wie „Ist das hier das Hills Christian Centre?" oder das „Hills Life Centre" und „Sind das die Musik-Menschen von den Hills?" waren nicht unüblich. Irgendwann aber fingen die Leute an zu fragen: „Gehst du zu dieser Hillsong Church?" Und irgendwann dachten wir, es wäre eine gute Idee, den Namen unserer Kirche zu ändern. Der Rest ist Geschichte.

Inzwischen hat der Name Hillsong nicht nur in Australien an Bedeutung und Wiedererkennung gewonnen, sondern auf der ganzen Welt! Wir ahnten ja nicht, dass eine kleine, vorstädtische Kirche – von den Einheimischen auch „Hills" genannt – so weit über die Grenzen ihrer Herkunft hinaus bekannt werden würde.

Natürlich sind wir stolz darauf, Teil dieser weltweiten Kirche zu sein, und wir sind Gott dankbar dafür, dass er uns durch den Namen Hillsong Einfluss gegeben hat.

Doch der wahre Einfluss, die wahre Kraftquelle jeden Dienstes unserer Kirche, hat nichts mit dem Namen über unserer Tür zu tun. Vielmehr ist Jesus unser Mittelpunkt und unser Retter. Jeglichen Einfluss, den wir haben, verdanken wir ihm – Gottes Sohn. Er ist es, den wir anbeten, dem wir nachfolgen, der uns führt und leitet. Sein Name und seine Macht stehen über jedem anderen Namen.

Es ging nie um eine Kirche, die sich Hillsong nennt – es ging immer um den Retter, der mit seinem Namen darüber steht: Jesus!

DER EID

Zu Zeiten der Bibel war es üblich, wenn man einen Eid abgeben wollte, einen Namen zu finden, der mehr Autorität und Macht besaß als der eigene. Hatte nun jemand in dem Namen dieser höheren Autorität geschworen, war der Eid nicht nur umso verbindlicher, sondern die höhere Autorität wurde auch zur Verantwortung gezogen, sollte der Eid nicht eingehalten werden. Sieh dir das einmalige Versprechen von Gott an Abraham an:

„Als Gott Abraham sein Versprechen gab, da bekräftigte er seine Zusage mit einem Eid. Und weil niemand über Gott steht und diesen Eid Gottes beglaubigen konnte, schwor Gott bei seinem eigenen Namen. Er versprach Abraham: ‚Du kannst dich fest darauf verlassen: Ich will dich mit Segen überschütten, und du sollst viele Nachkommen haben.‘ Abraham wartete geduldig; und schließlich ging in Erfüllung, was Gott ihm versprochen hatte. Menschen schwören einen Eid, um ihre Aussage zu bekräftigen und um mögliche Zweifel auszuräumen. Dabei berufen sie sich auf eine Autorität über ihnen. Auch Gott hat sein Versprechen mit einem Eid bekräftigt. So haben wir, denen seine Zusagen gelten, die unumstößliche Gewissheit, dass er sie auch einlöst. Und weil Gott niemals lügt, haben wir jetzt zwei Tatsachen, auf die wir uns verlassen können. Gottes Zusage und sein Eid ermutigen und stärken alle, die an der von Gott versprochenen Hoffnung festhalten. Diese Hoffnung ist für uns ein sicherer und fester Anker, der hineinreicht in den himmlischen Tempel, bis ins Allerheiligste hinter dem Vorhang"
(Hebräer 6,13–19).

Hier finden wir eine Erklärung, die sich beinahe wie die Rechtswirksamkeit eines gerichtlichen Dokuments anhört. In gewisser Hinsicht ist es genau das, denn dieser Text will das Verständnis der Autorität Gottes darstellen, die durch seinen Sohn manifestiert wird. Gott hat hier über Segen und Fruchtbarkeit gesprochen, und um dieses Versprechen zu besiegeln, hat er einen Eid (wir denken dabei oft an das uns bekannte Schwören) in seinem eigenen Namen abgelegt. Wegen unserer sündhaften Natur wusste Gott, dass es eine Lücke, eine dauerhafte Trennung, zwischen seiner Welt und unserer gab. Darum sandte er Jesus, um für uns zu einer Brücke zu werden, die in Gottes Königreich führt.

Doch warum hat Gott nun in seinem eigenen Namen einen Eid abgelegt? Weil es keinen anderen Namen gibt, der höher ist! Im gesamten Universum gibt es keine höhere Autorität! Mit anderen Worten: Sein Name gewährt und gibt uns Zugang zu den göttlichen Dingen, zu Übernatürlichem, wie auch zu Wundern. Sein Name katapultiert uns über unsere Hindernisse und Begrenzungen hinweg direkt in Gottes allmächtige Gegenwart.

Die Kraft seines Namens durchzieht die ganze Bibel. In Epheser 1,21 finden wir: „*Mit ihr [dieser Kraft] hat Gott ihn zum Herrscher eingesetzt über alle Mächte und Gewalten, über alle Kräfte und Herrschaften dieser und der zukünftigen Welt.*" Und in Philipper 2, 9–11 lesen wir: „*Darum hat ihn Gott erhöht und ihm den Namen gegeben, der über allen Namen steht. Vor Jesus werden einmal alle auf die Knie fallen: alle im Himmel, auf der Erde und im Totenreich. Und jeder ohne Ausnahme soll zur Ehre Gottes, des Vaters, bekennen: Jesus Christus ist der Herr!*"

Die Bibel versichert uns auch, dass sogar Dämonen die Kraft des Namens Jesu kennen. In seinem Namen muss sich jedes Knie beugen und jede Zunge die Wahrheit seiner Identität bekennen.

In der jüdischen Kultur bedeutet der Name Jesus „Jehovah ist die Rettung", was wir oft als „Retter" übersetzen. Dieser Name stammt von Gott selbst. Er sandte einen Engel, um Maria die frohe Botschaft zu verkünden, dass sie Mutter des Gottessohnes wird. Der Engel sprach zu ihr: *„Hab keine Angst, Maria … Gott hat dich zu etwas Besonderem auserwählt. Du wirst schwanger werden und einen Sohn zur Welt bringen. Jesus soll er heißen. Er wird mächtig sein, und man wird ihn Gottes Sohn nennen. Gott, der Herr, wird ihm die Königsherrschaft Davids übergeben, und er wird die Nachkommen Jakobs für immer regieren. Seine Herrschaft wird niemals enden"* (Lukas 1,30–33). So viel Bedeutung, Kraft, Geschichte, Autorität und Einfluss liegen in diesem einen Namen!

Die Autorität meines Namens Brian Charles Houston hat Grenzen, genauso wie deiner. Das heißt, wir werden immer an diese Begrenzungen stoßen, wenn wir nur gemäß unserer eigenen Autorität und unseres eigenen Einflusses leben.

Deshalb kommt die einzige und wahre Hoffnung, die wir haben, vom Namen Jesu. Sein Name ist die schmale Pforte und wir bekommen das Recht, in seinem Namen, der über allen anderen Namen steht, zu leben und zu handeln. Dies ist die beste Nachricht überhaupt, vor allem in Anbetracht der Probleme, für die wir keine Lösungen haben. Oftmals müssen wir im Leben Hürden überwinden und fühlen uns abseits des Weges treuer Nachfolge. Wir kommen dem, was die Zukunft für uns bereithält, zwar sehr nahe, aber haben dennoch keinen Zugang. Wir können den Weg, auf dem Gott uns leiten will, nicht finden und wissen nicht, was die nächsten Schritte auf dem Weg zu unserer Berufung sein sollen. Doch das sind genau die Momente, in denen die Kraft des heiligen Namens Jesu zu unserem Schlüssel wird.

Sein Name ist stark und zugleich sanftmütig, gewaltig und trotzdem einfühlsam. Sein Name ist vertrauenswürdig und aufrichtig, kraftvoll und barmherzig – die schier unbegrenzten Eigenschaften seines Namens aufzuzählen, könnte man bis in alle Ewigkeiten fortführen. Doch die beste Nachricht überhaupt ist, dass das Erbe seines Namens dir und mir als Geschwister Jesu zugeteilt wurde. Uns wurde ein Erbe voller Kraft, Bestimmung und Möglichkeiten hinterlassen, von dem wir das meiste noch nicht einmal entdeckt haben. Die Pforte mag schmal sein, doch Jesus bahnt immer einen Weg für all diejenigen, die unter dem Eid seiner Errettung stehen – die sich mit seinem unveränderlichen, unerschütterlichen Namen auf die Reise durchs Leben begeben.

Willst du wissen, wie du durch die schmale Pforte gelangst? Allein durch den Namen Jesu – und ihn im Gebet für dein Leben anzurufen. Es gibt keinen anderen Weg und keinen anderen Namen.

KAPITEL 12

DEN NAME JESU ANRUFEN

„Your name is higher, your name is greater,
all my hope is in you,
your word unfailing, your promise unshaken.
All my hope is in you."
„Dein Name ist höher, dein Name ist größer,
du bist meine Hoffnung.
Dein Wort ist beständig, dein Zuspruch ist ewig.
du bist meine Hoffnung."

„ANCHOR" (ANKER), HILLSONG MUSIC, 2013

JESUS!"
Hast du diesen Namen schon mal schreien müssen? Vielleicht hast du dich in einer Situation befunden, in der du verzweifelt oder voller Angst warst und an keinen anderen Namen denken konntest.

Mir ist das so passiert.

In den frühen Tagen unserer Kirche trafen wir uns in der kleinen Aula einer Schule in den nordwestlichen Vororten Sydneys.

Mein Sohn Ben war damals ungefähr zwei Jahre alt. Nach knapp zwei Jahren stetigen wöchentlichen Wachstums hatte sich die kleine Schulaula gefüllt und wir begannen, nach neuen, größeren Räumlichkeiten Ausschau zu halten. Für uns war die Suche eine Herausforderung, doch schließlich mieteten wir ein brandneues Fabrikgebäude in der gleichen Gegend. Die Wiesen und Pferde- weiden in dieser Gegend wurden damals Stück für Stück durch Firmen und Fabrikgebäude ersetzt. Dasjenige, das wir mieteten, war eins davon.

Damals wurde Gesundheit und Sicherheit am Arbeitsplatz noch nicht so streng überwacht und geregelt wie heute. Unsere Büro- räume befanden sich auf einer Zwischenebene über unserem Got- tesdienstraum, und das Geländer, das entlang der Treppe verlief, erfüllte mehr einen dekorativen als einen schützenden Zweck. Es bot wirklich keinen Schutz davor, darüberzufallen oder sogar zwi- schen den Streben hindurchzufallen.

Während ich eines Nachmittags in meinem Büro saß, hörte ich einen entsetzlichen dumpfen Aufschlag aus Richtung der Trep- penstufen vor meiner Tür. Der Aufschlag war so heftig, dass das Gebäude für einen Moment wackelte. Mein erster Gedanke war: „Oh, bitte Herr, lass das nicht Ben gewesen sein." Ben war wie ge- sagt damals zwischen zwei und drei Jahren alt und besuchte Bob- bie und mich oft bei der Arbeit in unseren Büros. Als ich nach draußen rannte, erblickte ich tatsächlich Ben, wie er regungslos unten auf dem kalten Betonboden lag.

Ich hechtete mehrere Treppenstufen auf einmal nehmend hi- nunter, stürzte zu meinem Sohn, meinem kleinen Jungen, und stellte fest, dass er nicht mehr atmete. Das pure Entsetzen erschüt- terte mich in einer zweiten Welle, Schrecken und Angst schossen mir durch alle Glieder. Der Moment schien wie eingefroren zu sein, so als könnte ich nichts schnell genug für meinen Sohn tun. Bens Haut war blass und wurde immer weißer. Gleichzeitig färbte sie sich blau-lila. Er blutete leicht hinten an seinem kleinen Kopf, wodurch ich vermutete, dass er dort gebrochen sein musste.

Bobbie war zum gleichen Zeitpunkt in der Kirche und kam angerannt, als sie den dumpfen Aufschlag gehört hatte. Wir fühlten uns beide so hilflos und direkt verantwortlich dafür, dass wir nicht besser auf ihn aufgepasst hatten. Wir lehnten uns über den kleinen reglosen Körper unseres Sohnes, dessen Haut immer bläulicher schien. Ben atmete immer noch nicht und die Momente schienen für uns wie eine Ewigkeit. Ich wusste nicht, ob ich ihn bewegen durfte. Gleichzeitig dachte ich, dass ich ihn doch nicht einfach auf dem kalten Betonboden liegen lassen konnte und hob ihn instinktiv auf. Ich hielt ihn nah an meine Brust und rief den einzigen Namen, der in diesem Moment über meine Lippen kam: „JESUS!"

Es war ein Gebet, ein Flehen, ein eindringlicher Schrei um Hilfe. Der Schrei eines Bettlers, der darum fleht, sein kostbarstes Geschenk behalten zu dürfen. Der Schrei eines Vaters, der ohne zu zögern, den Platz seines Sohnes einnehmen würde. Und da passierte unmittelbar ein Wunder. Unser Sohn blinzelte und begann wieder zu atmen. Ich weiß nicht, ob es der Schock war, den er von meinem lauten Schrei bekommen hatte, aber ich glaube, dass es wirklich die Kraft des Namens Jesu war.

Als Ben von Ärzten versorgt wurde, stellte sich heraus, dass Ben neben der Platzwunde einen Schädelbruch erlitten hatte. Noch heute zeichnet die Narbe des Unfalls seinen Kopf, neben ein paar anderen Narben vom Rugby und diversen Extremsportarten. Ich danke Gott, dass Ben von dem Unfall damals keine dauerhaften

Beeinträchtigungen davongetragen hat. Und ich habe keinen Zweifel daran, dass das einzige Wort, das ich in diesem Moment imstande war zu sagen – der Name Jesu –, ihm in diesem Moment das Leben gerettet hat.

WERTVOLLER ALS SILBER UND GOLD

Wie dir sicherlich viele Eltern berichten können, ist manchmal den Namen Jesu anzurufen das Einzige, womit du deinem Kind helfen kannst – egal, ob es noch jung oder bereits erwachsen ist. Um die Kraft, die in diesem wunderbaren Namen steckt, anrufen zu können, sind Kinder keine Voraussetzung. Du musst einfach nur glauben, vertrauen und der liebenden Stimme Gottes gehorchen, auf deiner Reise durchs Leben.

Wir finden in der Bibel unzählige Beispiele und Demonstrationen, welche Kraft im Namen Jesu Christi steckt. Eine meiner Lieblingsszenen findet in der Apostelgeschichte statt. Im dritten Kapitel treffen wir auf einige der Jünger Jesu, die auf dem Weg sind nach Jerusalem zum Gebet im Tempel.

„Eines Tages geschah Folgendes: Gegen drei Uhr, zur Zeit des Nachmittagsgebets, gingen Petrus und Johannes zum Tempel hinauf. Um dieselbe Zeit brachte man einen Mann, der von Geburt an gelähmt war, zu dem Tor des Tempels, das die »Schöne Pforte« genannt wurde. Wie jeden Tag ließ der Gelähmte sich dort hinsetzen, um von den Tempelbesuchern eine Gabe zu erbitten. Als er nun Petrus und Johannes sah, die eben durch das Tor gehen wollten, bat er sie, ihm etwas zu geben. Die beiden blickten ihn aufmerksam an, und Petrus sagte: ‚Sieh uns an!‘ Der Mann sah erwartungsvoll zu ihnen auf; er hoffte, etwas von ihnen zu bekommen. Da sagte Petrus zu ihm: ‚Silber habe ich nicht, und Gold habe ich nicht; doch was ich habe, das gebe ich dir:

Im Namen von Jesus Christus aus Nazareth – steh auf und geh umher!' Mit diesen Worten fasste er ihn bei der rechten Hand und half ihm, sich aufzurichten. Im selben Augenblick kam Kraft in die Füße des Gelähmten, und seine Gelenke wurden fest. Er sprang auf, und tatsächlich: Seine Beine trugen ihn; er konnte gehen! Der Mann folgte Petrus und Johannes in den inneren Tempelvorhof, und immerfort lief er hin und her, hüpfte vor Freude und pries Gott. Die ganze Menschenmenge, die sich dort aufhielt, wurde auf ihn aufmerksam. Als die Leute begriffen, dass der, der da hin- und hersprang und Gott lobte, niemand anders war als der Bettler, der sonst immer an der Schönen Pforte des Tempels gesessen hatte, waren sie außer sich vor Staunen über das, was mit ihm geschehen war.'

Apostelgeschichte 3,1–10; NGÜ

Das „Schöne Tor" war von den vielen Eingängen zum Tempel der wohl beeindruckendste. Stell dir dieses fast 25 Meter hohe Bronzetor vor, voll aufwendiger Verzierungen und besonderer Bilder, die in das dicke Metall eingearbeitet wurden. Dieses Tor war so schwer, dass es zwanzig starke Männer brauchte, um es zu öffnen. Josephus, ein Historiker aus dem 1. Jahrhundert nach Christus, sprach über dieses Tor und erklärte, es werde „Das Schöne" genannt, weil seine schillernde und aufwendige Pracht sogar Gold und Silber übertraf.

Anhand der biblischen Geschichte können wir erkennen, dass dieser Eingang für unseren Gelähmten weit mehr bedeutet als nur ein schönes Tor. Er war ein arbeitsunfähiger Bettler, der dorthin getragen wurde, damit er vor Ort, wo viele Menschen passierten, nach Geld betteln konnte. Vierzig Jahre lang wurde dieser gelähmte Mann jeden Tag seines Lebens zum Schönen Tor gebracht. Er konnte dort sitzen und betteln, doch er durfte nicht den

Hof des Tempels betreten, wie die Juden, denen ihr spezieller Status Zutritt verschaffte. Bei all seiner strahlenden Schönheit hätte dieses Tor für ihn genauso gut auch eine Steinbarrikade oder ein eiserner Vorhang sein können.

Der lahme Bettler sah, wie Petrus und Johannes durch das Schöne Tor in den Vorhof gehen wollten und er tat, was er jeden Tag tat: Er rief und bettelte um Geld. Die zwei Jünger sahen den Mann, baten um seine ungeteilte Aufmerksamkeit und dann sagte Petrus zu ihm: „Silber und Gold habe ich nicht." Und anschließend reichte er dem Bettler etwas Unbezahlbares. Den Namen Jesu Christi von Nazareth. Er befahl ihm, in diesem Namen aufzustehen und zu laufen.

Mach dir bewusst, dass Petrus nicht versuchte, gemäß dem zu leben, was er nicht hatte. Er wusste, dass sein eigener Name oder der Name von Johannes oder irgendeiner anderen Person in der Stadt nicht die Autorität und Fähigkeit besaßen, um zu heilen und diesen Mann von seinem lebenslangen Leiden gesund zu machen. Doch Petrus wusste, was er hatte: die Kraft des Namens Jesu.

Allzu oft können wir uns darauf konzentrieren, was uns fehlt und vergessen dabei, was wir eigentlich haben. Durch den Namen Jesu haben wir alles, was wir je brauchen werden. Obwohl er kein Geld hatte, war sich Petrus bewusst, wie wertvoll der Name seines Herrn ist. Er wusste, dass der Name seines Herrn, ebenso wie das Schöne Tor, mehr wert war als Silber und Gold.

Stell dir einmal vor, du bist dieser Gelähmte, der seit seiner Geburt verkrüppelt war. Er sah nicht nur, wie seine Beine und Füße sich streckten, sondern spürte auch, wie seine Knöchel und Beine plötzlich Kraft bekamen. Als Petrus ihm vom Boden aufhalf, sodass er auf seinen eigenen Beinen stehen konnte, erlebte der

Mann einen bisher nicht gekannten Gesundheitszustand – die Schmerzfreiheit seiner Beine.

Auf einmal konnte er seine neu erlangte Stärke testen und bewegte sich wie nie zuvor – er lief, sprang und hüpfte. Er konnte plötzlich Orte erreichen, an die er zuvor noch nie ohne Hilfe gelangt war. Er hatte all diese Zeit, vierzehntausend Tage lang, damit zugebracht, zum Schönen Tor getragen zu werden und in jenem Augenblick war er zum ersten Mal in der Lage, durch dieses Tor und endlich in den Tempel zu gehen. Angesichts der Kraft, die durch seinen Körper strömte, hatte dieser frisch geheilte Mann keine andere Option, als Gott zu loben. Endlich konnte er durch das Schöne Tor hindurchgehen und konnte so buchstäblich wie auch im übertragenen Sinne eintreten in einen Ort des Gebets, des Lobpreises und der Anbetung in der Gegenwart Gottes.

Petrus hatte zu dem Mann gesagt, er solle aufstehen und laufen, er half dem Mann sogar auf die Beine. Ich liebe dieses Detail, denn es erinnert uns daran, dass Petrus tat, was in seiner Kraft stand, um dem Hilfebedürftigen zu helfen. Doch Petrus wusste, dass die wahre Kraft, um diesen Mann zu heilen, allein von Jesus kommen konnte. Und letztlich ist Petrus in dieser Situation ein wunderbares und klares Bild dafür, welche Rolle die Kirche hat.

Als Kirche ist es unsere Aufgabe, indem wir unsere Stärken und Fähigkeiten ausüben, Menschen aufzuhelfen, sodass die Kraft Gottes durch den Namen Jesu sie heilen, wiederherstellen und sie befähigen kann, Gottes Liebe kennenzulernen.

Als junger Pastor realisierte ich vor vielen Jahren, dass wenn ich meine Predigten und Lehren immer darauf ausrichten würde, das Leben meiner Zuhörer zu stärken und sie zu ermutigen – statt meinen Fokus darauf zu legen, Menschen zu ermahnen, *meine* Vision zu erfüllen und *unsere* Kirche zu stärken –, dann würde

Jesus *seine* Kirche bauen. Es war schon immer mein Ziel, nicht nur das geistliche Leben von Menschen zu stärken, sondern ihr alltägliches Leben – für ihren Montag zu predigen und nicht nur für ihren Sonntag. Das beinhaltet, das Leben derer zu stärken, die zerbrochen sind und Hilfe brauchen, und sich zu denen auszustrecken, die an geistlicher oder materieller Armut leiden.

Über Jahre hinweg hat sich unsere Kirche bemüht, Nöten innerhalb unserer Kirche ebenso wie außerhalb zu begegnen – in unserer Stadt und darüber hinaus. Die Not ist groß, doch es war die uneingeschränkte Großzügigkeit von gläubigen Menschen, die es ermöglichten, dass das Werk des Reiches Gottes und der Name Jesu, an Orte gelangte, die wir niemals im Blick hatten oder uns hätten vorstellen können.

Weil Menschen sich aufgemacht haben, lernen Kinder in Bombay heute lesen und schreiben. Sie erhalten Mahlzeiten, Kleidung und Bildung – und sie geben der nächsten Generation ihrer Gesellschaft Hoffnung für die Zukunft. Ganze Ortschaften in Afrika wurden durch die Großzügigkeit der Hillsong Church beeinflusst, und wir sahen, wie Schulen, Häuser, Ernährungsprogramme und Arbeitsplätze sich aus dem Staub und der Armut erheben konnten und Freude in Familien gebracht haben. Durch unsere Partnerschaften mit Organisationen, die präventiv und strafverfolgend arbeiten, um Verbrechen gegen die Menschheit zu beenden, wurden Männer und Frauen vor dem Geschäft der Sexindustrie und des Menschenhandels bewahrt oder daraus gerettet.

Die Kirche Jesu Christi muss sich weltweit dem Ziel verpflichten, Menschenleben zu verändern, Familien zu stärken, Städte zu verwandeln und zukünftige Generationen so zu positionieren, dass sie einen Unterschied machen. Durch diese Arbeit haben wir die Möglichkeit Menschenleben nicht nur zu stärken, sondern sie in Kontakt mit der rettenden Realität von Jesus Christus zu bringen.

Was wir zu bieten haben – den wunderbaren, wunderschönen Namen von Jesus Christus – ist so viel wertvoller und herrlicher als Silber und Gold.

DEN NAMEN FALLEN LASSEN

Doch die Geschichte des Gelähmten endet hier noch nicht, noch lange nicht. Hüpfend und vor Freude jubelnd ging dieser Mann mit Petrus und Johannes in den Vorhof des Tempels, in einen Bereich, der als Säulenhalle Salomos bekannt war (Apostelgeschichte 3,10–11). Alle wunderten sich, dass der lahme Bettler plötzlich auf seinen Beinen unterwegs war und sogar lief. Und Petrus wusste, dass er sich nicht den Ruhm dafür zuschreiben konnte – er hätte es auch nicht gewagt, es zu versuchen.

Doch Jesus den Ruhm zu geben, der zu diesem Zeitpunkt bereits gefangen genommen, gekreuzigt und auferstanden war, ging den religiösen jüdischen Führern gegen den Strich. Es war von Anfang an ihr Wunsch gewesen, Jesus umzubringen. Also war es keine Überraschung, dass die Wächter am Tempeltor, der sogenannte Hohe Rat, Petrus unmittelbar verhafteten und ihn ausfragten. Sie wollten wissen, was alle vor Ort wissen wollten: „Wie hast du diesen Kerl wieder zum Laufen gebracht? In welchem Namen? In wessen Autorität? Was passiert hier eigentlich?"

Petrus machte unmissverständlich klar, dass der einzige Name, durch den ein solches Wunder möglich ist, der Name Jesu ist. Er sagte: „… *dann sollt ihr alle und das ganze israelitische Volk wissen …*" (Apostelgeschichte 4,10; NGÜ). Er proklamierte die Kraft des Namens Jesu und wollte, dass alle seine unbegrenzte Autorität erkennen. Wie ich bereits angemerkt hatte, war Jesus zu dieser

Zeit keine sehr beliebte Person. Seinen Namen fallen zu lassen, davon hätte Petrus Abstand nehmen müssen, wenn er vorgehabt hätte, sich aus dieser misslichen Lage befreien zu wollen.

Unserer menschlichen Natur gefällt es, Namen fallen zu lassen, also bekannte Persönlichkeiten aufzuzählen, die wir bereits einmal getroffen oder am Flughafen gesehen, von denen wir in unserem Lieblingsrestaurant einen flüchtigen Blick erhascht oder neben denen wir bei einer Wohltätigkeitsveranstaltung zu Tisch gesessen haben. Vielleicht machen wir es, um schillernder und wichtiger zu erscheinen oder um den Anschein eines aufregenden Lebens zu erwecken.

Doch letztlich, so wie Petrus es offenbart, hat allein der Name Jesu die Kraft, Leben zu heilen und Herzen zu verändern. Petrus und Johannes hätten den Gelähmten genauso wenig allein heilen können wie wir. Sie wussten allerdings, was es bedeutet, durch das schmale Tor einer schier unmöglichen Situation hindurchzugehen. Sie wussten, was es bedeutete Gott bei Unmöglichem zu vertrauen.

Durch den Namen Jesu haben wir denselben Zugang zu Gottes Kraft, den Petrus und Johannes hatten. Leider aber beschränken wir uns selbst zu oft mit unserem eigenen Namen, anstatt die Freiheit zu haben, die wir durch den Namen besitzen, der über allen Namen steht. Wir geben uns mit weniger zufrieden und nehmen an, wir hätten unsere Grenzen erreicht und unsere besten Tage bereits erlebt. Und wenn wir nur gemäß dem Namen leben, den wir erhalten haben oder dem, den wir uns selbst aussuchen, dann stehen wir vor unüberwindbaren Grenzen. Selbst wenn wir eine berühmte Persönlichkeit sind, eine bekannte Person des öffentlichen Lebens oder zu einer Königsfamilie gehören, besitzen wir immer noch die Begrenztheit unseres Menschseins.

Nur ein Name befreit aus den Begrenzungen, in die wir hineingeboren sind. Es ist der Name, durch den wir dort hingehen können, wo wir niemals waren; das tun können, was wir niemals getan haben oder uns jemals zugetraut hätten. Es ist ein Name, der gleichermaßen persönlich wie machtvoll ist, vertraut wie auch weltweit bekannt, der als der einzige Weg zu Gott vollkommen exklusiv und in seiner Einladung an alle Menschen – an Juden wie Heiden, an Männer wie Frauen und an Sklaven wie Herren – doch vollkommen offen und einladend ist.

Der Name Jesu kann eine Kraft in deinem Leben freisetzen wie nichts anderes, was du jemals erlebt hast. Er kann Türen öffnen, Wunden schließen und einen Weg über das Wasser einer stürmischen See bahnen. Sein Name ermöglicht es uns, die Grenzen unserer eigenen Namen und Fähigkeiten zu überwinden.

Die Hoffnung, die wir im Namen Jesus haben, ist ein Anker für unsere Seelen. Eine sichere und beständige Brücke, die Himmel und Erde vereint. Unsere Beziehung mit Jesus entführt uns geradewegs aus der natürlichen Welt und positioniert uns in die ewige Gegenwart Gottes. Wenn wir aufrichtig glauben, dass sein Name höher ist, dass sein Wort größer ist und dass seine Kraft alle Dinge möglich macht, dann wird uns unser Anker halten, egal wie sehr die Stürme des Lebens um uns herum toben.

EIN ANKER FÜR UNSERE SEELE
„There is hope in the promise of the cross.
You gave everything to save the world you love.
And this hope is an anchor for my soul.
Our God will stand unshakeable."
„Durch dein Kreuz gibst du Hoffnung, die mich trägt.
Du gabst alles für die Rettung dieser Welt.

Und die Hoffnung ist ein Anker tief in mir.

Mein Gott steht fest.

Für alle Zeit.

„Anchor" (Anker), Hillsong Music, 2013

Diese Zeilen stammen aus der Feder zweier junger Songwriter aus Sydney, Ben Fielding und Dean Ussher. Inspiriert durch Hebräer 6,19 fingen sie an, an diesem Lied zu arbeiten. In dem Vers steht: *„Diese Hoffnung ist für uns ein sicherer und fester Anker."* Als die beiden mit Text und Melodie stecken blieben, wandten sie sich, wie viele Songwriter es tun würden, erst mal von der Idee ab und begannen, an anderen Liedern zu arbeiten.

Dean und Rachel, die mittlerweile Worship-Pastoren an unserem Campus in Melbourne sind, erlebten nur wenige Wochen nach diesem Zeitpunkt eine tragische Fehlgeburt. Dadurch wurde dieses Lied auf einmal sehr persönlich. Ben und Dean wussten beide, dass sie zu Ende bringen mussten, was sie begonnen hatten. Trotz der Umstände war dieser Vers zu einer starken Gewissheit inmitten des Verlustes und der Schmerzen geworden. Beide entschieden sich, den Text auf Hebräer 6 basierend zu verfassen. Und es war göttliche Fügung, dass ich in jener Woche dafür eingeplant war, über Gottes Versprechen zu predigen – dem Versprechen gegenüber Abraham und dem gegenüber uns.

Unsere Hoffnung und die unerschütterliche Natur der Versprechen beschreibt Hebräer 6 als untrennbar verbunden und als unerschütterlich, was Gottes Verheißungen und seinen Eid (sein Name) angeht. Die Hoffnung, welche die Seele verankert, ist die Hoffnung auf die Tatsache, dass Gott nicht nur seine Versprechen erfüllen will, sondern dass er dazu auch absolut in der Lage ist. Er hat sein Wort durch den Tod und die Auferstehung Jesu gehalten. Er hat uns seinen Namen gegeben als ein Siegel für sein

Versprechen. Sein Name ist größer und höher als jegliche Situation, so schlimm sie auch sein mag. Wenn alles bebt, bleiben sein Wort und die Kraft seines Namens unerschütterlich.

Durch den Namen Jesu kannst du einen neuen Anfang setzen und einen neuen Tag beginnen und du darfst eine neue Hoffnung und Gewissheit für eine wunderbare Zukunft haben. Gott liebt dich und er ist auf deiner Seite. Er hat seinen einzigen Sohn gesandt, um dich von deinen Sünden zu retten.

Ja, das Tor ist schmal, aber es ist auch schön. Durch die Kraft des Namens Jesu hast du schon den Fuß in der Tür. Auch wenn du fällst und nach Atem ringst, liegt in seinem Namen die Macht des Lebens. Dieser Name hebt dich immer wieder empor. Er ist der Anker für deine Seele. Und in diesem Namen liegen die Antworten auf Krankheit und Tod, die Schlüssel zu Segen und Hoffnung für die Zukunft. Was auch immer dein nächster Schritt sein mag, auf welche Umstände du auch treffen wirst, möge der Name, den du anrufst, der Eine sein, der immer antwortet: Jesus.

KAPITEL 13

VON DER ERKENNTNIS, DASS SCHMAL NIEMALS ENG IST

„You hold the universe,
you hold everyone on earth.“
„Du hältst das Himmelszelt,
du hältst jeden auf der Welt.“
„ALL I NEED IS YOU“ (ALLES, WAS ICH BRAUCH),
HILLSONG MUSIC, 2005

W arum sollte jemand einen Film über uns sehen wollen?“ Das war meine Antwort, als einige Hollywood-Produzenten mit dem Vorschlag an Bobbie und mich herantraten, einen Film über Hillsong zu drehen. Wir waren gerade in Los Angeles, als uns eine Nachricht von unserer Medienabteilung in Sydney erreichte. Zwei Männer aus der Filmindustrie hatten unsere Kirche kontaktiert und um ein Treffen mit uns gebeten. Sie hatten einen guten Ruf und boten uns an, den ganzen Weg von Hollywood nach Orange County zu kommen, um uns zu treffen. Bobbie und ich waren gelinde gesagt neugierig.

Als wir dann mit ihnen beim Mittagessen saßen, hörten wir eine höchst faszinierende Geschichte. Ich hatte Jon, den ersten Produzenten, bereits im Jahr zuvor kurz getroffen, als er in Australien auf Werbetour für einen Film von Paramount Pictures war. Damals besuchte er die Hillsong Konferenz und erzählte uns, wie tief ihn die Menschen und der Geist unserer Kirche beeindruckten. Er war selbst gläubig und hatte kürzlich seinen Co-Produzenten Matt (unseren anderen Gast) zum Hillsong-UNITED-Konzert in der berühmten Hollywood Bowl mitgenommen. Es mag einer der wenigen Abende gewesen sein, an denen diese legendäre Freilichtbühne mit Anbetung gefüllt war. Jon war sich unsicher, ob seinem Freund die offenkundig christliche Botschaft gefallen würde, aber er wollte ihm die Musik unbedingt nahebringen, die für ihn und seinen Glauben so bedeutsam war.

Sie gingen also zum Konzert und nahmen ihre Plätze im oberen Teil der Halle ein, vor sich ein Publikum von 18 000 Menschen. Nach ein paar Liedern schaute Jon neben sich und stellte zu seiner Enttäuschung fest, dass Matt verschwunden war. Er nahm an, dass seinem Freund die dynamische Musik mit der unbestreitbar christlichen Botschaft nicht gefiel und er schon gegangen war. „Na gut", dachte er, „das war wohl nicht sein Ding – ich hoffe, er nimmt es mir nicht übel."

Zwei Stunden später gegen Ende des Konzerts stand Matt allerdings wieder vor ihm. „Wo warst du?" fragte Jon. „Ich dachte, du wärst gegangen."

„Nein, ich war da unten, ganz vorn!", antwortete Matt. „Ich kann das nicht erklären … da war etwas so Kraftvolles … Ich habe noch nie etwas Vergleichbares erlebt."

Wie sich herausstellte, hatte Matt sich bis nach vorn zur Bühne durchgemogelt und stand dort wie gebannt während der beinahe drei Stunden Lobpreis. Als Produzent von Live-Inszenierungen wie „We will rock you" sah er in diesem Moment ein riesiges Potenzial und erzählte uns später von seinem Wunsch, andere Menschen dasselbe erleben zu lassen, was er an diesem Abend erlebt hatte.

Als wir diese Geschichte hörten, sahen Bobbie und ich uns an und unterdrückten ein Grinsen. Die beiden hatten unsere Aufmerksamkeit und sie fuhren fort, ihre Vision für einen Film zu beschreiben, der einige der beliebtesten Lieder unserer dreißigjährigen Geschichte in den Mittelpunkt stellen würde, mit Blick hinter die Kulissen – auf die Lieder, ihre Verfasser und Geschichten, alles aus Sicht von Hillsong UNITED. Sie hatten sich offensichtlich viele Gedanken vor dem Gespräch mit uns gemacht und schienen wirklich begeistert zu sein.

Bobbie und ich erzählten unserem Hillsong-Team von der Vision der beiden Filmemacher, und nachdem wir es gründlich besprochen hatten, begannen wir mit den Vorbereitungen zum Film „Hillsong: Let Hope Rise". Es war irgendwie surreal, sich während der nächsten Monate in den Büros von Hollywood-Filmverleihen und Finanziers wiederzufinden und mit potenziellen Regisseuren zu sprechen, von denen jeder einen beeindruckenden Lebenslauf mit einigen sehr erfolgreichen Filmen vorzuweisen hatte. Doch durch Gottes Gnade fügte sich alles wunderbar zusammen.

Der Film erzählt von unserer Reise: aus einer Schulaula in den Vororten Sydneys hin zu einer Kirche, die mit wachsenden Standorten in vielen Großstädten auf der ganzen Welt gesegnet ist. Im Film können die Zuschauer die Wirkung des Lobpreises und der Anbetung spüren, die Gott durch Hillsong Church hervorgebracht hat. Wir wussten im Vorfeld, dass das ganze Projekt harte Arbeit bedeuten würde, vor allem für das UNITED-Team

und ihre Familien – ganz abgesehen von der manchmal unange-
nehmen Situation, ständig von einer Kamera begleitet zu sein.
Aber trotz alledem konnten wir uns die Gelegenheit nicht ent-
gehen lassen, andere Menschen auf den Einen hinzuweisen, für
den wir leben und dem wir die Ehre geben wollen: Jesus.

INS KINO GEHEN

Manchmal kann ich nur ungläubig den Kopf schütteln, wenn ich
über die Zeit, in der wir leben, nachdenke und darüber, wie die
Welt sich verändert hat. Vor Jahren haben, wenn ich das mal so
verallgemeinernd sagen darf, viele Christen ihre Zeit und Energie
darauf verwendet, sich um äußerliche Praktiken und religiöse Be-
lange zu sorgen, die nicht sehr viel damit zu tun hatten, Gott und
die Menschen zu lieben! Die verurteilende Haltung einer kleinen
Minderheit, die anderen ihre vielleicht gut gemeinten aber wenig sachkundigen Ansichten aufdrängten, wie z. B. „Schwimmen
ist sonntags verboten" oder „Rock'n'Roll-Musik ist vom Teufel",
stieß viele Menschen ab und hinderte sie daran, jemals eine Kirche zu betreten oder Jesu Namen anzurufen. Ich wuchs in einer
Zeit auf, in der uns unsere Pastoren, Ältesten und sogar unsere
Eltern sagten, dass man nicht ins Kino gehen solle, denn „Jesus
könnte ja wiederkommen und dann wärest du im Kino". Natürlich ging Jesus nicht ins Kino! Diese Beispiele eines engen oder gar
einengenden Denkens sind nicht hilfreich für die Gute Nachricht.
Sogar heute noch führen solche Sichtweisen weiterhin dazu, dass
manche Christen einen schlechten Ruf haben.

Wenn wir so ein engstirniges Leben führen und das glauben,
was ein großer Teil der Welt immer noch über das Christentum
denkt – dass es still und friedlich gehalten werden sollte, in bau-
fälligen Gebäuden mit engstirnigen, selbstgerechten Menschen,

die mit dem Finger auf andere zeigen –, dann werden wir niemals all die Gelegenheiten wahrnehmen, die Gott uns schenken kann. Gelegenheiten wie die, dass eine Ortsgemeinde mit Hollywood zusammenarbeitet, um die Gute Nachricht auf kulturell relevante Art und Weise zu verbreiten.

Filme, Multimedia, Lightshows und laute Musik sind nicht jedermanns Sache. Ich glaube, dass Relevanz nichts damit zu tun hat, welche Kleidung du trägst, welche Art von Musik in deiner Kirche gesungen wird oder welches Auto du fährst. Wahre Relevanz bemisst sich am Unterschied zwischen dem, was du sagst und dem, was du tust. Entsprechen deine Taten und dein Lebensstil nicht dem, was du sagst, predigst und glaubst, wird deine Botschaft irrelevant. Ich jedenfalls bin überzeugt, wenn unser Leben offen und im oben genannten Sinne relevant bleibt, werden wir mit unseren geistlichen Augen neue Möglichkeiten sehen und die Gunst Gottes anziehen.

Wir dürfen keine enge Sicht darüber entwickeln, was es heißt, Jesus zu dienen. Über viele Jahre habe ich gelernt, dass die Gunst Gottes manchmal unerklärlich ist und außerhalb des „sicheren" und „komfortablen" Christseins liegt, das manche Menschen zu bevorzugen scheinen. Ich bezweifle, dass wir uns der Welt anpassen müssen, um für kirchenferne Menschen attraktiv zu sein. Es ist wichtig zu verstehen, dass die Botschaft (das Evangelium) heilig ist, aber ich glaube, dass sich die Methoden ändern müssen.

OFFEN UND WEITHERZIG

Ich habe oft gesagt, dass ich lieber Musiker sein will als Musikkritiker, lieber Filmemacher als Filmkritiker, lieber Koch als Restaurantkritiker und lieber Kirchengründer als Kirchenkritiker. Ich will lieber jemand sein, der sich der Welt des Films und

Fernsehens bedient, der Geld für ein gutes Soundsystem ausgibt, sodass die Jugendtreffen am Freitagabend mit jeder guten Party draußen mithalten können. Ich will jemand sein, der die Türen unserer Kirche für Veranstaltungen unter der Woche weit offen stehen lässt – auch wenn das zusätzlichen Aufwand bedeutet –, sodass Menschen, die nicht mal im Traum zu einem Gottesdienst am Sonntag kommen würden, sich willkommen, geliebt und umsorgt fühlen.

Ich liebe es, wie Paulus zu den Korinthern über das Leben mit Jesus spricht: *"… unser Herz ist weit geworden. In uns ist es nicht zu eng für euch; eng ist es in eurem Herzen. Lasst doch als Antwort darauf – ich rede wie zu meinen Kindern – auch euer Herz weit aufgehen!"* (2. Korinther 6,11–13; EU).

Weit offen und weitherzig – oder mit anderen Worten ausgedrückt: herzlich, mitfühlend und mit offenen Armen, freundlich und allumfassend. Seit die sozialen Medien sich so ausgebreitet haben, wundere ich mich fortwährend über die vielen wütenden Menschen, die sich Christen nennen, aber nichts Positives, Hoffnungsvolles, Bejahendes, Freundliches oder Mitfühlendes über irgendjemanden oder irgendetwas zu sagen haben. Es gibt einige besonders rigorose und voreingenommene Kritiker, die es anscheinend darauf abgesehen haben, über Instagram, Twitter und Facebook auf anderen herumzuhacken und Kommentare in Foren zu hinterlassen, in denen sie jede Form von Glauben kritisieren. Sie sind jederzeit bereit, Menschen mit einer anderen Sichtweise öffentlich zu verspotten.

Mein Freund Phil Cooke nennt solche Menschen "Sessel-Theologen" – jene, die sich hinter ihren Computerbildschirmen verstecken und nach "Streitfragen" suchen, mit denen sie ihre Mitgläubigen konfrontieren können – alles unter dem Deckmantel biblischer Rechtgläubigkeit. Sie sehen sich selbst als eine Art theologischer Kompass und sind stets bereit, auf alles hinzuweisen, was nicht statthaft scheint, nicht dem „richtigen Weg" entspricht oder einfach nicht damit übereinstimmt, wie sie selbst die Bibel verstehen. Das hat mit einer offenen, weitherzigen Lebensweise nichts zu tun und was noch wichtiger ist, es hat keine Ähnlichkeit mit dem Weg der Gnade, den Jesus auf dieser Erde gegangen ist. Ironischerweise hat Jesus seine schärfsten Worte an die Religiösen seiner Zeit gerichtet.

Als Leiter sehe ich die Notwendigkeit, vor Kollegen, meinem Umfeld und Freunden, die persönlich und geistlich glaubwürdig sind, Rechenschaft abzulegen. Ich hole mir konstruktives Feedback von Menschen, die sich Zeit nehmen, mich liebevoll auf Dinge hinzuweisen. Dieser Austausch kann uns zu besseren Leitern machen, sofern wir einen belehrbaren Geist bewahren. Vielleicht ist es klug, den anonymen und kleinlichen Angriffen nicht allzu viel Aufmerksamkeit zu schenken. Sie kommen in der Regel von Menschen, die sich niemals Korrektur unterstellt haben oder sich vor jemand anderem verantworten müssen.

Letztlich haben wir Gottes Führung zu folgen und nicht den Launen der öffentlichen Meinung.

JEDER, DER RUFT

Die mürrische, engstirnige und kleinliche Form des Christseins einer kleinen Minderheit ist wahrhaftig nicht neu. Tatsächlich entspricht es genau dem Schlag Mensch, dem die Jünger oft auf ihren Reisen begegneten – kritisch gegenüber Jesus eingestellte Menschen, die jede Gelegenheit nutzten, um zu beweisen, dass er nicht Gottes Sohn war. Es sind die gleichen selbstgerechten religiösen Führer, denen Petrus und Johannes über den Weg liefen, nachdem sie den lahmen Bettler am „Schönen Tor" des Jerusalemer Tempels geheilt hatten. Sie waren mit dem frisch geheilten Mann, der vor Freude Luftsprünge machte, kaum in Salomos Vorhof eingetreten, als die Menschen bereits Erklärungen forderten.

Als leidenschaftlicher und angehender Prediger, der zudem erfüllt war vom Heiligen Geist, wusste Petrus, dass er jedermanns volle Aufmerksamkeit hatte und er ergriff die Gelegenheit, das Evangelium zu verkünden:

„Ihr Männer aus Israel! Warum wundert ihr euch? Und weshalb staunt ihr uns an? Glaubt ihr denn, wir hätten diesen Gelähmten aus eigener Kraft geheilt oder weil wir so fromm sind? Nein, es ist der Gott Abrahams, Isaaks und Jakobs, der Gott unserer Vorfahren, der uns mit dieser Wundertat die Macht und Ehre seines Gesandten Jesus gezeigt hat. Diesen Jesus habt ihr verraten und verleugnet, obwohl Pilatus entschlossen war, ihn freizulassen. Für den, der ganz zu Gott gehörte und ohne jede Schuld war, habt ihr das Todesurteil verlangt, aber den Mörder habt ihr begnadigt. Ihr habt den getötet, von dem alles Leben kommt. Aber Gott hat ihn von den Toten auferweckt. Das können wir bezeugen. Das Vertrauen auf Jesus hat diesen Mann hier geheilt. Ihr alle kennt ihn und wisst, dass er gelähmt war. Doch nun ist er gesund geworden, weil er an Jesus geglaubt hat."

Apostelgeschichte 3,12–16

Petrus macht noch einmal unmissverständlich klar, dass er den Lahmen nicht aus eigener Kraft geheilt hat, sondern die Kraft des Namen Jesu hat es getan. Und um sicherzugehen, dass die Botschaft auch bei seinen Zuhörern ankommt, stellt Petrus den direkten Zusammenhang zwischen dem „Gott Abrahams, Isaaks und Jakobs, dem Gott unserer Vorfahren" und seinem „Gesandten Jesus" her. Jeder im Tempel war dort, um Jehovah, den großen

„Ich Bin", anzubeten und dem die Ehre zu geben, den sie als einzig wahren Gott kennengelernt hatten. Dem Gott ihrer Vorfahren, der die Israeliten aus Ägypten befreit und sie ins Gelobte Land geführt hatte. Aber die meisten von ihnen hatten Jesus als Messias, den lange versprochenen Retter, abgelehnt und waren an seiner Verhaftung und seinem Tod mitschuldig geworden.

Was ich daran so erstaunlich finde, ist der Mut, den Petrus zeigt. Er nimmt kein Blatt vor den Mund! Er bestätigt einfach, dass der Weg zu Gott tatsächlich durch das schmale Tor führt; Gott ist immer noch heilig und perfekt und Menschen sind immer noch Sünder, aber er verkündet ihnen dieselbe gute Nachricht, die wir heute Menschen auf der ganzen Welt verkünden müssen: Jesus ist das schmale Tor und *„jeder, der den Namen des Herrn anruft, der wird von ihm gerettet"* (Römer 10,13).

„… jeder, der den Namen (…) anruft …" – Ich liebe diesen Satz. Wer bin ich, der Erlösung durch Christus im Weg zu stehen, indem ich andere einenge? Vierzig Jahre lang wurde der Mann vor die Tore des Tempels gebracht, nun konnte er zum ersten Mal durch die Tore schreiten – gehen, wohin er nie zuvor gegangen war und tun, was er nie zuvor getan hatte – gehen, springen und Gott preisen. Genauso sieht ein Leben mit Jesus aus. Du gehst an Orte, an denen du vorher niemals warst und tust Dinge, von denen jeder behauptet hat, sie seien unmöglich.

DER FRIEDHOF FÜR KIRCHEN

Vor ein paar Jahren sprach Gott zu mir über den richtigen Zeitpunkt, die erste Hillsong Church in den Vereinigten Staaten zu gründen. Großstädte mit vielen Menschen faszinierten mich schon immer. Durch Gottes Gnade gedeiht Hillsong Church in all den Weltstädten, in denen wir uns niedergelassen haben.

Lang bevor wir dort anfingen, wusste ich bereits, dass New York eine solche Stadt sein würde. Dann erfuhr ich, dass Carl Lentz und mein Sohn Joel auf der Bibelschule in Australien als einundzwanzigjährige Studenten davon geträumt hatten, eines Tages gemeinsam eine Kirche in NYC zu gründen – einer Stadt, die bislang als „Friedhof" für Kirchen bezeichnet wurde. Denn ungeachtet der vielen großartigen Kirchen und der Pastoren, die Gott bereits in dieser unglaublichen „Stadt, die niemals schläft" dienen – wo ständig neue Nachtclubs und Restaurants eröffnen –, gibt es auch viele Kirchen, die „pleitegehen". Viele Menschen warnten uns vor den Risiken einer Kirchengründung in dieser großen, unchristlichen und kurzlebigen Stadt. Und doch wussten wir, dass Gott uns immer Türen geöffnet hatte, wenn wir in Einklang mit seinem Geist handelten, uns seiner Führung anvertrauten und zur richtigen Zeit mit den richtigen Menschen am richtigen Ort waren.

Heute, fünf Jahre später, wächst und gedeiht Hillsong New York City. Die mehr als sieben Gottesdienste am Wochenende sind stets gefüllt und die Menschen stehen an den Straßenecken Schlange, um die Wahrheit des Evangeliums zu hören. Eines der Dinge, die ich an Hillsong New York City am meisten liebe, sind die unterschiedlichen Menschen jeden Sonntag – namenlose und namhafte. Das Wort Gottes und der leidenschaftliche Lobpreis berühren das Leben von Menschen und verändern sie von Grund auf. Wir dienen Seite an Seite mit anderen großartigen Kirchen in New York und gemeinsam sehen wir, wie diese Betonwüste, dieser „Friedhof der Kirchen", durch die Kraft von Jesu Namen zum Leben erweckt wird.

Paulus sagte den Korinthern, dass die „Enge" aus ihren Herzen komme, nicht von Gott. Die „Enge", die wir in einer solch großen

Stadt fühlten, hätte uns davon abhalten können, Gottes Plan zu verwirklichen, wenn wir zugelassen hätten, dass dieses Gefühl unser Denken beherrscht.

Tatsächlich fühlt sich der Weg zu Gott durch die schmale Pforte nur dann eng und beklemmend an, wenn wir versuchen, ihn allein zu gehen. Wenn unser menschlicher Geist das wunderbare Werk Christi nicht fassen kann, kritisieren wir das, was wir nicht verstehen und schrecken vor dem Unbekannten zurück, anstatt uns von seiner Gnade und rettenden Kraft in Ehrfurcht versetzen zu lassen. Regeln, Grenzen, Richtlinien und Disziplin werden nur dann zur Last, wenn wir gezwungen sind, sie aus eigener Kraft zu verstehen und gehorsam zu sein. Das ist uns einfach nicht möglich.

Aber durch Jesus empfangen wir Freiheit und Leben, Bestimmung und Kraft, Freude und Frieden. Die schmale Pforte wird dich niemals kleinhalten – denn wenn du Gott an erste Stelle setzt, wirst du nie zu kurz kommen.

Wenn erstaunliche Dinge in unserem Leben geschehen, versuchen manche Menschen sie wegzuerklären oder einen „rationalen" Grund dafür zu finden. Wenn sie sich keinen Reim auf uns machen können, weil sie die schmale Pforte auf die Größe eines Schlüssellochs reduziert haben, um sie ihren eigenen Vorurteilen und Begrenzungen anzupassen, dann müssen wir freundlich, liebevoll und respektvoll darauf antworten. Wir müssen verstehen, dass in unserem Alltag durch unsere Kirchen, durch die Situationen, in die Gott uns stellt, Menschen für gewöhnlich durch ein Zeugnis irritiert sind, das für sie keinen Sinn ergibt. Wenn wir Teil von etwas sind, das über unsere eigene Kraft hinausgeht, können andere sich nur am Kopf kratzen.

Aber wenn du Jesus nur bewusst und aktiv widerspiegelst, wenn du das weit offene, uneingeschränkte Leben enthüllst, das er gibt, während wir durch die schmale Pforte gehen, werden einige Menschen durch dich zu Gott geführt. Sie werden spüren, dass da etwas Besonderes ist, das über das hinausgeht, wer du bist oder was du tust, etwas Übernatürliches, ein flüchtiger Blick auf Christus. Sie sind hungrig nach Gott. Wenn wir also die Möglichkeit haben, in Jesu Namen zu heilen, zu predigen oder zu lehren, dürfen wir uns nicht davon abhalten lassen.

Andere werden versuchen, dich zum Schweigen zu bringen – entweder weil sie behaupten Gott zu kennen, ihn aber nicht wahrhaft widerspiegeln, oder weil sie ihn nicht kennen und die Dinge Gottes einfach nicht verstehen können. Aber durch die Kraft, die wir in Jesus Christus haben, werden wir uns immer veranlasst sehen, die Wahrheit darüber zu sagen, wer er ist und was er für uns getan hat. Wo Gottes Geist Türen öffnet, müssen wir vorangehen, in dem Wissen, dass die Pforte schmal, aber nicht beengend ist. Mit anderen Worten: Wenn dir eines Tages jemand anbietet, einen Film über dein Leben zu drehen, der widerspiegelt, was Gott getan hat – dann denke darüber nach.

„Er ist so weitherzig, in ihm ist es so geräumig, dass die ganze Fülle Gottes den rechten Platz in ihm findet, ohne beengt zu sein" (nach Kolosser 1,19, aus dem Englischen übersetzt).

KAPITEL 14

EINE HEILIGE BERUFUNG

„When you call I won't refuse,
Each new day again I'll choose
There is no one else for me, none but Jesus."
„Wenn du rufst, zöger' ich nicht,
jeden Tag entscheid ich mich.
Niemand ist dir jemals gleich, keiner, Jesus."
„NONE BUT JESUS" (NIEMAND IST DIR JEMALS GLEICH),
HILLSONG MUSIC, 2006

In den ersten Jahren unseres Dienstes, als unsere Kinder noch klein waren, konnten Bobbie und ich uns kaum einen Urlaub leisten, geschweige denn uns die Zeit nehmen, von unserer kleinen aber wachsenden Kirche weg zu sein. Dennoch lernten wir früh, wie wichtig Qualitätszeit mit Kindern ist und begannen, trotz begrenzter Mittel wunderbare Ferienerinnerungen zu schaffen. Ich erinnere mich an die vielen Sommertage, an denen ich meine Jungs hinaus ins Meer mitnahm, sie dort auf meinen Rücken klettern ließ und sie sich gut festhalten mussten, um dann auf meinem Rücken ans Ufer zu „surfen". An diesen Tagen schien der Druck, den Bobbie und ich als junge Pastoren empfanden, eine neue Kirche zu gründen, für eine Weile in der Hitze der Sonne dahinzuschmelzen.

War der Druck besonders hoch, liebäugelte ich sogar mit dem Gedanken, mich zurückzuziehen und mir einen stressfreieren Job zu suchen. Ich erinnere mich, wie ich einmal jemanden dabei beobachtete, wie er mit seinem fahrbaren Rasenmäher die Wiese mähte. Als ich dabei den schönen Frühlingsduft des frisch geschnittenen Grases roch, dachte ich mir: „Stell dir einen Job wie diesen vor! Wenn dein größtes Problem ist, ob du genug Sprit hast, um fertig zu werden …" Glücklicherweise hielten diese Gedanken nie lange an, denn meine Entschlossenheit war stärker, nicht nur „errettet", sondern auch „berufen" zu leben.

Gottes Wort sagt: *„Er hat uns gerettet und uns dazu berufen, ganz zu ihm zu gehören. Nicht etwa, weil wir das verdient hätten, sondern aus Gnade und freiem Entschluss. Denn noch ehe diese Welt bestand, war es Gottes Plan, uns in seinen Sohn Jesus Christus seine erbarmende Liebe zu schenken."* (2. Timotheus 1,9) Bist du zufrieden damit, errettet zu leben? Oder fühlst du dich auch verpflichtet, berufen zu leben? Ich bin überzeugt, dass eine „Berufung" dir die Option nimmt, dass du es dir im Leben bequem machen darfst.

In den frühen 1920ern oder 30ern gründete ein alter Pastor eine Kirche in Sydney. Er diente ihr, predigte und leitete sie bis er weit über 80 Jahre alt war. Man erzählt sich, dass die Gemeinde eines Morgens, nachdem er gepredigt hatte, gerade die alte Hymne „Within the veil I now would come" sang, als dieser treue Prediger das Zeitliche segnete und tatsächlich direkt aus der Kirche, die er gegründet hatte, in den Himmel ging. Hätte es einen besseren Moment für ihn geben können, diese Erde zu verlassen?

Ich bewundere, wie entschlossen dieser Pastor seine Berufung gelebt hat. Obwohl ich nicht alles, was ich heute tue, auch noch im Alter von Achtzig erledigen möchte, bete ich doch, dass ich immer meine Berufung und Bestimmung vor Augen habe, solange ich atme. Ich möchte andere stets voll Freude und Leidenschaft leiten und Generationen dazu ausrüsten, auf dem Grundstein weiter zu bauen, den wir (und die Generationen, die es vor uns gab) gelegt haben.

Entspricht das nicht auch der Art und Weise, wie du dein Leben führen möchtest? Voller Leidenschaft, in Erwartung und in dem Bewusstsein, dass du durch deinen Einsatz zum Reich Gottes beiträgst und in dem Leben anderer einen Unterschied machst? – Selten ist es leicht, so zu leben. Nur meiner Erfahrung nach erfüllt es einen mit Zufriedenheit, wenn du Jesu Beispiel folgst und von Gottes Geist geleitet die Bestimmung erfüllst, für die er dich geschaffen hat. Dieser Prozess ist ein sich stetig entfaltendes Abenteuer, voller unerwarteter Herausforderungen und wunderbarer Überraschungen, in dem unsere Liebe für Jesus Christus größer wird, und zwar durch Prüfungen wie auch durch Freuden.

Allerdings habe ich diese Art Zufriedenheit nicht erlebt, wenn ich versucht war, mich mit weniger als Gottes Bestem zufriedenzugeben oder wenn ich die Vision für meine Zukunft verlor.

PERSÖNLICHE VISION

In Sprüche 29,18 steht: *„Wo keine Offenbarung ist, wird das Volk wild und wüst ...“* (LÜ). In einer englischen Übersetzung wird für „Offenbarung" auch das Wort „Vision" verwendet.

Wir sollten nie die Bedeutung dessen unterschätzen, wie wir über uns selbst denken, welcher Berufung wir folgen und mit welchem Ziel wir unterwegs sind. Denn all das entscheidet, ob und in welche Richtung wir Schritte nach vorne gehen werden. Was lässt dich morgens aus dem Bett aufstehen? Was ist deine persönliche Vision für dein Leben? Sind wir uns über Gottes Plan und seine Berufung für unser Leben nicht sicher – wenn wir ohne eine Vision durch das Leben gehen –, gehen wir einen gefährlichen Weg.

Vor seiner Begegnung mit Jesus auf der Straße nach Damaskus, bevor er durch das schmale Tor ging, führte Paulus ein zerstörerisches Leben. Nach seiner Bekehrung behielt er zwar manche seiner charakterlichen Ecken und Kanten, doch sein Leben war neu ausgerichtet, und zwar so, dass er Kirchen gründete, statt sie zu zerstören. Durch Christus entdeckte er, wozu er berufen war; in ihm fand er seine persönliche Vision.

Vielleicht denkst du wie Paulus, dass du den falschen Weg schon zu weit gegangen bist und zu viele falsche Entscheidungen getroffen hast, um jemals ein Leben mit Weisheit und Einsicht zu führen. Vielleicht fühlst du dich, als ob du vom Weg abgekommen seist und keinen Weg zurückfindest. Oder vielleicht hast du nur unterwegs ein paar schlechte Entscheidungen auf einer schwierigen Wegstrecke getroffen. Verzweifle nicht! Es ist niemals zu spät, Veränderungen vorzunehmen und dich erneut für Gottes Weg zu entscheiden. Sein Weg ist Jesus (siehe Johannes 14,6) und sein Wort ist das Licht, welches dir den Weg zeigt (siehe Psalm 119,105). Gottes Gnade wird dich auf den richtigen Weg zurückführen. Sie wird dein Leben auf ein Fundament gründen, welches in Zeiten des Sturms Bestand hat, und sie wird dir beibringen, wie man weise Entscheidungen für eine wunderbare Zukunft trifft.

Das Leben steckt voller Entscheidungen und die Entscheidungen, die du triffst, werden bestimmen, welchen Kurs dein Leben nimmt. Aber Gottes Weg, das schmale Tor, wird dir immer zeigen, wo es mit Gott langgeht.

NACH OBEN UND NACH VORNE SCHAUEND

Oft sind unsere schwierigsten Entscheidungen die kleinen Entscheidungen, die im ersten Moment so harmlos aussehen. Große Versuchungen erkennen wir meist und können ihnen widerstehen, aber wirklich große Probleme beginnen normalerweise im Kleinen. Niemand wacht eines Tages auf und denkt sich: „Heute gebe ich mich mit weniger zufrieden", oder „Heute mache ich eine Pause davon, Gott nachzufolgen und warte einfach ab, was passiert." Nein, stattdessen tendiert der Feind dazu, in kleinen Momenten der Schwachheit an uns zu nagen. Eine Abkürzung hier, einen Kompromiss dort, ab und zu ein kurzer Umweg. Deshalb müssen wir unseren Blick auf Jesus als unser Vorbild fixieren.

Obwohl er als Gottes Sohn mit einem besonderen Auftrag auf die Erde kam, sah er sich denselben Versuchungen gegenüber wie wir; einschließlich der Versuchung, es sich bequem zu machen. Unser Feind lockte Jesus, genau wie uns heute, sich mit weniger zufriedenzugeben. Letztlich ist das Ausmaß der Versuchung unterschiedlich, aber prinzipiell geht es um dasselbe.

In Matthäus 4 fordert der Teufel Jesus heraus, seine wahre Identität zu beweisen. Zweimal fordert er Jesus auf: „Wenn du Gottes Sohn bist ...." Kannst du den Spott in diesen Worten hören? „Wenn du wirklich der bist, der du vorgibst zu sein, dann sollte es dir möglich sein, Steine in Brot zu verwandeln und von Klippen zu springen!" Aber Jesus weiß, wie man das Schwert der Wahrheit handhabt und widersteht so den Versuchungen des Teufels. Er kontert mit der perfekten Bibelstelle, um die kurzsichtige, verzerrte Logik des Teufels aufzudecken: *Weg mit dir, Satan, denn es steht in der Heiligen Schrift: ‚Bete allein Gott, deinen Herrn, an und diene nur ihm!'* (Matthäus 4,10).

Ich glaube, der Verführer fordert uns ähnlich heraus. Wenn er uns an den Punkt bekommt, unsere Identität und Bestimmung infrage zu stellen und unsere Vision zu trüben, kann er uns dazu bringen, uns mit weniger als Gottes Bestem zufriedenzugeben. Er wird dich dazu bringen, deine Berufung und deine Wagnisse infrage zu stellen und dich verurteilt zu fühlen, sodass du am Ende an deiner Identität in Christus zweifelst.

Diese Arten von Fallen versuchen, den Plan Gottes für unser Leben zu durchkreuzen. Wenn wir anfangen unsere Richtung, unsere Route oder unser Ziel infrage zu stellen, dann neigen wir dazu, stehen zu bleiben und aufzuhören nach Wegen und Lösungen zu suchen. Allerdings wird es immer einfacher, den leichten Weg (den Weg des geringsten Widerstandes) zu wählen, wenn wir erst einmal stehen geblieben sind. Warum sollte man sich um etwas bemühen, was sowieso unmöglich erscheint, wenn man es sich doch viel leichter machen kann?

Jesus widerstand den Versuchungen des Teufels, indem er sich auf die Wahrheit von Gottes Wort berief. Auch für uns ist sie die größte Ressource, auf die wir zurückgreifen können. Wann immer wir beginnen sollten, uns zu fühlen, als ob wir nicht talentiert, schlau, ausgestattet oder unterstützt genug wären oder als ob wir unsere Erwartungen herunterschrauben sollten, müssen wir zurück zu Gottes Wort finden. Die Bibel versichert uns, dass uns durch Christus nichts unmöglich ist, dass wir mehr als Überwinder sind. Und Gott lässt uns wissen, dass er uns aus seinem Reichtum alles geben wird, was wir brauchen. Wir haben uns daher stetig an das zu erinnern, was wahr ist, statt anzuzweifeln, wozu Gott uns berufen hat.

Jesus durch das schmale Tor zu folgen ist manchmal so ähnlich, wie es für Petrus gewesen sein muss, auf dem Wasser zu laufen.

Solange er seine Augen auf seinen Herrn richtete, konnte er den nächsten Schritt gehen. Aber sobald er nach unten blickte und realisierte, wie unmöglich es für ihn war, das zu tun, was er gerade tat, sank er wie ein Stein. Wenn wir unsere Augen auf Jesus gerichtet halten, dann ist das Tor mehr als groß genug, um hindurchzugehen. Doch wenn wir uns darauf fokussieren, wie klein die Öffnung aussieht, oder in die Richtungen schauen, die andere um uns herum einschlagen, dann verlieren wir das Tor aus dem Blick.

Schau nach oben und setze einen Fuß vor den anderen.

ERFINDEN UND INVESTIEREN

Um der Versuchung zu widerstehen, es uns bequem zu machen, lass uns unsere Leben so führen, dass die Frucht unserer Arbeit noch lange nach unserem Leben weiterlebt. Um diese Art von Erbe zu hinterlassen und Gottes unvergängliches Reich zu bauen, müssen wir mit Gnade erfüllte Pioniere sein, die sich dazu verpflichten, das wilde Gebiet zu entdecken in das Gott uns beruft, ob es der Kindergarten, das Klassenzimmer, das Missionsfeld in einem anderen Land oder die Chefetage bei deiner Arbeit ist.

Jedes Gebiet hat seine Pioniere, die ihr Leben und ihre Karriere der Innovation und dem Experimentieren widmen. Vielleicht ist es in einem Labor oder an einem Laptop, im All oder im Büro. Es geht um die Verpflichtung, der Beste im Feld deiner Berufung zu sein. Es geht darum, deine Leidenschaften zu erkennen und sie lebenslang wissbegierig zu verfolgen. Es heißt zu leiten, wenn es einfacher wäre, jemand anderem zu folgen. Und es heißt Gott zu folgen, wenn du deinen eigenen Weg gehen willst.

Pioniere nehmen Risiken auf sich und gehen die ersten Schritte auf neue, oft unbekannte, Entdeckungen zu. Was sie brauchen, finden sie unterwegs, während sie die Mittel benutzen, die Gott ihnen bereitstellt, anstatt über das nachzusinnen, was sie alles nicht haben. Sie betreten Neuland und glauben daran, dass Gott seine Versprechen halten und die Mittel bereitstellen wird, die es für den Erfolg benötigt. Innovation und sich nicht mit weniger zufriedenzugeben, heißt, Gott zu erlauben, deine Vorstellung zu erweitern, deine Weisheit zu vergrößern und deine Ressourcen zu vermehren, sodass du über dich selbst hinauswachsen kannst – nicht zu deiner Ehre, sondern zur Ehre Gottes. Wenn du Gott dienst, indem du ein großes Leben führst, wird dieses nicht nur dich segnen, sondern bietet auch anderen die Möglichkeit, gesegnet zu werden.

Im Wesentlichen bedeutet Gottes Mission, den tiefen Durst und das anhaltende Bedürfnis der menschlichen Seele zu stillen. Nicht für uns führen wir ein großes Leben, sondern damit wir andere nach Hause führen können, nach Hause zu Gott. Hier auf der Erde ist das die Kirche – und zugleich in die ewige Heimat, die uns im Himmel erwartet. Solange du Gottes Berufung auf deinem Leben folgst und der Führung seines Heiligen Geistes treu bleibst, wird dein Leben von Freude, Bedeutung und Gottes Allerbestem überfließen.

DIE BERUFUNG DEM KOMFORT VORZIEHEN

Als klar wurde, dass Hillsong Australiens größte Kirche war, dachte ich nicht daran, mich zurückzulehnen. Mein Ziel war nie, eine Kirche von einer bestimmten Größe zu bauen, geschweige denn Bekanntheit und Anerkennung zu erlangen. Es ging mir einfach immer nur darum, das zu tun zu, wozu Gott uns berufen hatte. Mit dieser Einstellung wurden mehr Menschen in mehr Ländern erreicht, als wir es uns jemals erträumt hätten. Und ich habe immer noch das Gefühl, dass Gott mein und unser Gebiet erweitert und uns herausfordert, nicht genügsam zu werden oder es uns zu bequem zu machen.

Hillsong hat einen Spitznamen: „Die Kirche, die niemals schläft". In mancherlei Hinsicht trifft diese Beschreibung auf unser Haus zu, das immer offen und immer in Bewegung ist, von einer Veranstaltung, einem Gottesdienst oder einem Ort zum nächsten. Wir halten jederzeit Ausschau nach dem Nächsten, das Gott tun möchte. Und wenn wir zwischendurch mal mit Veranstaltungen aufhören, dann ist diese Pause nur vorübergehend. Nicht weil wir uns auf einem Triumph der Vergangenheit ausruhen, sondern weil wir uns neu auf die Zukunft ausrichten.

Manchmal kann die Art, so zu leben, zu Spannungen führen. Das kontinuierliche Wachstum, das wir im Lauf der Jahre erlebt haben, hat zwangsläufig Wachstumsschmerzen mit sich gebracht. Ich werde diesbezüglich niemals die erste Veranstaltung in Paris vergessen. Paris – die Stadt der Lichter, die Stadt der Liebe, wo täglich historische Kathedralen von Touristen, aber selten von Kirchgängern besucht werden. Ich weiß nicht, an welchem Punkt der Geschichte es passiert ist, aber als Nation hat sich Frankreich weit von Gott entfernt – mehr als 40 Prozent der Bevölkerung geben an, überhaupt keinen Glauben zu haben. Doch das hielt uns nicht davon ab, das zu tun, wozu wir uns von Gott berufen fühlten.

Paris war unser allererster Versuch, eine Hillsong Church in Westeuropa (außerhalb von London) zu gründen. Ich wusste wirklich nicht, was ich erwarten sollte. Seit Jahren betete und bemühte sich eine kleine Gruppe von Menschen der Hillsong Church London um eine zukunftweisende, zeitgemäße christuszentrierte Kirche in Paris. Es war schon immer unser Langzeitziel und Glaube, dass Hillsong London eine Auswirkung auf Gesamteuropa haben würde. Dieser Anlass war nun der Same, der unser allererstes Treffen möglich machte. Viele Personen, die Paris besser als ich kannten, erzählten mir, dass es in dieser „gottlosen Stadt" schon eine Erweckung wäre, wenn auch nur hundert Leute kämen.

Am Abend unseres ersten Treffens nahmen Gary Clarke (unser Leitender Pastor in London) und ich ein Taxi zum Veranstaltungsort. Er lag mitten in der City, weniger als einen Block vom Centre Pompidou und nur einen Sprung vom Louvre und der Seine entfernt. Als wir noch ein oder zwei Blöcke entfernt waren, tauchte vor uns in der Kälte plötzlich eine Menschenansammlung auf, die sich um den Block schlängelte. Ich drehte mich zu unserem Gastgeber um und fragte, wofür diese Leute anstanden. Ich war überrascht zu erfahren, dass sich diese Menschen in das kleine Theater, das wir gemietet hatten, zu quetschen versuchten. Es war unmöglich, jeden hineinzubekommen und bis heute weiß ich nicht, woher all diese Menschen gekommen waren. Sogar ein Reporter und ein Kameramann von einer großen australischen Zeitung waren vor Ort, um über den Ausbau von Hillsong in Europa zu berichten. Es wurde wahrlich ein historischer Abend!

Ich ging aus diesem Abend neu inspiriert hervor, unter anderem mit der Erkenntnis über Europas geistliches Klima. Dass es in Europa einen Hunger nach der Wahrheit gibt. Derselbe Hunger, den wir auch von Barcelona bis nach Amsterdam und von Stockholm bis nach Düsseldorf gesehen haben. Und wir beten dafür, dass sich eine geistliche Erweckung in Europa entzündet.

Nach diesem ersten Abend mussten wir uns an die Arbeit machen, eine Menschenmenge in eine Kirche zu verwandeln und herauszufinden, wer gekommen war, um zu bleiben. Wir mussten feste, bezahlbare und geeignete Orte finden, an denen wir uns treffen konnten und mussten die DNA und Kultur unserer Kirche in unserem Leitungsteam vor Ort festigen. Seit diesem ersten Abend haben wir hart daran arbeiten müssen, eine Kirche zu bauen, die stets mit treuen Menschen gefüllt ist. Heute haben wir in vielen unserer Hillsong-Gemeinden ganze Teams an Freiwilligen, die nunmehr Experten darin sind, wenn es darum geht, Menschenansammlungen zu managen. Menschen, die manchmal stundenlang auf den nächsten stattfindenden Gottesdienst warten.

Da Gebäude dem Wachstum, das wir erleben, im wahrsten Sinne des Wortes nicht gewachsen sind, sind Warteschlangen ein Merkmal für viele unserer Gemeinden geworden … ob nun außerhalb des Dominion Theaters im Londoner Westend, außerhalb des Hammerstein und des Manhattan Ballrooms im Zentrum Manhattans oder selbst vor dem Belasco Theater in Los Angeles. Dies sind Probleme, die wir niemals erwartet hatten. Aber es sind Erscheinungen, wofür Generationen vor uns gebetet haben. In dem Sinne also gute Probleme, Wachstumsschmerzen. Und in vielerlei Hinsicht geben uns diese Herausforderungen gar keine Möglichkeit, uns zurückzulehnen, denn sie bedürfen jeden Tag übernatürlicher Gebetserhörungen und göttlicher Versorgung.

Die Herausforderung, neue Leiter heranzuziehen, die Dringlichkeit, neue Freiwilligenteams zu schaffen und neue Christen im Glauben anzuleiten, sind die Art Strapazen, die manchmal überfordern oder einfach unbequem sind. Wenn die Dinge jedoch unbequem werden, können wir uns entscheiden, uns auf das Endziel zu fokussieren: Errettung, Jüngerschaft und Gottes wunderbare Zukunft.

Ich will dich ermutigen – egal wie schwer der Weg wird, wie weit die Vision weg zu sein scheint, wie unbequem der Wachstumsschmerz auch ist –, doch zieh deine Berufung immer dem Komfort vor.

GEPFLANZT UND AUFBLÜHEND

Während unausweichlicher, unbequemer Momente läuft deine Berufung Gefahr, ins Schwanken zu geraten. Sie kann entwurzeln oder ganz verloren gehen, wenn du nicht in der Wahrheit gegründet und von rechenschaftspflichtiger Freundschaft und ermutigender Lehre erfrischst wirst. Es ist notwendig tiefe Wurzeln zu schlagen, wenn du diese Art von großem Leben, welches Christus uns vorgelebt hat, in deinem Leben kultivieren und in deiner persönlichen Vision wie Berufung aufblühen sehen und eine wunderbare Zukunft beschreiten möchtest. Das ist eine biblische Wahrheit, die wir überall in Gottes Wort bestätigt finden.

Die Bibel vergleicht die Art, wie wir unsere Leben führen und auf das Geschenk der Gnade unseres Vaters reagieren, immer wieder mit Bäumen. *„Er ist wie ein Baum, der nah am Bach steht und seine Wurzeln zum Wasser streckt …"* (Jeremia 17,8). *„Die Gottesfürchtigen werden gedeihen wie Palmen und wachsen und stark werden wie die Zedern auf dem Libanon. Denn sie sind im Hause des Herrn gepflanzt und blühen in den Vorhöfen unseres Gottes"* (Psalm 91, 13–14; NL).

Meiner Meinung nach kannst du in deiner Berufung nicht aufblühen, ohne mit der Kirche verbunden zu sein. Ich verstehe, dass Kirche für jeden anders aussieht, doch dich selbst in eine Gemeinschaft von Gläubigen zu „pflanzen", die dich ermutigen, herausfordern und dich in deiner Berufung stärken können, ist unerlässlich. Ich rede nicht davon, ein Sonntagschrist zu sein. Wenn wir aufblühen und Frucht hervorbringen wollen, müssen wir unsere Wurzeln tief reichen lassen, um regelmäßig Nahrung zu bekommen, genau wie ein Baum. Freundschaften mit anderen Christen zu kultivieren, hat eine erhebliche Auswirkung auf unsere Beziehung zu Gott wie auch auf unsere Zukunft.

Viele Menschen entdecken ihre Berufung oder den Sinn in ihrer Begabung, wenn sie ihren Platz in der Familie Gottes finden. Sei nicht entmutigt, wenn es seine Zeit braucht, oder wenn du dich noch nicht gepflanzt und fruchtbringend fühlst. Es ist schwer, vor einem Baum zu stehen und wirklich zu sehen, wie er vor deinen Augen wächst. So ist es im Leben, im Glauben und auch wenn wir Jesus dienen: Wir können nicht immer sehen, was Gott im gegenwärtigen Moment tut. Aber wir dürfen darauf vertrauen, dass wenn wir treu in unserer Berufung sind, er alles, was wir zum weiteren Wachstum brauchen, zur Verfügung stellen wird.

Genau wie bei einem Baum ist ein Leben, das aufblüht, gleichzeitig ein fruchtbringendes: Dann gibt es Zeichen von Wachstum und Gesundheit wie Blätter, Früchte, Blumen und Samen im Überfluss. Der Baum selbst wird stark und belastbar, er trotzt den Stürmen des Lebens – auch um anderen Schutz zu bieten.

Wenn wir in Übereinstimmung mit Gottes Bestimmung leben, wenn wir „berufen" und nicht einfach nur „gerettet" leben, wenn wir uns in dem guten „Boden und Wasser" göttlicher Freundschaften, gesunder Lehre und der Wahrheit Gottes verankern, dann werden wir sehen, wie die Frucht unseres Lebens mehr produziert, als wir uns jemals vorstellen können. Wenn unsere Vision klar ist, wir uns nicht mit weniger als Gottes Bestem zufriedengeben, wenn wir uns weigern den Lügen des Feindes zu glauben, durch das schmale Tor gehen und uns in unserer Berufung sicher fühlen, dann werden wir ein Leben im Überfluss finden – eine wunderbare und glorreiche Zukunft. Paulus fasst das alles in Epheser 1,11 ungefähr so zusammen: Durch Jesus finden wir heraus, wer wir sind und wofür wir leben.

Wir sind heilig berufen.

Und leben für eine glorreiche Zukunft.

KAPITEL 15

EINE JESUS-GENERATION

„I see a generation rising up to take their place,
with selfless faith."
„Ich sehe eine Generation, die mit selbstlosem Glauben
ihren Platz einnimmt."

„HOSANNA", HILLSONG MUSIC, 2007

Ich wuchs als Pastorenkind auf und sehr oft beherbergten wir zu Hause Gastevangelisten und Prediger, die zum Dienst in Neuseeland waren. Einmal wohnte ein Freund meiner Eltern, ein Evangelist der Fidschi-Inseln, bei uns zu Hause und beschloss, mit meiner kleinen Schwester und mir eine spontane Bibelstunde abzuhalten. Ich erinnere mich, wie er die Bibel öffnete und laut zweiundvierzig Generationen von Familiennamen, von Abraham bis Jesus, aus Matthäus 1, vorlas.

Als Kind konnte ich diese Lektion und Lehrstunde kaum verstehen, aber seine Begeisterung habe ich nie vergessen. Es war für mich sehr offensichtlich, dass er darin etwas verstand, das ich nicht sah. Jahre später kann ich nun auch die Wichtigkeit dessen

213

verstehen, was diese Namen bedeuten: die Erfüllung eines Versprechens.

> *„Als Abram 99 Jahre alt war, erschien ihm der Herr und sagte zu*
> *ihm: ‚Ich bin Gott, der Macht hat über alles. Wo du auch bist, lebe*
> *mit mir, und tu, was recht ist. Ich will einen Bund mit dir schlie-*
> *ßen, und ich sichere dir zu: Du wirst unzählbar viele Nachkom-*
> *men haben.‘ Da warf sich Abram zu Boden, und Gott sprach wei-*
> *ter zu ihm: ‚Du wirst Stammvater vieler Völker werden. Darum*
> *sollst du von nun an nicht mehr Abram heißen, sondern Abra-*
> *ham. Ich werde dir so viele Nachkommen geben, dass zahlreiche*
> *Völker daraus entstehen – sogar Könige sollen von dir abstam-*
> *men! Dieser Bund gilt für alle Zeiten, für dich und für deine Nach-*
> *kommen. Es ist ein Versprechen, das niemals gebrochen wird: Ich*
> *bin dein Gott und der Gott deiner Nachkommen, und ich gebe*
> *euch das ganze Land Kanaan, wo ihr bisher nur Fremde seid. Ihr*
> *werdet es für immer besitzen, und ich werde euer Gott sein.‘“*

1. Mose 17,1–8

Beim Bibellesen dauert es nicht lange, bis wir auf Gottes generationsübergreifende Versprechen für sein Volk stoßen. Diese Versprechen gelten auch für dich. Gott gebraucht Generationen, wirkt durch Generationen und ist Generationen gegenüber verpflichtet. Die Treue Gottes ist nicht auf eine Generation begrenzt, sondern geht von einer Generation zur nächsten. Der Grund, warum Gott Abraham und seine Nachkommen auserwählte, war, damit Gott durch ihr Leben und ihr Zeugnis bekannt gemacht werden würde. Gott hat sich seit dem ersten Versprechen, das er Abraham gab, als treu erwiesen. Und wir sehen, wie sich seine Treue in den nachfolgenden Generationen entfaltet hat.

Durch den Tod Jesu am Kreuz und seine Auferstehung hat er uns diese generationsübergreifende Botschaft überbracht. Und wenn wir uns als Gläubige dazu entschließen, durch das schmale Tor zu gehen, stehen wir als Erben genau demselben Versprechen gegenüber, das Abraham gemacht wurde. Gott versprach Abraham, dass seine Güte und Segen unverkennbar sein würden. Und dieses Versprechen erstreckt sich bis hin in unsere Generation und kommende Generationen. Gott entscheidet sich immer noch dafür, in ganze Generationen zu investieren und ich glaube, es passiert durch die Kraft der Gemeinschaft, die Intimität von Beziehungen und mithilfe der Kirche, dass er weiterhin offenbart, wer er für die Welt ist.

Seine Versprechen sind sowohl persönlich, als auch universell. Sie richten sich an Einzelne, die seine Kirche formen, den Leib Christi. Gottes Versprechen erstrecken sich weiter als all diejenigen Versprechen, die wir persönlich in unserem Herzen tragen, und vereinen jeden, der glaubt, in der Hoffnung, die in Jesus Christus steckt.

Im Leib Christi sind wir alle verbunden in einem großen Netzwerk geistlicher Beziehungen. Und Gott gebraucht uns dort – eine Generation nach der nächsten –, um einander auf dem Glaubensweg und durch das schmale Tor zu helfen.

DIE KRAFT VON PARTNERSCHAFT

Auf sich allein gestellt im Leben erfolgreich zu sein, ist eine Illusion. Jeder, der alleinigen Verdienst für sich selbst beansprucht, hat sich vom Stolz irreführen lassen. Denn selbst hinter dem anscheinend noch so persönlichen Triumph stehen Trainer, Lehrer, Dozenten, Familie, Freunde, Mentoren und vielleicht eine Chance, die durch jemand anderen überhaupt erst zustande gekommen ist. Und ein Wert wie Zuverlässigkeit beispielsweise hat eng etwas mit Gemeinschaft zu tun. In ihr (Beziehung wie Partnerschaft) entdecken wir die Bedürfnisse anderer und können als zuverlässige und vertrauenswürdige Verwalter dessen, was uns anvertraut wurde, auf sie reagieren. Wir werden so treue Verwalter der heiligen Berufung – mit dem Ergebnis: Dank und Gemeinschaft mit Gott. Und wenn wir wiederum in Beziehung mit unserem himmlischen Vater leben, schenkt Gott uns seinen Geist, um uns zu befähigen und auszurüsten, das zu tun, was er tun würde.

Es ist eine Tatsache, dass Gott alle Macht besitzt und ihm absolut nichts unmöglich ist. Dennoch entscheidet er sich dafür, uns zu gebrauchen und sich auf uns zu verlassen. Und ich glaube, dass Gott manchmal dabei lächelt, wenn er sieht, wie wir uns auf andere verlassen und unsere Hände und Leben öffnen. Denn er sieht, dass wir etwas von seinem Wesen und seinen Absichten gelernt haben.

Ich glaube fest an die Kraft von Partnerschaft. In unserer Kirche betonen wir daher auch sehr, dass wir eine Gruppe von Menschen sein möchten, die bekannt dafür ist, sich der Not großzügig zuzuwenden. Eine Gruppe, die das Miteinander über Individualität setzt.

Ein Beispiel: Vor einigen Jahren kam eine wunderbare Familie in unsere Kirche: Barry und Lynn Denton mit ihren vier Söhnen. Sie schlossen sich Hillsong an aus dem Verlangen heraus, ihre Kinder mit Gleichaltrigen und einer aktiven Jugendarbeit zu umgeben.

Viele Jahre später, als diese Jungen zu Männer geworden sind und bereits anfingen, ihren eigenen Geschäften nachzugehen, entschieden sich zwei der Brüder, den nächsten Schritt zu wagen und starteten ein Unternehmen im Bereich Immobilienentwicklung. Ihre Kompetenzen ergänzten sich wunderbar, und sie teilten die gleiche Vision für die Zukunft.

Zu der Zeit begann unsere Kirche sehr schnell zu wachsen und es erwies sich zunehmend als unmöglich, einen Ort zu finden, an dem wir uns alle regelmäßig versammeln konnten. Wir waren eine junge Kirche, finanziell am Limit und ich brauchte eine gottgegebene Idee. Ich musste irgendetwas vom Heiligen Geist hören, dachte ich, wie wir weitermachen und nach vorne gehen sollten.

Ich wusste, es war unwahrscheinlich, dass jemand in unserer Versammlung diesen Geldbetrag selbst hätte stemmen können, aber einhundert von uns zusammen könnten Teil eines Millionen-Dollar-Wunders werden. Eines Abends, auf unserem allerersten Männer-Camp, versammelten sich einhundert Männer um mich, um für diese Versorgung zu beten und das, was wie ein weit entferntes Wunder aussah, dem Herrn, unserem Versorger, anzuvertrauen. Zwei dieser Männer waren die Denton-Brüder. Ihre Liebe für Gott und ihre Leidenschaft, sein Haus zu bauen, brachte sie dazu, ihre Berufung auf etwas Größeres zu richten, und ihre Vision mit der unseren zu verbinden.

Das Vision-Statement der Hillsong Church beginnt mit den Worten: „*Die Welt dadurch zu erreichen und zu beeinflussen*, eine große, christuszentrierte und auf die Bibel gestützte Kirche zu bauen …" Und die Vision des Unternehmens der Denton-Brüder lautet: „*Die Welt dadurch zu erreichen und zu beeinflussen*, Vermögen durch göttliche Prinzipien für göttliche Absichten zu erzeugen." Und genau das tun sie auch. Sie leben die Prinzipien, die sie in der Kirche gelernt haben. Heute kauft ihr erfolgreiches Unternehmen große Landstücke in Queensland – eine wunderschöne subtropische Region Australiens, die mit dem Great Barrier Reef als einer seiner vielen Schätze wirbt.

Ein paar Jahre nach dem Gebet auf dem Männer-Camp kam es dazu, dass die Brüder aufgrund ihres Unternehmens und dank ihres Geschicks und ihrer harten Arbeit unserer Kirche innerhalb eines einzigen Jahres eine Million Dollar spendeten. Nur ein Beispiel, wie sich die Kraft einer Partnerschaft auswirken kann, wenn zudem Großzügigkeit geschieht. Bis auf den heutigen Tag engagieren sich die beiden Brüder in unserem Leitungsteam. Doch auch ihre Ehefrauen, Kinder, Nichten und Neffen arbeiten überall verteilt bei Hillsong mit und führen ein vorbildliches Leben. Ihre Entscheidung, sich eng mit unserer Kirche zu verbinden, hat unzweifelhaft Spuren für zukünftige Generationen hinterlassen, die durch unsere Türen treten werden.

Ich glaube, dass der Erfolg und die Effektivität in deinem Leben, deiner Liebe und deiner Leiterschaft von deiner Fähigkeit abhängt, Partnerschaften mit Menschen einzugehen, die dir strategisch für dieses Abenteuer an die Seite gestellt wurden. Menschen, die willig und fähig sind, die Vision mitzutragen, das Rennen zu laufen und gemeinsam Jesus zu dienen. Eine Generation von Beziehungen und Partnerschaften, die von Gott für zukünftige Berufung und unverkennbare Bestimmung gekennzeichnet ist – eine Jesus-Generation.

EHRE DIE VERGANGENHEIT, BAUE DIE ZUKUNFT

Die Fähigkeit, anderen den Weg zu bahnen, verdanken wir denen, die vor uns gegangen sind. Letzten Endes lässt sich das zurückverfolgen bis zur Urgemeinde und den ersten Nachfolgern Jesu. Sie hatten keine Ahnung, dass sie eine Bewegung gründeten, welche den Kurs der Geschichte kommender Jahrhunderte ändern würde. Sie waren einfach gehorsam und folgten dem Weg, den Gottes Geist ihnen eingab.

Vor ein paar Jahren besuchte ich kurz nacheinander die Kirchen zweier sehr namhafter, weltbekannter Pastoren, die sich beide mittlerweile in den Himmel verabschiedet hatten. Die Leitung ihrer Kirchen hatten ihre Söhne übernommen. Einer der Söhne hatte seinen Vater jeden Schritt des Weges geehrt, während er sich selbst treu blieb und nur Teile dessen veränderte, was sein Vater aufgebaut hatte. Das Ergebnis war, dass diese Kirche erstaunliches Wachstum erlebte und sein Dienst erheblichen Einfluss bekam. Der andere hingegen versuchte verzweifelt, den Namen und Dienst seines Vaters am Leben zu erhalten und war mehr damit beschäftigt, die Vergangenheit aufrechtzuerhalten, als die Zukunft zu bauen. Als ich dort war, begegnete ich überall traurigen Erinnerungen an vergangene Tage des Segens. Und ich stellte fest, dass der ehemalige Schwung zu einem quietschenden Halt verkommen war. Es fehlte vielen Dingen an Leben und Vorwärtsbewegung.

Worin lag der Unterschied? – Der eine ehrte die Vergangenheit und baute die Zukunft, dem anderen fehlte es an Vision für die Zukunft. Er versuchte nur, die Vergangenheit wieder aufleben zu lassen.

Die Wahrheit ist: Die Botschaft von Jesus Christus ist zeitlos und sie ist heute noch genauso relevant, wie sie es vor mehr als zweitausend Jahren war. Allerdings ist die Herausforderung für uns: Wie stellen wir sicher, dass diese Generation die Botschaft Jesu auf relevante Art und Weise hört – inmitten Tausender anderer Stimmen, die um ihre Aufmerksamkeit buhlen?

In 1. Chronik 12 lesen wir, wie sich die Armeen Davids auf den Kampf vorbereiten. Gott hatte offenbart, dass die Zeit für David reif war, die Herrschaft Sauls zu übernehmen. An dieser speziellen Stelle geht der Schreiber durch den Stammbaum von Davids Armee und den Stämmen, die ihm dienten. Ich liebe es, wie er die Söhne Issachars in Vers 33 beschreibt: *„Und von den Söhnen*

Issachar (kamen) solche, die die Zeiten zu beurteilen verstanden" (ELB).

So, wie die Söhne Issachars, müssen auch wir unsere Gegenwart verstehen und erkennen, was wir tun sollten, um diese und zukünftige Generationen effektiv für das Evangelium zu erreichen. Mit anderen Worten: Wir müssen relevant und in Kontakt mit einer sich dramatisch verändernden Welt bleiben, ohne die Integrität und Kraft der Botschaft Jesu Christi zu kompromittieren.

Ich erinnere mich, wie ich mich vor einigen Jahren mit meiner Tochter Laura über Hillsong UNITED unterhielt. Sie waren einst eine Jugendband, doch auch eine Band wird älter. Viele der Musiker haben mittlerweile eigene Kinder, doch sie leben immer noch ihren Traum, brechen Rekorde und führen neue Sounds und Texte für Anbeter auf allen Kontinenten der Erde ein. Tief in mir fühlte ich, trotz des anhaltenden Erfolgs von Hillsong UNITED, dass es jetzt an der Zeit war, erneut mit einer frischen Jesus-Generation Pionierarbeit zu leisten. Etwas musste her, das die Herzen junger Menschen, die noch zur Schule gehen, berührte.

Die Dinge nahmen ihren Lauf zu später Stunde an einem Sommerabend, nach einem Termin in unserem City Campus, als ich bei den Proben für Wildlife – unserer Jugendgruppe für Schüler im Highschool-Alter – vorbeikam. Ich war verblüfft über den 17-Jährigen, der auf der Bühne stand und den Lobpreis leitete. Er verhielt sich so, als wären Tausende im Raum, obwohl er in Wirklichkeit leer war. Bewegt und gedankenversunken ging ich nach Hause um Laura, die zusammen mit ihrem Ehemann Peter unsere Jugendpastoren sind, davon zu erzählen. Als ich ihr von meinem Erlebnis berichtete, sagte sie mir, dass Aodhan – der junge Mann, den ich gesehen hatte – nicht nur ein Lobpreisleiter, sondern auch ein Songwriter sei. An dem Abend hatte ich ihn seinen eigenen

Song üben sehen. Dieser Moment und dieses Gespräch mit Laura war gewissermaßen die Geburtsstunde von Young & Free.

Young & Free ist eine lebhafte Band, die sich zusammensetzt aus Talenten unserer Jugend. Sie besteht aus frischen Sounds sowie dienenden, offenherzigen, Jesus-liebenden jungen Menschen, die eine komplett neue Bewegung unter Teenagern und jungen Erwachsenen entfachen. Ihre Anbetung hat neues Leben in unsere Kirche gebracht und begeistert uns, weil sie zeigt, wie diese Generation zunehmend stärker wird.

Ich habe immer gesagt, dass ich mir eine Kirche wünsche, die leidenschaftlich dafür brennt, kommende Generationen auszurüsten und sie freizusetzen, noch größere Dinge zu tun, als wir oder die Generationen vor uns jemals getan haben. Psalm 45,17 sagt: *„An die Stelle deiner Väter werden deine Söhne treten, du wirst sie als Fürsten einsetzen im ganzen Land.“* (SLT).

An die Stelle deiner Väter werden deine Söhne treten. Ich glaube, dass wir als Kirche dazu berufen sind, Fürsten in aller Welt einzusetzen – Königsmacher.

Wir sollen Menschen im Leib Christi, sowohl Männer als Frauen, Jung und Alt, in ihre gottgegebene Bestimmung führen; ihnen helfen, ein weit offenes, großes Leben zu leben und auf eine glorreiche Zukunft hinzuarbeiten. Wir müssen die Botschaft von Jesus in die Welt hinaustragen und wir werden sehen, wie sich sein Reich mit jeder Generation immer stärker nach vorne bewegen wird.

Wenn du an Väter denkst, wirst du vermutlich an Adjektive denken wie „bekannt, erwartet, erprobt und bewährt". Bei Söhnen darfst du vom genauen Gegenteil ausgehen: „unbekannt, unerwartet, nicht erprobt, nicht wissend, unvorhersehbar." Von Natur aus neigen wir dazu, bei dem zu bleiben, was bewährt und erprobt ist. Doch ich glaube, dass Gott von uns möchte, dass wir uns in das Unbekannte und Unwissende wagen und mit Abenteuergeist nach vorne schauen.

Versteh mich bitte nicht falsch, wir haben eine Verantwortung unsere Väter zu ehren, für unsere Väter zu sorgen, unsere Väter zu lieben … aber wir haben eine Verpflichtung gegenüber unseren Söhnen. Ich bin zutiefst dankbar für all diejenigen, die mit Bobbie und mir in all den Jahren und verschiedenen Zeiten unserer Kirche zusammengearbeitet haben. Wir sind gemeinsam durch Höhen und Tiefen, Freuden und Sorgen, denkwürdige Zeiten und heillose Frustrationen gegangen. Gleichzeitig muss ich sagen, dass ich viel zu viele Dienste habe altern sehen, wie ihre Bedeutung, ihr Einfluss und ihre Relevanz gegenüber den Menschen immer mehr verschwand. Ich bin fest entschlossen, das nicht weiter geschehen zu lassen. Wir müssen die Vergangenheit ehren, aber ebenso die Zukunft bauen. Wir müssen in Kontakt mit der Welt bleiben, in der wir leben, aber so positioniert sein, dass die Menschen Hoffnung, Liebe und Antworten erhalten, egal aus welcher Gesellschaftsschicht oder mit welchem Hintergrund sie zu uns kommen.

Die Menschen suchen nicht nach einer altbackenen Religion. Sie wollen wissen, dass Gott heute einen Unterschied in ihrem Leben, ihrer Familie, ihren Beziehungen und ihrem Arbeitsplatz machen kann – und das kann er wirklich! Wenn wir daher in allem, was wir tun, den Fokus auf die Relevanz für die einzelnen Generationen legen, wird unser Glaube wie eine Welle nach vorne schwappen und unzählige Leben werden unwiderruflich verändert.

Kürzlich habe ich darüber nachgedacht in Bezug auf Psalm 44. Hier sinnen die Söhne Korahs über die guten alten Zeiten nach.

Die Zeiten, in denen Gott mit ihren Vorvätern war, im Gegensatz zur gegenwärtigen Zeit, in der sie sich von Gott im Stich gelassen fühlen.

In diesem Psalm erklären sie: *„Gott, mit unseren eigenen Ohren haben wir's gehört; unsere Väter haben uns erzählt, was für große Taten du zu ihrer Zeit vollbracht hast – doch das liegt schon lange zurück! Du selbst hast fremde Völker aus dem Land vertrieben und es unseren Vorfahren überlassen. Die Völker, die dort wohnten, hast du zerschlagen, damit unser Volk aufblühen und sich entfalten konnte"* (Psalm 44,2–3).

Was werden nachfolgende Generationen sagen, wenn sie mal auf das 21. Jahrhundert zurückblicken? Werden sie, wie die Söhne Kohras, über das Wirken Gottes, die Entwicklung der Kirche und des Reiches Gottes staunen? Ich hoffe doch. Ich glaube, wir haben eine Verantwortung gegenüber dem Erbe und den Geschichten, die wir kommenden Generationen hinterlassen werden. Wir haben keine Kontrolle darüber, wie zukünftige Generationen das, was ihnen anvertraut ist, verwalten werden – doch wir können sie zum Erfolg aufsetzen, indem wir sie lehren, wie sie Gott, Menschen und das Leben lieben.

Verpflichtet sich jeder Einzelne von uns dazu, dies zu tun und anderen beizubringen, dasselbe zu tun, dann, glaube ich, wird die Kirche niemals in die Bedeutungslosigkeit abrutschen.

DER ZUKUNFT ENTGEGENSEHEN ...

Wenn wir alle unseren Teil dazu beitragen, wird die Kirche stärker. Ihr Fundament ist Jesus, ihre Hände und Füße sind aber du und ich. Und ihre Zukunft sind all diejenigen, die noch kommen werden. Denk einmal darüber nach: Wenn wir das Evangelium unseren Nachbarn oder der Dame an der Supermarktkasse weitergeben, geben wir es nicht nur an diese eine Person weiter, sondern ihrer Familie – und sehr wahrscheinlich auch der Familie dieser Familie. Großzügig zu sein und zu leben, bedeutet nichts anderes, als das zu tun, was Jesus tat. Und damit bauen wir seine Kirche, sodass jene, welche dieses weit offene, große Leben noch nicht führen und noch nicht durch das schmale Tor gegangen sind, den Gott kennenlernen können, der vom Anfang bis in alle Ewigkeit regiert.

Ich liebe es, Geschichten zu hören, wie Gott Menschen aus einem verzweifelten und schuldbeladenen Leben befreit und nicht nur ihr Leben, sondern auch das Leben anderer auf wunderbare Weise auf den Kopf stellt. Brenden ist einer von ihnen und hier ist seine Geschichte:

Brenden wuchs als Messdiener der katholischen Kirche auf. Im Alter von 14 Jahren bot ihm auf einer Party ein 17-jähriger Freund Drogen und Alkohol an. Damit begann alles … Wochenende für Wochenende, Party für Party und Trip für Trip geriet sein Leben außer Kontrolle. Mit Anfang zwanzig bestand sein Leben aus Leichtsinn, Planlosigkeit und Leere. Er versank immer tiefer in die Welt der Partys und wurde Manager eines Nachtclubs, was seinen selbstzerstörerischen Lebensstil nur noch mehr förderte.

Im Alter von 23 stolperte Brenden eines Nachts aus einem Nachtclub, nachdem er sich einen tödlichen Cocktail verschiedenster Substanzen eingeworfen hatte. Er erinnert sich, wie sich alles drehte, doch er konnte nicht atmen und spürte eine beklemmende Angst in seinem Herzen, als er realisierte, dass er vielleicht etwas zu weit gegangen war. Er setzte sich in eine dreckige Gosse, leere Flaschen und Müll zu seinen Füßen. Er kämpfte dagegen an, die Kontrolle zu verlieren, doch er spürte den zerstörerischen Effekt der Überdosis in seinem Körper. Er zitterte und sein Herz pochte, während er in den Nachthimmel schaute und schrie: „Gott, wenn du real bist … ich habe Angst. Bitte hilf mir von diesem Ort wegzukommen! Ich bin zu jung, um zu sterben!" Gott erhörte nicht nur sein Gebet, sondern er stellte über die nächsten sechs Monate verschiedene Menschen in Brendens Leben, die ihn liebten und ihm erzählten, dass Gott ihn liebte, genau so wie er war. Sie erzählten ihm die Geschichte von Gottes Liebe, Hoffnung und Erlösung. Und im März 2001 luden zwei von Brendens Freunden ihn in die Kirche ein – unsere Kirche.

Brenden erinnert sich an die Warteschlangen und wie er dachte: „Was ist das für ein Ort? Ich habe Warteschlagen für Nachtclubs gesehen, aber nie vor einer Kirche!" An diesem Abend begegnete er Gott. Er reagierte auf die Aufforderung, sich für ein Leben mit Jesus zu entscheiden und öffnete sein Leben für die Errettung durch Jesus. Über die nächsten paar Jahre hatte ich das Privileg zuzusehen, wie Brenden nicht nur seinen Lebensstil änderte, sondern ebenso die Bibelschule unserer Kirche besuchte und somit viel zum Leben unserer Kirche beitrug. Brendens Leidenschaft dafür, das Leben anderer Menschen verändert zu sehen, trieb ihn dazu, seine Geschichte und das Evangelium mit unzähligen anderen zu teilen – mit seinen Eltern, seinem Bruder und letztlich der wunderschönen Frau, die später seine Ehefrau wurde.

Mit großer Freude sehe ich, wie heute Brenden und Jacqui unseren Burwood Campus im Westen Sydneys leiten und immerzu neue Menschen in die Kirche bringen. Ihre beiden jungen Söhne preisen Gott mit erhobenen Händen in unserem Kinderprogramm und ihre eigenen Familien haben nicht nur Jesus gefunden, sondern engagieren sich auch aktiv in der Kirche. Das gesamte Erbe einer Familie hat sich verändert durch den kraftvollen Moment einer Begegnung, einer Einladung, einer Entscheidung.

Wir haben nicht nur für das zu sorgen, was direkt vor uns liegt, sondern auch für das Potenzial einer ungeborenen Generation. Für diejenigen, die Jesus noch nicht kennengelernt haben, die aber eines Tages auf unseren Stühlen sitzen oder auf unseren Schultern stehen werden und größere Dinge tun werden, als wir jemals zuvor getan haben.

Behalte die Zukunft im Blick – heute schon! Triff jetzt die Entscheidung den Weg des Segens zu wählen, den Gott dir in der Bibel aufzeigt – die heilige Berufung, das schmale Tor –, sodass noch lange nach dir dein Vermächtnis des Segens in den kommenden Generationen weiterlebt. Ehre die Vergangenheit, lebe für das Hier und Jetzt und baue für eine glorreiche Zukunft!

„Eine **Generation** *soll der anderen von deinen großen Taten erzählen und schildern, wie machtvoll du eingegriffen hast"* (Psalm 145,4; Hervorhebung durch den Autor).

TEIL 4

EINE GLORREICHE ZUKUNFT

KAPITEL 16

GLAUBE, DER WIDERSTANDSFÄHIG IST

„My faith is in things unseen
Bringing life where it has not been
Speaking things that were not, as if they were
I am alive in You."

„Mein Glauben liegt in Dingen, die das Auge nicht sieht,
die Leben bringen, wo vorher keines war.
Ich spreche Dinge aus, die noch nicht waren,
als ob sie bereits sind.
Ich lebe nun in dir."

„ALL THINGS NEW" (DU MACHST ALLES NEU),
HILLSONG MUSIC, 2014

Oma Diamond war schon alt. Sehr alt.

Sie war Teil einer großartigen Generation, sie wuchs während der Weltwirtschaftskrise in einer Realität auf, die diese widerstandsfähige kleine Dame zu der Frau formte, die sie war. Als ich Oma Diamond kennenlernte, war sie schon eine etwas ältere, schmächtige Dame. Sie war schwach und hatte einen gebückten

Gang, aber ihre Stimme war nicht zu unterschätzen! Die Kirche im neuseeländischen Lower Hutt, in der ich aufwuchs, war eine lebendige Kirche, in der sich jeden Sonntagmorgen ein paar Hundert Gottesdienstbesucher versammelten. Trotz der vielen Menschen gab es immer eine Stimme, die besonders hervorstach: Oma Diamond. Sie war immer ein, zwei Silben voraus und an der Tonhöhe und Geschwindigkeit ihrer Melodien wusste man stets, dass Oma Diamond anwesend war – auch wenn man sie aufgrund ihrer Größe nicht sehen konnte.

Ich erinnere mich an eine Geschichte mit Oma Diamond, die perfekt ihre Glaubenshaltung beschreibt. Vor vielen Jahren, als sie auf ihren Zug nach Hause wartete, war sie auf dem Bahnsteig zusammengebrochen. Die Mitreisenden riefen sofort den Notarzt, sodass die Sanitäter nur wenige Minuten später vor Ort waren und sich über die kleine, zerbrechliche Frau beugten. Aber Oma Diamond konnte das überhaupt nicht leiden. Obwohl sie um Atem ringend auf dem Bahnsteig lag, begann sie zu singen und Gott mit allem, was ihre Lungen hergaben, zu loben. Sie wimmelte die irritierten Sanitäter ab, stand wieder auf und ging schließlich, immer noch singend und ihren Gott lobend, den ganzen Weg nach Hause zu Fuß.

Der Glaube von Oma Diamond war widerstandsfähig, kühn und stark. Ein Glaube, der einen jungen Mann wie mich damals zutiefst beeindruckte. Sie ist später kurz vor ihrem hundertsten Geburtstag gestorben und ich stellte mir damals vor, wie der ganze Himmel ihrer Anbetung zuhört, ein bisschen aus dem Takt und ein klein wenig schief, aber lauter als jedes himmlische Wesen.

Widerstandsfähiger Glaube hat nur sehr wenig mit körperlicher Größe oder Stärke zu tun, sondern viel mehr mit der geistlichen Muskulatur. Ich könnte mir vorstellen, dass Oma Diamond einen ähnlichen Charakter besaß, wie die Menschen, die in Hebräer 11 aufgezählt werden; ein Kapitel, das auch oft als die „Ruhmeshalle des Glaubens" bezeichnet wird. Diese Menschen hatten die Art von Glaube, die du brauchst, um alles, was dich in deiner von Gott gegebenen Bestimmung erwartet, genießen zu können – die Art von Glaube, die nötig ist, um errettet und berufen leben zu können und die glorreiche Zukunft, für die du begnadet wurdest, zu ergreifen.

DIE RUHMESHALLE DES GLAUBENS

Bevor Hebräer 11 fast jede herausragende Persönlichkeit aus dem Alten Testament und ihre Geschichte auflistet, beginnt das Kapitel mit einer Definition: *„Was ist denn der Glaube? Er ist ein Rechnen mit der Erfüllung dessen, worauf man hofft, ein Überzeugtsein von der Wirklichkeit unsichtbarer Dinge. Weil unsere Vorfahren diesen Glauben hatten, stellt Gott ihnen in der Schrift ein gutes Zeugnis aus"* (V. 1–2, NGÜ). Zu diesen Vorfahren des Glaubens gehörten unter anderem Noah, Abraham und Sarah, Jakob, Josef, Moses, Rahab, Samuel und David. Ihr „gutes Zeugnis" ist das Vermächtnis des Glaubens, das sie uns hinterlassen haben. Die Geschichte, wie sie inmitten überwältigend erscheinender Hindernisse und Feuerproben auf Gott vertraut haben.

Ganz offensichtlich verdankten diese Persönlichkeiten ihre Siege nicht ihrer eigenen Kraft. Nein, Gott hat sie vielmehr aus ihren Schwächen heraus bevollmächtigt, erstaunliche Heldentaten zu vollbringen: Königreiche zu erobern, Löwen zu überwinden, Feuer zu ersticken, Schwertern auszuweichen und Schlachten in Unterzahl zu gewinnen (Hebräer 11,33–34).

Für mich hört sich all das nach einem ziemlich kühnen Glauben an! Ich weiß nicht, wie es dir dabei geht, aber ich könnte solch mutigen Glauben oft gebrauchen. Mut, meinen Glauben zu teilen. Mut, das Richtige zu tun. Mut, gut zu leben, gut zu leiten und gut zu lieben. Mut, im Angesicht der Herausforderung aufzustehen und an Gottes Versprechen festzuhalten.

Die Bibel spricht oft über den Glauben als einen Kampf. Wenn du keine Ressourcen oder Möglichkeiten mehr siehst, du keine eigenen Lösungen mehr hast, und du keinen Ausweg aus dem Kampf siehst, kommt der Moment, wo du gezwungen bist, darauf zu vertrauen, dass es Gott möglich ist, dich zu versorgen und dir in deiner Not zu begegnen. Würde in unserem Leben nie etwas schiefgehen, müssten wir uns nicht auf unseren Glauben verlassen oder auf Gott vertrauen. Dann würden wir wahrscheinlich wieder im Paradies leben. Wir leben aber nicht dort – wir leben in einer von menschlicher Sünde verseuchten Welt voller Versuchung und Enttäuschung. Wir leben in einer Welt, die Gott durch das Geschenk des Opfers seines Sohnes am Kreuz gerettet hat. Deshalb werden wir auch „mehr als Überwinder" (Römer 8,37; ELB) genannt, was zum Ausdruck bringt, dass wir dazu berufen sind, den Kampf des Glaubens zu kämpfen. Hast du so einen Glauben? Bist du bereit? Und für den Kampf gewappnet?

Manchmal ist es leicht, Glauben zu haben, wenn alles gut läuft, aber mutiger Glaube – Glaube, der widerstandsfähig ist – wird nur dann geschmiedet, wenn er auf die Probe gestellt wird.

KÖNIGREICHE UNTERWERFEN

Josua gehört zu denen, deren Glaube auf die Probe gestellt wurde. Josua 1 beginnt sogar mit einer entsprechenden Ankündigung Gottes:

„Mein Diener Mose ist tot. Nun wirst du Israel führen! Befiehl dem Volk, sich für den Aufbruch fertig zu machen. Ihr werdet

den Jordan überqueren und in das Land ziehen, das ich euch gebe. Jedes Gebiet, in das ihr vordringt, gehört euch. Das habe ich schon Mose versprochen. Euer Land wird von der Wüste im Süden bis zum Libanon im Norden reichen und vom Euphrat im Osten bis zum Mittelmeer im Westen; das ganze Gebiet der Hetiter wird euch gehören. Dein Leben lang wird niemand dich besiegen können. Denn ich bin bei dir, so wie ich bei Mose gewesen bin. Ich lasse dich nicht im Stich, nie wende ich mich von dir ab. Sei stark und mutig! Denn du wirst das Land einnehmen, das ich euren Vorfahren versprochen habe, und wirst es den Israeliten geben. Sei mutig und entschlossen! Bemühe dich darum, das ganze Gesetz zu befolgen, das dir mein Diener Mose gegeben hat. Weiche nicht davon ab! Dann wirst du bei allem, was du tust, Erfolg haben. Sag dir die Gebote immer wieder auf! Denke Tag und Nacht über sie nach, damit du dein Leben ganz nach ihnen ausrichtest. Dann wird dir alles gelingen, was du dir vornimmst. Ja, ich sage es noch einmal: Sei mutig und entschlossen! Lass dich nicht einschüchtern, und hab keine Angst! Denn ich, der Herr, dein Gott, bin bei dir, wohin du auch gehst.“

Josua 1,2–9

Josua hatte wahrscheinlich schon eine ganze Weile darauf gewartet, von Gott berufen zu werden. In diesem Abschnitt sagt Gott zu Josua: „Mose ist tot, und jetzt bist du dran! Dieses ganze Land wird dir gehören.“

Und Josua hat Israel angeführt auf dem Eroberungszug in das Verheißene Land. Er war Militärführer und Führer des Volkes. Als Gehilfe von Mose wurde er schon lange auf diesen Moment vorbereitet. Und ich glaube, das ist Gottes Art. Er hat Josua das beigebracht, was er wissen musste, um ein gottesfürchtiger Leiter zu werden – denn Gott kannte seine Zukunft ganz genau.

Josuas Trainingszeit zeigt uns, wie Gott unsere Lebenserfahrungen benutzt, um uns vorzubereiten und auszurüsten, bevor er uns schließlich dazu beruft, noch größere Taten zu vollbringen – es ist die Vorbereitung für eine glorreiche Zukunft.

Als Josua seine Berufung empfing, hätte es so aufregend und so einfach sein sollen. Nur, warum musste Gott ihm dann immer wieder sagen, dass er mutig und entschlossen sein sollte? Fehlte ihm noch etwas? Ja, genau genommen fehlten ihm sogar einunddreißig Dinge!

In Josuas Zukunft warteten einunddreißig Könige; er musste einunddreißig Könige besiegen, um in das Versprochene Land einziehen zu können. Jeder einzelne dieser Könige stellte die unangekündigten Hindernisse oder genauer gesagt, „die Berge" dar, die Josua bewegen musste, um die glorreiche Zukunft in Besitz zu nehmen, die seinem Volk versprochen worden war.

GLAUBE, DER BERGE VERSETZT

Die Bibel berichtet uns von einem Glauben, der stark genug ist, um Berge zu versetzen. Dazu braucht es ganz schön viel Kraft. Jesus sagt in Matthäus 21,21+22: „*… wenn ihr Glauben habt und nicht zweifelt, könnt ihr nicht nur das tun, was mit dem Feigenbaum geschehen ist [er hatte gerade einen Feigenbaum verflucht, der daraufhin verdorrte]; ihr könnt dann sogar zu diesem Berg hier sagen: ‚Heb dich empor und stürz dich ins Meer!', und es wird geschehen. Wenn ihr betet und im Glauben um etwas bittet, werdet ihr es erhalten, was immer es auch sei.*"

Das ist ein ziemlich verrückter Gedanke. Ich weiß nicht, wie es dir geht, aber ich würde gerne ein paar Berge verschieben. Früher war ich gerne Snowboarden. Mit dieser Art von Glaube würde ich gleich zu Beginn den größten Berg Australiens (2228 m) nach

Frankreich bewegen und die französischen Alpen hier nach Australien versetzen. Aber ich bin mir ziemlich sicher, dass Jesus etwas anderes damit meinte.

Was er gemeint hat, ist, dass jeder von uns Problemen begegnen wird, die in unserem Leben wie Berge aussehen werden. Vielleicht fallen dir „Berge" ein, die momentan direkt vor dir stehen. Vielleicht haben deine Berge oder deine persönlichen einunddreißig Könige Namen wie „Schulden", „zerbrochene Ehe", „Depression", oder „Krebs". Manchmal sind Probleme wie riesige Berge, die uns nichts anderes mehr sehen lassen. So wie wenn wir durch die Windschutzscheibe unseres Autos gucken und eine versperrte Sicht auf die vor uns liegende Straße haben. Das einzige Gegenmittel – die Landkarte für den Pass über steinige Berggipfel – ist das Festhalten an Gottes Wort und der feste Halt im Glauben, sodass du um die letzte Kurve fahren und im Rückspiegel sehen kannst, wie der Berg in der Ferne allmählich verschwindet. Diese „strapaziösen Bergreisen" sind das, was Glaubenszeugnisse ausmachen. Das was einst vor dir lag, hat sich bewegt und liegt jetzt durch die Kraft, die im Namen Jesu liegt, hinter dir.

In den über dreißig Jahren meines Dienstes bin ich ein paar schwierigen Bergen begegnet. Einige habe ich bereits in diesem Buch erwähnt. Ich bin in die Schusslinie der Presse geraten, wurde von Menschen enttäuscht, hatte eine Krise des Selbstvertrauens, familiäre Herausforderungen und finanzielle Hürden. Genau wie bei Josua, glaube ich, dass Glaube in Kampfstellung gehen muss, wenn es darum geht, Gebiete zu erobern oder loszulassen. Solltest du gerade vor einem Berg stehen, dann sei ermutigt: Gewinnst du an Land, verliert dies der Teufel. Die Mächte der Dunkelheit, welche die Versprechen Gottes anfechten, hassen es, an

Boden zu verlieren. Glaube ist die Lösung, und widerstandsfähiger bereitwilliger Glaube erst recht der Schlüssel. Denn der einzige Weg einunddreißig Könige zu besiegen, ist einen nach dem anderen niederzuringen.

WIDERSTANDSFÄHIG UND BEREIT

Damit unser Glaube auf lange Sicht sowie trotz Rückschlägen und Herausforderungen Bestand hat, müssen wir ihn trainieren und stärken. Glaube, der nötig ist, um die härtesten Schläge des Lebens zu überleben, muss robust und widerstandsfähig sein – also stark und gesund sowie kräftig und stabil. Sobald wir die Entscheidung getroffen haben, Jesus nachzufolgen und das Leben als Christen zu führen, vergessen wir manchmal die Notwendigkeit, unseren Glauben ständig auszuüben und anzuwenden. Unsere geistlichen Muskeln ähneln dabei unseren körperlichen, da auch sie regelmäßig weiterentwickelt werden müssen, um zu wachsen und stark und gesund zu bleiben.

Ohne regelmäßige körperliche Betätigung verkümmern unsere Muskeln. Sie schrumpfen und werden schwächer, bis sie irgendwann nicht mehr richtig funktionieren. So auch im Glauben. Trainieren wir ihn nicht täglich, wird er schwach und kraftlos. Er kann dann letztlich den Herausforderungen und Versuchungen, denen wir unausweichlich ausgesetzt sind, nicht mehr standhalten. Menschen, die ihren Glauben regelmäßig stärken und in ihrer Liebe und ihrem Vertrauen zu Gott wachsen, wissen, dass der richtige Fokus entscheidend ist. Sie wissen, dass Glaube auf Jesus basieren muss – nicht auf anderen Menschen, materiellen Besitztümern oder der Kirche.

Dein Glaube wird mit der Zeit und mit jeder neuen Herausforderung, jedem Kampf oder Hindernis, dem du begegnest, wachsen, solange er in deiner Beziehung mit Christus verankert ist. Du lernst, wie du Gott auf eine Art und Weise vertrauen kannst, die über das hinausgeht, was du siehst, fühlst, weißt, oder dir vorstellen kannst. Besonders dann, wenn etwas Undenkbares passiert, musst du darauf vertrauen, dass Gott etwas ebenso Unvorstellbares tun wird. Etwas, das größer ist, als dass du es aus deiner momentanen Perspektive sehen oder erahnen könntest.

Oder warum sollte man uns Überwinder nennen, wenn es gar nichts zu überwinden gibt? Gäbe es im Leben keine Hindernisse oder Herausforderungen, würde Glaube keinen Sinn machen. Also sei nicht entmutigt, wenn dir Herausforderungen begegnen. Die Bibel sagt, dass Gottes Kraft ganz besonders in uns wirkt, wenn wir schwach sind (2. Korinther 12,9) und dass unser Glaube vom Feuer gereinigt werden wird (1. Petrus 1,7).

DER AUSDAUERNDE GLAUBE EINER NATION

Als mein ältester Sohn Joel einundzwanzig Jahre alt wurde, habe ich spontan entschieden, dass er und ich ein bisschen Zeit miteinander in New York City verbringen sollten. Unsere Beziehung war damals geprägt durch die Anspannung eines viel beschäftigten Papas und eines erwachsen werdenden Sohnes, der herauszufinden versuchte, wer er war und wofür er leben wollte. Aufgrund einer Hillsong-Worship-Tour hielten wir uns ohnehin schon in New Jersey auf. Also sorgte ich dafür, dass Joel und ich noch ein paar Tage in New York verbringen konnten, um die Stadt zu genießen und ein paar der US-Open-Tennisspiele anzuschauen – etwas, das ich schon immer einmal machen wollte.

Es war ein großartiger Trip. Wir hatten einen genialen Lobpreisabend in einer Kirche in New Jersey, in der ein älterer Pastor, der kurz vor seiner Rente stand, eine Prophetie wahr werden sah.

Er hatte daran geglaubt, dass er das Auditorium der Kirche voll sehen würde, ehe seine Zeit abgelaufen war. An diesem Abend war nicht nur das Auditorium ausverkauft, sondern auch die nahe gelegene Turnhalle war voller Menschen und einige Hundert mussten draußen auf einer Leinwand zuschauen. Es war spät geworden, doch wir waren alle noch ziemlich aufgedreht und beschlossen, nach Manhattan zu fahren, um noch einen Happen zu essen. Und wie Touristen nun einmal sind, gingen wir direkt ins Herz des Times Squares. Ein paar aus unserem Team waren noch nie in den Vereinigten Staaten gewesen, geschweige denn im „Big Apple". Sie kamen aus dem Staunen gar nicht mehr heraus.

Wir standen am Broadway und bestaunten in der Ferne die Türme des World Trade Centers, die prunkvoll über alles andere hinausragten. Das war im September 2001.

Am nächsten Tag reiste das Team weiter, um die Lakewood Church in Houston, Texas, zu besuchen. Joel und ich verbrachten ein paar Tage in Manhattan. Und ja, wir schauten uns natürlich das Halbfinalspiel der Männer der US Open an. Während wir von unseren hoch gelegenen Sitzplätzen den Tennisspielern zuschauten, konnten wir auch auf die majestätische Skyline von New York blicken, die meilenweit entfernt auf der anderen Seite des East Rivers lag. An diesem Nachmittag unterhielten wir uns ausführlich über das Besondere dieser weltberühmten Gebäude und ich erzählte Joel, dass einmal ein kleines Flugzeug in das Empire State Building geflogen sei! Dann unterhielten wir uns über die Grausamkeiten des Columbine Amoklaufs in Colorado und den Plan, den der Amokläufer anscheinend gehabt haben soll, ein Flugzeug zu stehlen, um es in das World Trade Center zu fliegen. Es gab so viele Tragödien in der Welt und doch hatten wir keine Ahnung, was wenig später passieren sollte.

Wir genossen die restlichen Spiele (Lleyton Hewitt, ein Australier wie wir, hatte Pete Sampras im Finale der Männer geschlagen) und flogen dann weiter nach Houston und Atlanta. Dort saßen Joel und ich nur zwei Tage später in unserem Hotelzimmer und schauten im Fernsehen völlig entsetzt zu, wie das Unvorstellbare Realität wurde. Schreckliche Zerstörung hatte sich im Herzen Manhattans und um das Pentagon herum breit gemacht. Unsere Herzen waren zutiefst erschüttert und unsere Gebete vereinten sich mit den vielen Millionen anderer Menschen im Land und auf der ganzen Welt.

Weil alle Flüge gestrichen wurden, steckten wir in der darauffolgenden Woche in den Vereinigten Staaten fest. Aber es gab keinen Ort, an dem ich lieber gewesen wäre. Dort nahm meine Liebe für Amerika und seine Menschen ganz neue Ausmaße an. Inmitten des Chaos durfte ich so viele kraftvolle Momente der Einheit, der Opferbereitschaft und der Liebe erkennen, die Gottes Herz sichtbar machten. So viele Amerikaner schufen Möglichkeiten zusammenzukommen, um ihre Liebe füreinander und ihre Unterstützung für ihr Land zum Ausdruck zu bringen.

Ich werde die vielen Flaggen und den patriotischen Geist, der überall herrschte, nie vergessen. Und auch nicht die Großzügigkeit und Gastfreundschaft von Pastor Jentezen Franklin und seiner Frau Cherise, die über zwanzig Australier bei sich aufnahmen, weil sie nicht weiterfliegen konnten. Es war wirklich ein seltsames Gefühl, keine Flugzeuge am Himmel und nur wenige geöffnete Geschäfte zu sehen.

Wir schafften es dann irgendwann einen Bus zu mieten, um die Tour fortzusetzen. Der Bus war allerdings nicht von der Sorte, die für Musiker und Bands gebaut sind, um damit durch Staaten und zwischen Städten hin und her zu fahren. Nein, es war ein ganz normaler Schulbus mit kindgerechten Bänken. Keiner von der Art, mit dem unsere Bands für gewöhnlich reisen. Wir verbrachten insgesamt siebzehn Stunden in diesem Bus; des Nachts versuchten wir in aufrechter Position zu schlafen. Schließlich kamen wir in Saint Joseph, Missouri, an und bereiteten uns auf den nächsten Lobpreisabend vor.

Noch am selben Wochenende hatten wir das Privileg, die Sonntagsgottesdienste in der „Phoenix First Assembly" in Arizona zu besuchen. Als ich an diesem Tag neben Pastor Tommy Barnett stand, liefen mir die Tränen übers Gesicht, als die Kirche sang: „America, America, God shed his grace on thee." Ich habe nie wieder so eine Leidenschaft und so einen Patriotismus gespürt oder gesehen, wie in diesem Gottesdienst und generell in dieser ganzen Woche.

Mein Sohn Joel und seine Familie leben heute im unteren Teil Manhattans. Er ist Co-Pastor und Teil des Teams der dort ansässigen Hillsong Church, die wir in New York City nur wenige Blocks vom Ground Zero und dem Denkmal entfernt gegründet haben. Ironischerweise wurde Joels Liebe für diese Stadt zum allerersten Mal auf unserem Vater-Sohn-Trip 2001 entfacht. So viel hat sich seit den furchtbaren Ereignissen vom 11. September 2001 in den Vereinigten Staaten, ja sogar auf der ganzen Welt verändert – aber mein persönlicher Eindruck, wie diese Nation sich erhob und mutig zusammenstand, war ein großartiges, kollektives Beispiel für widerstandsfähigen, starken, stabilen Glauben. Es war keine militärische Kraft, sondern Mut mitten im Feuer – und ich glaube, danach sollten wir uns in unserem persönlichen Weg mit unserem Vater ausstrecken.

Manchmal passieren furchtbare Dinge – Tsunamis und Erdbeben, Terroranschläge und militärische Konflikte, Epidemien und

Desaster –, aber ganz egal, wie zerstörerisch diese Dinge auch sein mögen; wir haben immer noch Hoffnung. Und diese Hoffnung ist ein Anker für unsere Seele. Voller Leben und Dynamik bringt sie den Trauernden Freude und den Kämpfenden Frieden.

Durch den Glauben, so sagt die Bibel, können wir Königreiche unterwerfen, wir können sehen, wie Versprechen wahr werden, wir können Berge bewegen und den Rachen des Löwen verschließen. Vor allem aber können wir durch den Glauben in den Willen Gottes für unser Leben eintreten, was das Jetzt betrifft als auch die Ewigkeit. Verfolge deine gottgegebene Berufung mit Glauben! Begegne unbezwingbaren Bergen und mächtigen „Königen" mit Glauben.

König David, der auf zahlreiche Herausforderungen stieß und dennoch im Glauben lebte, proklamierte am Ende seines Lebens: *„Ich bin nun ein alter Mann; doch in meinem langen Leben traf ich niemanden, der Gott liebte und dennoch von ihm verlassen wurde"* (Psalm 37,25).

DEN RACHEN DES LÖWEN VERSCHLIESSEN

Um den Glauben so zu stärken, dass er robust und widerstandfähig wird und die Tür für Gottes glorreiche Zukunft öffnen kann, musst du dich dem Feind entgegenstellen. Oder, wie es im Hebräerbrief beschrieben wird, „den Rachen des Löwen verschließen" (Hebräer 11,33). Dieser Satz bezieht sich auf die Geschichte von Daniel in der Löwengrube. Allerdings ist es kein Zufall, dass hier auch der Bezug zum Teufel hergestellt wird. „*... der Teufel, euer Todfeind, läuft wie ein brüllender Löwe um euch herum. Er wartet nur auf ein Opfer, das er verschlingen kann*" (1.Petrus 5,8). Der Feind hat es darauf abgesehen, uns zu verschlingen, uns in Versuchung zu führen und uns von Gott wegzuziehen.

Ganz egal, ob du wie Daniel buchstäblich den Rachen des Löwen verschließt oder einen geistlichen Kampf führst; für beides braucht man einen starken, widerstandfähigen Glauben. Beide Szenarien setzen überlegte Entscheidungen voraus. Die beste glaubensstärkende Entscheidung, die du im Bezug auf ihn treffen kannst, ist: Gib dem Verführer keine Chance, Fuß in deinem Leben zu fassen. Was sind die Gebiete, in denen der Teufel deine Energie rauben und deinen Glauben ersticken möchte? Erinnere dich daran, dass er ein besiegter Gegner ist und dass seine Zeit abläuft. Manchmal haben wir das Gefühl, dass er wie ein Löwe darauf aus ist, große Stücke aus unserem Leben zu reißen. Zuweilen ist das auch seine Absicht, aber oft – so denke ich – sind es gerade seine kleinen täglichen Bissen, die unseren Glauben bröckeln lassen.

Was versucht dir der Feind zu stehlen, um deine Beziehung mit Gott zu beeinträchtigen? Wie versucht der Feind dich mit seinem lauten Brüllen und seinen großen Zähnen abzulenken? Wo musst du aufstehen und den Rachen des Löwen verschließen?

Manchmal denke ich, dass wir viel Zeit damit verbringen, vor dem Teufel zu fliehen, obwohl wir eigentlich nur unseren Mann stehen sollten. Die Bibel lehrt uns nicht vor dem Teufel zu fliehen; sie lehrt uns, dass wir uns Gott nähern sollen, um dem Teufel zu widerstehen, damit er vor uns fliehen wird. Wir brauchen uns also nicht darum zu kümmern, vor dem Teufel wegzurennen und uns vor ihm zu verstecken. Wir müssen uns einfach nur darauf konzentrieren, Gott und seiner Bestimmung für unser Leben näher zu kommen. So können wir dem Teufel am besten widerstehen. Wenn er sieht, dass wir Gott immer näher kommen, wenn er beobachtet, dass unsere Glaubensmuskeln größer und stärker werden, dann wird er gezwungen, sich seine Niederlage einzugestehen.

Die glorreiche Zukunft, die Gott für dich bereithält, ist viel zu wichtig und zu wertvoll, um sie sich vom Feind stehlen zu lassen. Der Teufel ist nichts als ein Betrüger, und er läuft wie ein brüllender Löwe herum, der viel Lärm und Angst verbreitet. Aber manchmal laufen wir auf unserer Flucht vor ihm direkt in die Fallen, die er für uns aufgestellt hat. Jemand hat mir einmal erzählt, dass es gar nicht so gefährlich ist, wenn du in der Wildnis einen Löwen brüllen hörst. Anscheinend suchen sich die männlichen Löwen mit ihren großen Mähnen und spitzen Zähnen ein schönes Plätzchen und lassen dort dieses enorme Gebrüll los. Seine Beute läuft dann in die entgegengesetzte Richtung, wo eine Löwin, die Gemahlin des alten Leos, bereits ganz leise wartet.

Manchmal ist es nicht derjenige, vor dem wir weglaufen, der Macht über uns hat, sondern es ist vielmehr das Wegrennen selbst, das uns von Gott wegzieht. Wir konzentrieren uns immer mehr auf unsere eigene Angst, anstatt fest im Glauben zu stehen und Gott zu vertrauen, dass er uns hilft, die Fallen des Feindes zu überwinden. Du brauchst diesen widerstandsfähigen Glauben, um dich vor dem Teufel zu behaupten. Wie? Indem du dich Gott näherst.

Einer der besten Wege, sich Gott zu nähern, liegt in der Kraft der Anbetung. Mit Anbetung sind nicht nur schöne Lieder gemeint. Anbetung bzw. Lobpreis konzentriert sich darauf, wer Gott ist – seine Größe und Majestät. Wenn wir singen, erheben und verherrlichen wir Gott und seinen Charakter. Und wenn unser Fokus auf ihn größer wird und sein Platz in unseren Herzen zunimmt, haben unsere Probleme nicht mehr so viel Raum. Der Teufel verliert an Boden, den er eigentlich mit Zweifeln, Ängsten und Fallen ausstatten will. Gott bekommt nun vielmehr die Ehre und wir wachsen hin zu einem starken, widerstandsfähigen Glauben, der den Teufel niederschmettern kann.

Führe dein Leben nicht in Angst vor dem Teufel, denn Jesus hat den Sieg ein für alle Mal für uns errungen! Jesu Versprechen von Gnade, Vergebung und ewigem Leben öffnet uns den Weg in eine glorreiche Zukunft. Wir werden nicht länger von den Sünden unserer Vergangenheit gefangen gehalten oder von den Fehlern und Schmerzen, die der Feind gerne benutzt, um uns zum Stolpern zu bringen. Wir können seine Versuche, uns zu verängstigen und einzuschüchtern abwehren und seine Lügen darüber, wer wir sind und wer Gott ist, abschütteln. Wir sind Kinder des Königs, die sich auf die Versprechen des Vaters berufen dürfen. Genau wie Josua im Verheißenen Land haben auch wir noch ein paar Kämpfe zu kämpfen – doch der Sieg ist schon unser.

Dir ist deine glorreiche Zukunft sicher!

KAPITEL 17

MEIN HERR UND MEIN GOTT

„I love you Lord, I worship you
Hope which was lost, now stands renewed.
I give my life to honor this
The love of Christ, the Saviour King. "
„Ich liebe dich, anbete dich.
Wo Hoffnung sank, fängst du neu an.
Ich leb für dich, weil du für mich
mein Retter und mein König bist."

„SAVIOUR KING" (RETTER UND KÖNIG),

HILLSONG MUSIC, 2007

Bobbie ist wahrscheinlich die beste Skiläuferin in unserer Familie. Das kann aber auch daran liegen, dass wir anderen snowboarden – denn das ist es, was wir jungen Leute tun. Ich bin vielleicht der älteste und langsamste Snowboarder auf dem gesamten Berg, aber unsere Jungs gleichen meine Mängel durch ihr Können aus. Eigentlich habe ich mit dem Snowboarden in der noblen aber naiven Absicht angefangen, mehr Qualitätszeit

245

mit ihnen zu verbringen. Als jedoch ein besonders übler Sturz für mich auf dem Operationstisch und mit Platten und Nägeln in meinem Ellbogen endete, war klar, dass es vielleicht einfachere Wege geben könnte, Familienzeit mit meinen erwachsenen Söhnen zu verbringen. Indessen habe ich aber eine Sache durch meine Bemühungen in Sachen Snowboard erreicht: Meine Eskapaden haben zu Tisch bei uns Houstons für stundenlange Familiengeschichten gesorgt, stets von großer Heiterkeit und Gelächter begleitet – so hatte ich mir das eigentlich nicht vorgestellt.

Einmal lockten unsere Jungs Bobbie und mich in den Lift, hinauf zu einer besonders hohen Bergspitze. Als wir auf dem Berggipfel ausstiegen, war Bobbie sichtlich unsicher. Aber unsere Jungs können sehr überzeugend sein und so beschlossen wir, uns gemeinsam auf das Unbekannte vor uns einzulassen. Wir starteten gemeinsam, doch nach einem relativ einfachen Hang, der ein paar Hundert Meter lang war, änderte sich alles. Die schwarzen Diamanten auf den Hinweisschildern, die einen hohen Schwierigkeitsgrad ankündigten, waren nicht umsonst aufgestellt.

Es war bereits zu spät, um zum Lift zurückzukehren. Wir hatten also kaum eine andere Wahl, als stur den Unwägbarkeiten entgegenzufahren, die auf uns warteten. Es dauerte nicht lange und wir standen am Rande einer Klippe mit einem atemberaubenden Steilhang. Für die Jungs war das keine echte Herausforderung. Sie bezwangen den Abhang im Nu und verschwanden im Wald. Irgendwie schaffte auch ich es, hinunterzurutschen, alle Gefahren zu vermeiden und auf sichereren Grund zu gelangen.

Es war Bobbies Pech, dass Ritterlichkeit nicht das Motto des Tages war. Sie blieb am Rand der Klippe zurück und musste für sich selbst sorgen, während all ihre Männer schon lange verschwunden waren. Sie saß also fest – mit dem Rücken zur Wand des schneebedeckten Berges und wusste, dass ihr nur der Weg nach unten blieb! Ein freundlicher Herr, der ihr Zögern sah und ihre Angst verstand, blieb stehen, sah sich die Klippe an und sagte: „Sie müssen sich einfach dem Berg anvertrauen."

Und genau das tat sie. Schließlich erreichte meine tapfere Frau das Tal gesund und mit einer Geschichte, die sie erzählen konnte.

Manchmal, wenn du dich vom Leben an die Wand gedrückt fühlst, musst du das Gleiche tun und dich dem Berg anvertrauen. Du musst dich einfach in den Glauben stürzen und darauf vertrauen, dass Gott dich durch die Prüfungen und Anfechtungen, denen du gegenüberstehst, führen und leiten wird. So viele Situationen im Leben sind ähnlich wie der Versuch, auf Skiern den Rand eines Steilhangs zu überwinden, ohne den Weg nach unten zu sehen. Es gibt keinen Weg zurück und keinen vorwärts. Du denkst, du steckst fest und hast Angst. Und wahrscheinlich bist du kurz davor, die Hoffnung zu verlieren. Das sind die Zeiten, in denen du dich im Glauben üben musst wie nie zuvor und in die glorreiche Zukunft hineintrittst, die Gott für dich vorbereitet hat, auch wenn du sie nicht erkennen kannst. Es gibt Zeiten im Leben, in denen du dich einfach deinem Berg anvertrauen musst.

ZWEIFEL UND ENTTÄUSCHUNGEN

Um Jesus auf dem Abenteuer eines glaubenserfüllten Lebens zu folgen, müssen wir Risiken eingehen. Den Blick auf ihn zu behalten, während er dich auf das offene Wasser ruft, in etwas großes Unbekanntes, wo die Füße vielleicht versagen wie bei Petrus, ist niemals einfach. Ängste und Zweifel stürmen auf dich ein und rufen dir all die Gründe zu, warum du nicht das, was Gott dich zu tun ruft, tun kannst oder tun solltest. So furchterregend es manchmal sein mag, musst du doch bereit sein, weiterzugehen und in den kleinen Dingen treu zu sein, während du Gott um die Stärke, den Mut und die Mittel bittest, den nächsten Schritt tun zu können.

Diese dunklen Momente des Lebens, wenn die Unsicherheit der Zukunft dich einschüchtert, brauchen eine tiefere und mutigere Art des Glaubens. Das sind die Zeiten, in denen Gott nicht nur will, dass du ihm vertraust, sondern dass du ihm alle Bereiche deines Lebens übergibst. Wir setzen es oft als selbstverständlich voraus, dass es das Gleiche ist, Gott zu kennen und ihn zum Herrn in unserem Leben zu machen. Aber ich bin überzeugt, dass wir Gott als unseren Herrn anerkennen müssen, besonders wenn wir den Scheidewegen und Schmelztiegeln des Lebens gegenüberstehen. Nichts kann uns unsere glorreiche Zukunft so eröffnen wie die Erfahrung einer persönlichen Offenbarung über Jesu Herrschaft in unserem Leben.

Wir stellen diese Art von Offenbarung auch bei einem Jünger Jesu ganz besonders fest. Einem Mann, der glauben wollte, aber einen sicheren Beweis brauchte, um seinen Glauben stützen zu können – Thomas. Beachte den Grund für Thomas' Zweifel und wie sie ihn in diese besondere, einzigartige Offenbarung mit dem auferstandenen Christus führten.

„Thomas, einer der zwölf Jünger, der auch Zwilling genannt wurde, war nicht dabei. Deshalb erzählten die Jünger ihm später: ‚Wir haben den Herrn gesehen!' Doch Thomas zweifelte: ‚Das glaube ich nicht! Ich glaube es erst, wenn ich seine durchbohrten Hände gesehen habe. Mit meinen Fingern will ich sie fühlen, und meine Hand will ich in die Wunde an seiner Seite legen.'
Acht Tage später hatten sich die Jünger wieder versammelt. Diesmal war Thomas bei ihnen. Und obwohl sie die Tür wieder abgeschlossen hatten, stand Jesus auf einmal in ihrer Mitte und grüßte

sie: ‚Friede sei mit euch!' Dann wandte er sich an Thomas: ‚Leg deinen Finger auf meine durchbohrten Hände! Gib mir deine Hand und leg sie in die Wunde an meiner Seite! Zweifle nicht länger, sondern glaube!' Thomas antwortete: ‚Mein Herr und mein Gott!' Jesus sagte zu ihm: ‚Du glaubst, weil du mich gesehen hast. Wie glücklich können erst die sein, die mich nicht sehen und trotzdem glauben!'"

Johannes 20,24–29

Wie Thomas herausfand, hält das Leben Enttäuschungen bereit. Und falls die Herrschaft von Jesus Christus jemals in unserem Leben infrage gestellt wird, dann in den Situationen, wenn wir Enttäuschungen begegnen. Im Englischen ist das Wort *Enttäuschung* („disappointment") ein interessantes Wort. Die Vorsilbe „dis" bedeutet „in die entgegengesetzte Richtung gehend" und zusammen mit „appointment" (dt.: Verabredung) drückt dieses Wort das Gefühl aus, etwas verpasst zu haben, von dem wir glauben, dass es hätte stattfinden sollen. Oder vielleicht sogar ein Umstand, der dich vom Kurs abgebracht hat. Eine gescheiterte Verabredung. Eine verpasste Verabredung.

Doch Gott verpasst keine Verabredungen. Er enttäuscht uns nicht; nur unsere eigenen beschränkten Vorstellungen und Erwartungen enttäuschen uns. Gott will uns in eine herrliche Zukunft berufen. Er hat einen festgelegten Plan für unser Leben, eine Bestimmung für unsere Zeit hier auf Erden. Jedoch ist manchmal die Kluft zwischen unserer persönlichen Enttäuschung und unserer gottgegebenen Verabredung groß und es ist diese Kluft, in der wir die Beziehung von Thomas zu Jesus geprüft sehen. Als ein Jünger Jesu hat er seinen Meister all das sagen hören, was wir wissen und sicherlich vieles, das wir nicht wissen. Er war Zeuge von Wundern, Heilungen und lebensverändernden Begegnungen.

Und dann schien plötzlich alles den Bach hinunterzugehen – Verfolgung, Jesu Verhaftung, seine Kreuzigung und sein Begräbnis. Es muss sich für ihn angefühlt haben, als ob sich ein wunderschöner Traum plötzlich im grellen Tageslicht auflöst. Nun gibt es also das Gerücht, dass Jesu Körper nicht im Grab liegt sondern er stattdessen von den Toten auferstanden sei. Thomas muss sich, wie auch die anderen Jünger, gefühlt haben, als schwebe er in der Kluft zwischen menschlicher Enttäuschung und „göttlicher Verabredung". Und es gibt nichts anderes, dass so sehr wie Enttäuschung und Desorientierung enthüllt, wie eng wir tatsächlich mit der Herrschaft Christi und Gottes Plan verbunden sind und uns Gott in jedem Aspekt unseres Lebens hingeben.

LIEBE UND BEFREIUNG

In unseren verletzlichen Momenten vergessen wir manchmal, wer Herr ist. Wir sollten Thomas daher nicht auf ewig als den „Ungläubigen" abstempeln. Können wir nicht alle nachvollziehen, dass er sich nach Beweisen, Sicherheit und einer Wiederherstellung der Stabilität in seinem Leben sehnte? Die Jünger müssen sich unglaublich verletzlich gefühlt haben. Es war Nacht und die Dunkelheit spiegelte ihre eigene Verwirrung und Unsicherheit wider. Sie fühlten sich ausgeliefert und ungeschützt, also zogen sie sich in diesen kleinen Raum zurück, an einen Ort, den sie für sicher hielten. Sie verschlossen die Türen und begannen, über ihre Situation zu diskutieren und darüber, was einige von ihnen miterlebt hatten.

Plötzlich stand Jesus mitten im Raum und sagte „Friede sei mit euch!" – obwohl alle Türen abgeschlossen waren. Angst führt dazu, dass wir uns selbst einschließen. Sie verhindert somit, dass wir uns in der Welt beteiligen und den Weg weitergehen, auf den

Gott uns gesetzt hat. Wir suchen eine Zuflucht, ziehen Wände hoch, lassen die Jalousien runter und schließen uns selbst weg, weil wir hoffen, dass der Sturm an uns vorüberzieht oder wir so eine Lösung für unser Problem finden. Weil wir uns einfach nicht vorstellen können, wie wir durch den augenblicklichen Schmerz in unserem Inneren und durch das Chaos um uns herum hindurchkommen sollen, fühlt sich letzten Endes auch die Zukunft bedrohlich und nicht mehr wunderbar an.

Genauso wie Jesus den Jüngern in diesem verschlossenen Raum erschien und ihnen Frieden wünschte, wissen wir, dass er diesen Frieden uns allen bringt. Ich liebe es, dass Jesus nicht nur die Zweifel und Ängste der Jünger erkannte, sondern sich entschloss, in ihre Mitte zu treten. Oft taucht Gott mit etwas auf, das unmöglich erscheint. Thomas wollte nun die Nägelmale in Jesu Hand fühlen und seine Hand in seine Seite legen. Wenn er diese Sicherheit erfahren könnte, und nur dann, war er bereit zu glauben, dass Jesus wirklich wieder am Leben sei.

Also gab Jesus ihm, wonach er fragte. Er nahm Thomas beiseite, damit er ganz nah und persönlich die Beweise bekommen konnte, die er so skeptisch verlangt hatte. Ich kann mir das Lächeln auf Jesu Gesicht vorstellen, als er Thomas zu sich winkte. Er verstand seine Menschlichkeit und hatte Mitgefühl für seinen Freund angesichts der unbekannten Umstände, denen dieser sich gegenübersah.

Aber Thomas musste gar nicht mehr seine Finger in die Male Jesu legen. Unmittelbar rief er: „Mein Herr und mein Gott!" Es ist nicht überliefert, aber ich stelle mir vor, wie Thomas mit diesen Worten zu Füßen von Jesus auf die Knie fiel. Wahrscheinlich überwältigten ihn die unterschiedlichsten Gefühle: Scham für seinen Unglauben, Freude über die Erkenntnis, dass der Meister lebendig war und Aufregung über das, was die persönliche Offenbarung des wiederauferstandenen Christus wohl mit sich brachte.

Es ist außerdem bemerkenswert, dass Thomas Jesus zum Herrn *und* Gott erklärte. Das war nicht nur das Eingeständnis, dass allein der Sohn Gottes vom Grab auferstehen konnte, sondern Thomas lieferte sich damit vollständig an diesen Gott aus. „Mein Herr und mein Gott" ist eine kraftvolle Aussage, denn er erhielt in diesem Moment eine Offenbarung über Jesus wie niemals zuvor. Aus dem ungläubigen Thomas wurde der verkündende Thomas. Seine Zweifel und Enttäuschung verwandelten sich zu Gottes Salbung und Berufung. Ganz plötzlich war nicht mehr sein Verstand mit Zweifeln, sondern sein Herz mit Vertrauen erfüllt und er konnte verkünden „Mein Herr und mein Gott!".

Es kann herausfordernd sein, die Herrschaft über dein persönliches Leben zu begreifen und sie darauf zu übertragen, weil sie so groß und umfassend ist. Von Gott als dem Herrn der Schöpfung und dem Herrn der Erlösung zu denken, ist relativ einfach. Wir können anerkennen, dass er der Herr über den Himmel und die Erde ist, unendlich und unbegrenzt, aber wenn wir seine Herrschaft auf unser tägliches Leben beziehen, kostet es uns plötzlich etwas. Wir können nicht mehr so leben, wie wir es vorher getan haben – zweifelnd, fragend, ängstlich und in der Klemme. Seine Herrschaft befreit uns, um in der Fülle zu leben, in persönlicher Beziehung zu ihm zu stehen und den nächsten Schritt auf unserer Reise mit Christus zu machen.

Diese Herrschaft in allen Bereichen anzuwenden kann beängstigend und herausfordernd sein. Ja, er ist jetzt der Herr meines Lebens, aber muss das wirklich alles beinhalten?

Was ist mit dem Herrn über die Finanzen? Was ist mit dem Herrn über deine Freundschaften? Was ist mit dem Herrn über deine Beziehungen? Was ist mit dem Herrn über deine Sexualität? Was ist mit dem Herrn über deine Prioritäten? Was ist mit dem Herrn über deine Karriere? Was ist mit dem Herrn über deinen Umgang mit deinen Vorgesetzten und Kollegen? Was ist mit dem Herrn über alle anderen Bereiche deines Lebens? Nur wenn wir ihm alles, was wir sind, alles was wir haben und alles was wir hoffen, anvertrauen und übergeben, können wir wahrhaftig und aufrichtig die Liebe und Befreiung verstehen, die daraus erwächst, dass Jesus unser Herr ist.

VERGLEICHE UND ÜBERZEUGUNGEN

Eine persönliche Offenbarung über den lebendigen Christus kann man sich nicht ausdenken. Ich glaube, wenn wir Gott aufrichtig suchen und uns ihm nähern, dann nähert er sich uns, wie es uns das Buch des Jakobus sagt. Aber manchmal, wenn wir im Leben durch schwierige Zeiten gehen, haben wir den Eindruck, dass jeder andere sein Leben christlicher lebt, als wir es tun. Andere scheinen Gott näher zu sein, ihr Glaube wächst und sie brennen für Gott durch die Kraft des Heiligen Geistes.

Manchmal sind wir Pastoren und Leiter versucht, den Erfolg unseres Dienstes mit anderen zu vergleichen, obwohl wir es besser wissen sollten. Wir sehen, wie Gott andere in ihrem Dienst segnet und ihren Einfluss für sein Reich vergrößert und wir fragen uns, warum wir selbst solche Gunst noch nicht erfahren haben. Vielleicht missgönnen wir unseren Freunden und Partnern im Dienst nichts, aber oftmals haben wir das Gefühl leer ausgegangen zu sein und fragen uns, wann unsere Zeit kommen wird, in der wir unsere eigene Offenbarung von Gottes Macht in unserer Mitte erfahren werden. Wie ein eifersüchtiges Kind, das seinen Vater dabei sieht, wie er ein Geschwisterkind belohnt, fragen sich die

Menschen manchmal, ob ihnen etwas vorenthalten wird, woran andere sich zu erfreuen scheinen. Es sind Momente wie diese, in denen wir treu bleiben, und einfach das tun müssen, wozu Gott uns berufen hat.

Eins kann ich ehrlich über Bobbie und mich sagen: Wir haben stets versucht, unsere Leben sowohl in unserer Ehe als auch im Zusammenleben authentisch zu führen und den Prinzipien verpflichtet zu sein, die wir andere lehren. Sicher, wir haben unterwegs Fehler gemacht, aber seit dem Anfang unserer Ehe waren wir uns einig, Gott in unseren Finanzen, unseren Beziehungen, unseren Worten, unseren Taten, unserer Leiterschaft …, in allem an die erste Stelle zu setzen. Als wir diese Übereinkunft trafen, besaßen wir noch nicht viel. Es war uns nicht klar, welche Spannungen es manchmal auslösen kann, Gott an erste Stelle zu setzen. Aber ich liebe die Tatsache, dass ich heute als Pastor hier stehen und jedem in die Augen schauen kann – egal ob Erstbesucher oder neugierige Journalisten, langjährige Freunde oder Familie – und sagen kann, dass wir uns bemüht haben alles, was wir in Hillsong Church lehren, in unseren Leben umzusetzen.

Mit siebzehn oder achtzehn Jahren beendete mein Sohn Ben die Highschool bzw. die zwölfte Klasse, wie es hier in Australien heißt. In andern Ländern beginnt dann der „Spring Break" (Frühlingsferien), in dem junge Leute feiern, Party machen und zusammen in den Urlaub fahren. Bei uns nennt man das „Schoolies". Diese Zeit bereitet vielen Eltern Sorge, da immer wieder Kinder in dieser Zeit über die Stränge schlagen und in alle möglichen Schwierigkeiten geraten, wovon manche harmlos und andere extrem, gefährlich oder sogar tödlich sind.

Unser Ben war in dieser Zeit seines Lebens wie jeder andere Teenager. Er liebte den Herrn, seine Familie und seine Freunde, er liebte „Wildlife," unsere Jugendarbeit, genauso wie den anderen Zeitvertreib, den ich schon erwähnt habe, Wakeboarden und Surfen. Er liebte auch seine Schulfreunde und nichtchristlichen Kumpels und selbst als Heranwachsender waren sein seelsorgerisches Herz und seine große Fürsorge für andere Menschen klar zu erkennen. Aber er war auch jung und leicht zu beeindrucken und fühlte sich offensichtlich von seinen Freunden zu Dingen hingezogen, die einen anderen Standard hatten als den, für den Bobbie und ich bei all unseren Kindern gebetet und geglaubt haben. Und als seine Abschlussprüfungen vorbei waren und das Ende des Schuljahres nahte, schlug das Schicksal zu.

Ben fuhr mit seinen Freunden auf eine Highschool-Party und hatte sich bereit erklärt, mit meinem Wagen zu fahren. So etwas belebt ja immer die Gebete der Eltern. Die Party war ein Event zum Schuljahresende und Dutzende junge Leute nahmen daran teil. Später am Abend, als die Party zu Ende war, kamen Ben und seine Freunde aus dem Haus. Dabei machten sie ordentlich Lärm – wie Teenager das eben so machen – und machten sich auf den Weg zum Wagen. Die Party war vorbei und hatte sich auf die Straße verlegt, wo nun Unterhaltungen zu Kabbeleien führten, wer wo sitzen würde.

Plötzlich tauchte aus dem Nichts ein Wagen mit ausgeschalteten Scheinwerfern auf. So wie ich es verstanden habe, raste der Wagen ohne langsamer zu werden auf die Partyleute zu und prallte gegen einen der Jungen, mit denen Ben unterwegs war. Er wurde durch die Luft geschleudert und schlug am Randstein auf. Sein Kopf blutete. Wie durch ein Wunder überlebte er, aber er erlitt schreckliche Kopfverletzungen, die ernsthafte und dauerhafte gesundheitliche Schäden mit sich brachten. Einen solch schweren Unfall oder ihn auch nur miterleben zu müssen, wünscht man wirklich niemandem. Es war furchtbar für jeden, der dabei war. Ben traf es besonders hart, der wiederkehrend unter Albträumen litt.

Irgendwie aber wurde durch Gottes Gnade dieser Unfall für Ben eine Art Auslöser, um gründlich über sein Leben nachzudenken und seine gegenwärtigen Prioritäten zu überprüfen. Neben der seelischen Belastung durch den Unfall stand ihm außerdem jetzt nach der Highschool eine Zeit des Übergangs bevor, die ihm ein wenig Angst machte. Ben entschied sich aber am Sommercamp unserer Jugendarbeit teilzunehmen, das nur ein paar Wochen später stattfinden sollte. Und wie viele andere Kids erlebte Ben in diesem Jahr beim Sommercamp seine eigene persönliche Offenbarung von Jesus. Es war eine Erfahrung, die sein Leben neu definierte, ja für immer veränderte.

Das ist es, was Eltern sich erhoffen, wenn sie ihre Kinder in ein Feriencamp schicken. Und genau deswegen bieten wir bis auf den heutigen Tag Sommercamps für junge Leute an. Zwischen Geländespielen und verrückten Abenteuern begegnen junge Leute Gott oft auf eine einschneidende Art und Weise. Ein Camp kann in manchen der Kids ein Feuer entzünden, das sie für immer verändert und sie damit letztlich in die glorreiche Zukunft führt, die Gott für sie vorbereitet hat.

VÖLLIGE HINGABE

So wie Thomas hatte Ben eine Begegnung, die ihn verkünden ließ: „Mein Herr und mein Gott!" Die Früchte dieser Offenbarung wurden augenblicklich sichtbar, als das fast unmöglich geglaubte doch passierte. Ben liebte Sport, und er war gut darin; er war gut in allem, bei dem du seitwärts stehst. Ob es ein Wakeboard, Surfboard, Snowboard oder ein Skateboard war, er war grundsätzlich

dabei und liebte es. Aber als Ben aus dem Sommercamp zurück-
kam erklärte er uns, er habe es auf dem Herzen, all diese Dinge für
zwölf Monate nicht zu tun. Und genau das tat er!
Ben legte all seine Lieblingsaktivitäten und sportlichen Hobbys
für ein Jahr zur Seite. Er ging weder surfen noch skaten, sondern
las stattdessen die Bibel nach einem Jahresleseplan und entschied
sich „Spiritual Leadership" (dt.: geistliche Leiterschaft) am Hillsong International Leadership College zu studieren. Kurz darauf
einigten wir uns, dass es für ihn eine großartige Erfahrung wäre,
zwölf Monate zu reisen und Praktika bei Hillsong Kiew, Hillsong
London und bei Freunden in Virginia Beach an der Ostküste der
USA zu machen. Es war ein auf viele Arten herausforderndes Jahr,
weg von allem und allen zu sein, die er liebte, einschließlich seiner
hübschen Freundin Lucille. Aber Ben kam als veränderter junger
Mann zurück, und wir waren erstaunt und so dankbar.

Unser Sohn hatte eine persönlich Offenbarung von Gott erhalten, die ihm die Augen für seine glorreiche Zukunft geöffnet hatte. Eine, die sich uns bis heute zu zeigen beginnt. Und sie ist besser, als wir es uns als Eltern je erträumt hätten. Heute leben Ben
und Lucille und ihre drei Töchter in Los Angeles, wo sie Hillsong
L. A. bauen und leiten. Dennoch war es während seiner Teenager-
zeit als Ben wie Thomas bekannte: „Mein Herr und mein Gott!"
Dadurch geriet sein Leben in den Sog jener glorreichen Zukunft,
die Gott für ihn vorbereitet hatte. Und wir alle sahen, wie Gott
Enttäuschung in eine „göttliche Verabredung" verwandelte.

Ich bete, dass auch du diese Offenbarung, die Thomas erlebte, in deinem Leben erfahren kannst – eine Begegnung, in der du
nicht nur Jesus als den Sohn Gottes, den Retter, erkennst, sondern in der du dich ihm als deinem Herrn vollständig auslie-
ferst. Das ist nicht immer einfach, denn es erfordert ständige und

vollständige Hingabe. Du wirst brutal ehrlich sein müssen in Bereichen, die du geschützt und versteckt gehalten hast und über Geheimnisse, die bisher weggeschlossen und zugedeckt waren. Wenn du Jesus folgen willst und die Fülle des Lebens erfahren möchtest, indem du lebst, liebst und leitest, so wie er es tat, musst du lernen, alles loszulassen. Es ist an der Zeit, die verschlossenen Türen aufzuschließen und die Fensterläden zu öffnen. Lerne von der Lektion der Enttäuschung und erlaube einer „göttlichen Verabredung", dein Herz mit Hoffnung zu füllen. Reiß die Dämme ein, die Bereiche deines Lebens umgeben, in denen du Jesus aus Angst noch nicht erlaubt hast, Herr zu sein und lass ihn hinein – mitten in deine Verletzungen, Zweifel und Zukunftsängste.

So wie Bobbie beim Skifahren musst auch du dich dem Berg anvertrauen und den nächsten Schritt machen. Du darfst Gott mit jeder Faser deines Seins vertrauen, denn du weißt, dass er dein liebender Vater ist und dein Bestes auf seinem Herzen hat. Erkenne nicht einfach nur an, dass er ein allmächtiger und allwissender Gott ist, sondern nimm auch die persönlichen Begegnungen an, die du über die Jahre mit ihm hattest. Wenn du diese persönliche Offenbarung des lebendigen Jesus noch nicht hattest, dann bitte Gott darum, dich innerlich an die Stelle der Hingabe und des Vertrauens zu führen. Er hält immer treu seine Versprechen und wie Thomas wird sich dann dein Bekenntnis von „Ich kann es nicht glauben" zu „Mein Herr und mein Gott!" verwandeln.

KAPITEL 18

HAND UND HERZ

„Lord I give you my heart, I give you my soul.
I live for you alone.
Every breath that I take, every moment I'm awake.
Lord, have your way in me."
„Herr, ich geb' dir mein Herz und alles, was ich bin.
Ich lebe nur für dich,
jeden Atemzug neu und in jedem Augenblick.
Leite mich, mein Gott."

„I GIVE YOU MY HEART" (ICH GEB' DIR MEIN HERZ),
HILLSONG MUSIC, 1996

Es gibt heute mehr als 7 Milliarden Menschen auf der Welt und ich wage zu behaupten, dass eine gute Mehrzahl von ihnen schon einmal den Namen Bono gehört hat – einer der einflussreichsten Musiker und Poeten unserer Zeit. Sein unverkennbarer Klang und musikalisches Können haben die Welt im Sturm erobert. Seine Band, das irische Musikphänomen U2, wird als eine der politischsten und (in Bezug auf die Umwelt) aktivsten Bands unserer Tage angesehen. Ihre Lieder füllen Jahr für Jahr ganze Stadien. Bono ist ihr bekannter, aber bescheidener Frontmann. Er ist unglaublich begabt. Wenn er schreibt, singt und auftritt, tut er genau das, wofür er geschaffen wurde. Er erfüllt seine Berufung, wenn er auf der Bühne eines vollen Konzertsaales steht. Dann macht er das Beste aus seiner Begabung und setzt seine Talente ein.

Trotz seines Erfolgs ist es offensichtlich, dass es viel wichtigere Dinge gibt, die Bono am Herzen liegen. Sein Engagement für die Armen und Benachteiligten, für Ungerechtigkeit und politische Integrität – und deren dramatische Abwesenheit in vielen Ländern der Welt – unterscheidet ihn von vielen anderen Entertainern der Welt.

Durch seinen Einfluss sitzt Bono heute mit mächtigen Königen und Präsidenten zu Tisch und er nutzt seinen Einfluss, um gegen die Armut in der Welt zu kämpfen, für die Verzweifelten und die Ungebildeten der Nationen, die es in dieser Generation am schwersten haben.

Manche mögen betonen, dass seine Musik säkular ist, und damit haben sie recht. Aber er ist ein Mann, der voller Überzeugung im Glauben ist und der tut, wozu Gott ihn begabt hat. Er hat das genutzt, was in seinen Händen liegt – musikalisches Können und seine Berufung, die er durch seine Gaben und Talente auslebt –, um das in Erfüllung zu bringen, was in seinem Herzen und seiner Bestimmung liegt.

In einem früheren Kapitel sprachen wir über 2. Timotheus 1,19, dass du errettet, berufen und begnadet bist für einen bestimmten Zweck, letztlich deine Bestimmung. Alles dreht sich um diese Bestimmung. Deine Gaben und Talente, Zeit und Energie, Leben und Gesundheit, Finanzen und Ressourcen, deine Ehe und Familie, deine Prioritäten und dein Fokus drehen sich um

Bestimmung. Und dabei geht es nicht nur um die speziell auf dich zugeschnittene Bestimmung, sondern um die universelle Bestimmung der gesamten Schöpfung.

Prediger 3,11 in der englischen „Amplified Bible" sagt übersetzt: *„Für alles auf der Welt hat Gott schon vorher die rechte Zeit bestimmt. Auch hat er die Ewigkeit in Herz und Verstand des Menschen gelegt (einen göttlich eingegebenen Sinn für eine Bestimmung, der sich im Laufe der Geschichte entfaltet und der von nichts auf der Welt als von allein Gott befriedigt werden kann)."*

Du wurdest geschaffen, begabt und begnadet für Gottes ewige Bestimmung, eine göttlich eingegebene Bestimmung. Also, was ist deine Bestimmung?

VERLOREN UND GEFUNDEN

So wie wir es in Teil 1 „Ein großes Leben" besprochen haben, schenkt Gott jedem von uns einzigartige Begabungen und Berufungen mit der Gnade, sie zu erfüllen. Allerdings erleben die meisten von uns Zeiten, in denen sie damit zu kämpfen haben, ihre Berufung und einzigartige Bestimmung zu verstehen.

Ich weiß nicht, wie es bei dir ist, aber bei mir hat es Zeiten gegeben, in denen ich versucht habe jemand zu sein, der ich nicht war. Und es hat mich immer in Schwierigkeiten gebracht. Zum Beispiel stand ich vor ein paar Jahren in der Nacht vor einer Hillsong Konferenz vor dem Badezimmerspiegel und dachte, ich sollte mal Friseur spielen. Nachdem ich die Stoppeln in meinem Gesicht getrimmt hatte, vergaß ich den Aufsatz auf den Rasierer zu setzen und schnitt eine Schneise in mein Haar, so wie ein Rasenmäher in zu hohem Gras. Am Ende war ich dann völlig kahl, was Tausende belustigte, die sich zum ersten Abend der Hillsong Konferenz versammelt hatten ... Es war nicht mein bester Look!

Ich habe es ein paar Mal erlebt, wie jemand, der ausgesprochen erfolgreich in seinem Beruf war, Christ und Teil unserer Hillsong-Familie wurde und mich anschließend fragte, was Gott möchte, das er tun solle. Einer von ihnen war ein international erfolgreicher Profisportler, der für seinen starken Charakter innerhalb und außerhalb des Spielfeldes bekannt war. Ein gut meinender (aber, wie ich glaube, fehlgeleiteter) Christ hatte ihm vorgeschlagen, den Sport aufzugeben und sein ganzes Geld wegzugeben, um „Gott zu dienen". Als er mich danach fragte, was Gott von ihm wolle, überlegte er gerade ernsthaft, vom Spielfeld abzutreten und eine Bibelschule zu besuchen, obwohl er gerade auf dem Höhepunkt seiner Laufbahn war.

Ich sah die Dinge sehr anders! Es war und ist meine Überzeugung, dass er Gott mit dem dient, wofür Gott ihm eine Begabung mitgegeben hat. Er hat die Gnade einer unfassbaren Fähigkeit bekommen und indem er nutzt, was er in der Hand hält (in diesem Fall ist es ein Football), hat er die Möglichkeit, seinen Glauben so auszuleben und andere damit zu beeinflussen, wie manch andere es sich nur erträumen können! Er musste sich nicht radikal verändern, um seine Berufung und seine Bestimmung unter einen Hut zu bekommen. Gott hatte ihn ganz offensichtlich dazu geschaffen, ein begnadeter Sportler zu sein. Und er hatte ihn mit Möglichkeiten gesegnet, die er für seinen Erfolg gewinnbringend nutzen konnte. Er schien erleichtert zu sein, als er von mir erfuhr, dass es so vieles gab, was er für das Reich Gottes tun konnte, indem er einfach da weitermachte, wo Gott ihn bereits positioniert hatte.

Ähnlich war es bei meinem Freund John, der Pastor einer Gemeinde in einer kleinen englischen Stadt war. Ein bekannter Milliardär namens Bob gehörte zu seiner Gemeinde. Ich erinnere mich, wie Bob in einem ihrer Gottesdienste Bass spielte. Er und John waren gute Freunde geworden. John hat mir einmal mit einem verschmitzten Grinsen im Gesicht erzählt, wie Bob der Milliardär eines Tages mit Tränen in den Augen zu ihm kam und sagte: „John, ich würde alles dafür geben, das zu tun, was du tust." Und John der Pastor erinnerte sich lächelnd, wie er mit Tränen in den Augen antwortete: „Bob, ich würde alles dafür geben, das zu tun, was du tust!"

Die Unterhaltung, die ich mit John hatte, war heiter. Doch ich glaube, dieser Punkt war sehr tiefgreifend und berührend: Ein Leben zu führen, in dem man sich wünscht, jemand anderer zu sein, heißt frustriert und entmutigt zu leben. Mit dieser Haltung wirst du nicht weit kommen. Manche Menschen sind begnadet, ein Geschäft aufzubauen. Andere sind begnadet, Musik zu komponieren. Wieder andere, um Menschen zu leiten usw. Ich bin begnadet, Menschen zu leiten und wieder andere sind begnadet professionelle Sportler zu sein. Gott macht keine Fehler. Er wusste genau, was er tat und tat es mit voller Absicht, als er dich und mich schuf. Bleibe in der dir zugeteilten Gnade, lebe dort und ermutige andere, es genauso zu machen. Dort wirst du Zufriedenheit und Bestimmung für deine tägliche Berufung finden.

Du musst nicht aufhören, der zu sein, der du bist, nur weil du dein Leben Jesus hingegeben hast. Wenn du Jesus folgst und ein reiches, großzügiges Leben lebst, dann wirst du mehr zu dem Menschen, der du sein sollst, nicht weniger. Ist es nicht paradox, dass wir eigentlich nur aufhören müssen, jemand anderer zu sein, um zu demjenigen zu werden, zu dem Gott uns gemacht hat? *„Wer sich an sein Leben klammert, der wird es verlieren. Wer es aber für mich einsetzt, der wird es für immer gewinnen"* (Matthäus 10,39).

263

Dein Leben hinzugeben, um Christus zu folgen, bedeutet nicht, deine Gaben und Talente zu verlieren. Ich bin davon überzeugt, dass wir nicht das Recht dazu haben, etwas aufzugeben das ein wahres Geschenk Gottes ist. Vielleicht haben wir Talente und Fähigkeiten, von denen wir schlechten Gebrauch machen – indem wir beispielsweise die Begabung für illegale Geschäfte nutzen oder die Gabe der Fantasie, um andere irrezuführen. Solche Dinge müssen sicherlich erst einmal aufgegeben werden, damit Gott die ursprünglichen Gaben, die er dir gegeben hat, läutern und wiederherstellen kann. Doch ich glaube, wir unterschätzen zu oft, was Gott alles nutzen kann.

Der amerikanische Schriftsteller Frederick Büchner erklärt es so: „Der Ort, an den Gott uns ruft, ist der Ort, an dem unsere tiefste Freude und der größte Hunger der Welt sich begegnen!"

Ist dir schon einmal aufgefallen, dass in dem Wort „Berufung" das Wort „Ruf" steckt? Manche Menschen warten auf ein Flüstern vom Himmel, das ihnen den Weg weist, während die Gelegenheit vor ihnen laut ruft.

Das Gleiche gilt auch für dich. Vielleicht plärrt deine Berufung wie eine Sirene in dein Ohr oder läutet wie ein Wecker, der bereits vor einiger Zeit losgegangen ist. Worin bist du gut? Was scheint für dich wie selbstverständlich zu funktionieren? Welche Möglichkeiten liegen vor dir? Bist du künstlerisch interessiert? Liebst du Zahlen und Ordnung? Hast du Freude daran, mit deinen Händen im Garten zu arbeiten? Hörst du leidenschaftlich gern Musik? Fühlst du dich im Klassenzimmer zu Hause? Oftmals wartest du vielleicht auf eine kleine, leise Stimme, die in dein Ohr flüstert, während deine Berufung längst laut um dich herum dröhnt.

HANDWERKSMEISTER

Über Sport zu sprechen lässt manche Menschen kalt, aber wie du inzwischen mitbekommen hast, liebe ich fast jede Sportart! Da ich in Neuseeland aufgewachsen bin, teilte ich den Traum so vieler Jungen, im bekannten „All Black Rugby Team" spielen zu können. Die „All Blacks" haben sich über die Jahre an ihrem enormen Erfolg als Neuseelands Nationalmannschaft erfreuen können. Ihr Name kommt von der schwarzen Ausrüstung, in der sie spielen. Aber jeder, der meinen schlaksigen Gang und meine „Gabe" für Ungeschicklichkeit kennt, würde wissen, dass meine Chancen, ein professioneller Rugbystar zu werden, gegen Null gehen. Wenn ich genauer darüber nachdenke, fange ich an zu lächeln, denn ich fühle mich sehr wohl mit dem Wissen, dass Gott mich mit einer anderen Zusammenstellung an Gaben, Fähigkeiten, Interessen und Ressourcen ausgestattet hat, damit ich die Berufung, die er meinem Leben gegeben hat, erfüllen kann.

Während ich aufwuchs, sah nie jemand einen potenziell Erfolgreichen in mir. Ich war auch nie wirklich auserwählt, in der Schule, unserer Jugendgruppe oder Kirche eine Führungsrolle zu übernehmen. Aber als Teenager empfand ich eine brennende Leidenschaft dafür, Gott zu dienen. Und erstaunlicherweise, als sich die Gelegenheit dann schließlich bot, donnerstagsabends eine Bibelstudiengruppe zu leiten, machte es klick. Ich kam gerade aus der Bibelschule, noch grün hinter den Ohren und ohne wirkliche Erfahrung, aber ich baute darauf, dass Gott in mir die Fähigkeiten sah, die diese Aufgabe benötigte. Ich verließ mich auf ihn, dass er das natürliche Interesse und die Fürsorge in mir hervorholen und es mit meiner Liebe zu ihm und meiner Hingabe an seine Kirche verbinden würde.

Instinktiv verstand ich es, die richtigen Leiter um mich zu versammeln und schnell begann meine kleine Bibelgruppe zu wachsen, bis sie aus dem Wohnzimmer herausgewachsen war und junge Leute draußen im Flur und sogar auf der Straße standen. Nach ein paar Monaten war das Haus viel zu klein, um all die geistlich hungrigen jungen Leute zu fassen, die sich hineinquetschen wollten. Viele von diesen Jugendlichen hatten keinen gläubigen Hintergrund, aber als Jugendliche ihre Freunde mitbrachten und der Heilige Geist ihre Herzen zu Gott zog, begann etwas Kraftvolles.

Sicher würde ich auf dem Fußballfeld immer eine Fehlbesetzung sein. Aber ich fand heraus, dass es etwas Selbstverständliches für mich war, einer Gemeinde zu dienen und sie wachsen zu lassen. Als ich mich auf das konzentrierte, was ich konnte und nicht auf das, was ich tun wollte, aber nicht konnte, entdeckte ich eine neue Richtung in meinem Leben. Mir wurde bewusst, dass meine Begabung, Berufung und Bestimmung perfekt zusammenpassten, als ob sie von einem Handwerksmeister angefertigt wurden – was ja auch stimmte.

Meine Erfahrung ist kein Einzelfall. Wir sind alle dazu berufen, unsere Errettung voller Zuversicht und einem Gefühl von Frieden auszuleben, welche immer dann entstehen, wenn unser Leben an unserer göttlichen Bestimmung ausgerichtet ist. Paulus erklärt:

„Denn Gott hat uns keinen Geist der Furcht gegeben, sondern sein Geist erfüllt uns mit Kraft, Liebe und Besonnenheit. Schäm dich also nicht, dich in aller Öffentlichkeit zu unserem Herrn Jesus Christus zu bekennen. Halte auch weiter zu mir, obwohl ich jetzt für ihn im Gefängnis bin. Sei auch du bereit, für die rettende Botschaft zu leiden. Gott wird dir die Kraft dazu geben. Er hat uns gerettet und uns dazu berufen, ganz zu ihm zu gehören.

Nicht etwa, weil wir das verdient hätten, sondern aus Gnade und dem freien Entschluss. Denn noch ehe die Welt bestand, war es Gottes Plan, uns in seinem Sohn Jesus Christus seine erbarmende Liebe zu schenken."
2. Timotheus 1,7–9

Egal, wo du in deinem Leben gerade unterwegs bist, Gott hat dich für seine Zwecke genau dort platziert. Trotz aller Fehler, die du gemacht hast und aller Reue, die du vielleicht empfindest, hat er dich für eine glorreiche Zukunft auserkoren. Er kann deine Fehler in Lebenslektionen umwandeln, die anderen helfen. Er kann deinen Schmerz in Mitgefühl und Barmherzigkeit verwandeln, um die zu heilen, die um dich sind. Er kann die bescheidensten Fähigkeiten und die meistentwickelten Fachkenntnisse zu seiner Ehre nutzen. Du musst einfach nur bereit sein, in Jesu Fußstapfen zu treten und nach vorne schauen. Hin zu dem, wohin Gott dich führen möchte.

EIN BESONDERER STAB

Während ich um die Welt reise, bin ich immer wieder erstaunt darüber, wie ähnlich sich doch die unterschiedlichsten Menschen sind. Manche von ihnen sind junge Erwachsene, die gerade im Leben durchstarten, andere sind mittleren Alters und erfinden sich gerade neu und verändern, wie sie ihr Leben gestalten wollen. Wieder andere sind im fortgeschrittenen Alter und fragen sich, ob es zu spät ist, das kleine Kitzeln in der Seele zu befriedigen, das Ziehen im Herzen, das Gott für seine Zwecke genau dort platziert hat. Viele von ihnen fragen mich: „Brian, was kann ich tun, damit meine Träume wahr werden? Woher weiß ich, dass meine Träume die Bestimmung Gottes für mein Leben sind?"

Obwohl es da nicht eine Antwort für alles gibt, sage ich ihnen normalerweise immer dasselbe: „Nutze, was du in den Händen hast!" Das ist die Antwort, die Gott Mose gab, nachdem er ihn auserwählt hatte, das Volk Israels aus der ägyptischen Sklaverei herauszuführen. Du erinnerst dich vielleicht, dass Gott Mose in einem brennenden Busch erschienen ist und ihm erzählt hat, dass er versuchen soll, mit dem Pharao zu verhandeln und eine friedliche Ausreise der hebräischen Gefangenen sicherzustellen. Doch Mose antwortete so, wie viele von uns es tun: *„Ich soll zum Pharao gehen und die Israeliten aus Ägypten herausführen? Wer bin ich schon?"* (2. Mose 3,11).

Also sagt Gott zu Mose, dass er dem Pharao und den Ägyptern erklären soll, dass Mose Gott als Sprecher dient, und dass er ermächtigt ist, als göttlicher Botschafter sich um die Freiheit seiner Leute zu kümmern. Mose kauft ihm das nicht ab und denkt weiter: *„Die Israeliten werden mir nicht glauben und nicht auf mich hören. Sie werden sagen: ‚Der Herr ist dir gar nicht erschienen!'"* (2. Mose 4,1). Daraufhin wird Gott sehr genau und direkt und antwortet in Form einer Frage: *„Was hast du da in der Hand?"* (2. Mose 4,2). Ich fühlte, wie Gott in den frühen Jahren der Hillsong Church genau das Gleiche zu mir sagte. Ich erinnere mich, wie ich mich umschaute und fragte, wo um alles in der Welt wir ein Lobpreisteam, Kleingruppenleiter, einen Jugendpastor und Kinderdienstmitarbeiter hernehmen sollten. Aber als ich über die Möglichkeiten in unserer kleinen Gruppe, die sich getroffen hatte, nachdachte, fühlte ich in meinem Geist Gottes Worte an Mose als Echo. *„Was hast du da in der Hand?"*

Über 30 Jahre später finden wir Angestellte und Leiter für unsere Kirche unter den Menschen, die Gott in unsere Hände gegeben hat: Jene, die sich im Leben unserer Kirche bewiesen haben und deren Herz für Gott und sein Haus ihre größte Qualifikation ist. Wir „heuern" keine Menschen an, die kein Verständnis und kein Einfühlungsvermögen für die DNA unserer Kirche haben. Und das beweist sich letztendlich in einem wundervollen Team von aufopferungsvollen Angestellten und Leitern, die unglaublich begabt sind.

Der Segen, an dem wir uns durch Hillsong Worship erfreuen konnten, und der Einfluss, den wir erlangt haben, wurde niemals dadurch geschaffen, dass wir die Besten angeheuert oder diejenigen, die in anderen Gemeinden dienten, zu uns gezogen haben oder die zu Kapital gemacht haben, die ihre eigenen Lobpreisbühne aufgebaut haben. Nein, wir haben einfach Gott vertraut und mit den Menschen gearbeitet, die er uns in die Hände gegeben und anvertraut hat. Und dann haben wir dabei zugesehen, wie er gewöhnliche Menschen dazu benutzte, um außergewöhnliche Dinge zu tun.

Als Mose die Macht in seinem gewöhnlichen Hirtenstab entdeckte, wurde dieser vor seinen Augen blitzschnell zur Schlange. Und als Gott Mose anweist, die Schlange am Schwanz aufzunehmen, verwandelte sie sich zurück in den Stab. Mose war sich sicher, mit diesem Trick die Aufmerksamkeit des Pharaos zu bekommen – und das tat er!

Oft antworten wir auf Gottes Berufung für unser Leben wie Mose. Wir suchen Ausreden und behaupten – oft aufrichtig –, dass wir nicht das mitbringen, was wir für diese Aufgabe brauchen. Wie können wir den Traum verwirklichen, den Gott für unsere glorreiche Zukunft hat, wenn wir nicht die Mittel, den akademischen Grad, das Eigentum, das Kapital oder die Unterstützung haben? Alles was ich dazu sagen kann ist, dass unsere Perspektive durch das, was wir auf der Erde sehen, begrenzt ist. Sie hindert uns daran, die unsichtbaren und unbegrenzten Mittel unseres Vaters im Himmel zu sehen. Und ich habe herausgefunden, dass wir nicht immer die gleichen Dinge wie Gott für nötig halten, um die Aufgabe zu schaffen. So wie Jesus die zwei Fische und fünf Brote segnete, um daraus genug Fischbrötchen für 5000 werden zu lassen, kann Gott aus wenig viel machen. Wenn er segnet, vermehrt er und löst einen Dominoeffekt an positivem Einfluss aus.

ENTRIEGELE DEINE ZUKUNFT

Ob es dir bewusst ist oder nicht: Die Saat für deine glorreiche Zukunft ist bereits gesät. Deine ganzen Lebenserfahrungen, Beziehungen, sogar deine Fehler haben alle dazu beigetragen, die Saat deiner Bestimmung zu düngen. Die Herausforderung für die meisten Menschen besteht jedoch darin, die Lücke zwischen dem, was sie in ihrer Hand haben und dem, was sie auf dem Herzen haben, zu schließen. Es fühlt sich wie eine unüberbrückbare Entfernung an, aber meistens ist sie nicht so groß, wie sie scheint. Oft genug hängt der Weg in deine glorreiche Zukunft von Gottes einmaligem Orientierungssinn ab und nicht von dem, was du als logisch und geradeaus empfindest.

Also, übersieh nicht das, was sich vertraut anfühlt oder gar langweilig. Du bist schon ein Experte in einer ganzen Reihe von Bereichen und Methoden, ob du dir dessen bewusst bist oder nicht. Lenke deine Frustration über den Job in der Fast-Food-Kette in die Planung von neuen und besseren Arten von Kundenservice. Denke über die Grenzen deiner liebsten Social-Media-Quelle nach und verbessere sie. Stelle fest, was dir am besten daran gefällt, dein Team zu leiten und schau, ob du dich darauf spezialisieren kannst. Nutze die Freude und Befriedigung an deinem perfekt organisierten Haushalt und sei großzügig mit den Mitteln, die du hast. Es gibt viele Wege, den Stock oder Stecken in deiner

Hand in einen flammenden Stab göttlicher Macht und Berufung zu verwandeln.

Allerdings schleicht sich leider oft ein Anspruchsdenken ein, wenn wir versuchen, unsere Berufung an unserer Bestimmung auszurichten. Wir fixieren uns auf Kosten unserer gegenwärtigen Fähigkeiten auf den höheren Gewinn. Doch Gottes Wort ändert sich nicht im Bezug auf das Prinzip des Verwaltens: *„Nur wer im Kleinen ehrlich ist, wird es auch im Großen sein"* (Lukas 16,10). Wenn du nicht bereit bist, klein anzufangen und mit dem zu wachsen, was dir anvertraut wurde, wirst du wahrscheinlich frustriert bleiben. Selbst die Vision einer weltweiten Organisation beginnt bei der kleinen Wurzel. Dein internationales Unternehmen fängt damit an, wie du ein selbstständiges Start-Up betreibst. Liebe und Zusammenhalt in der Familie fängt mit der kleinen Entscheidung an, früher zu Hause zu sein und gemeinsam zu essen. Du kannst nicht erwarten an der Spitze zu sein und Früchte zu ernten, wenn du nicht Arbeit investiert hast.

Gott will, dass du dich mit den Gaben und Mitteln, die er dir gegeben hat, voll einbringst. Er will, dass du sie investierst und einen größeren Ertrag für sein Reich damit erbringst. Er will nicht, dass du sie vergräbst oder für deine eigenen Zwecke benutzt. Einer der Gründe, warum wir damit weitermachen, neue Ufer zu entdecken und neue Grenzen in unserem Dienst zu stecken – wie z. B. neue Gemeinden in „toten" Orten zu gründen oder die Notlage verzweifelter Menschen an verzweifelten Orten zu verändern –, ist es, dass wir so den Ertrag von Gottes Investitionen vervielfachen. Er war so freigiebig und großzügig in seinen vielen Segnungen für Hillsong Church. Er gab sie aus Vaterliebe und als Abbild seiner Herrlichkeit. Er gibt uns diese Möglichkeiten nicht, damit wir ein größeres Gebäude bauen oder noch eine

Konferenz haben können. Er gibt uns Möglichkeiten, damit wir andere so lieben können, wie er uns liebt. Die Grundaussage der Vision von Hillsong Church ist heute die gleiche wie zu Anfang: *„Die Welt durch eine große, christuszentrierte und auf die Bibel gestützte Kirche zu erreichen und zu beeinflussen. Denkweisen zu verändern und Menschen zu befähigen in jedem Bereich ihres Lebens zu leiten und Einfluss zu nehmen!"* Alles bei uns geht darum, Menschen auszurüsten, damit sie in ihrer Umgebung aufblühen. Und es geht darum, sie zu befähigen das zu nutzen, was sie in den Händen halten, damit sie leiten, Einfluss nehmen und das umsetzen können, was in ihren Herzen ist.

Es ist jetzt an der Zeit, die Lücke zu schließen zwischen dem, wo du jetzt gerade stehst und dem, wohin Gott dich in der Zukunft gehen sehen will. Die Pforte in deine glorreiche Zukunft ist wahrscheinlich schon geöffnet und wartet nur darauf, von dir aufgestoßen und durchschritten zu werden. Solltest du durch unerfüllte Träume und ständige Enttäuschungen frustriert sein, dann bitte Gott, dir die nächsten Schritte zu zeigen. Bitte ihn darum, den Stab in deiner Hand in den Schlüssel zu verwandeln, durch den sich deine Zukunft aufschließt. Versuche nicht, zu früh zu weit zu springen; frage stattdessen Gott nach dem Schritt für heute; der Priorität, die dich nach vorne bringen wird.

„Verlass dich auf den Herrn und tue Gutes! Bleibe in Israel, dem verheißenen Land, und halte dich immer an die Wahrheit! Freue dich über den Herrn; er wird dir alles geben, was du dir von Herzen wünschst" (Psalm 37,3–4).

Was in deiner Hand und auf deinem Herzen ist, ist der Schlüssel für deine glorreiche Zukunft!

KAPITEL 19

BLEIB NICHT STEHEN!

„I'll look to the cross as my failure is lost,
In the light of Your glorious grace.
Let the ruins come to life, in the beauty of Your name
Rising up from the ashes, God forever You reign."
„Auf dein Kreuz schaue ich, wo mich Gnade umgibt,
meine Schuld ist für immer besiegt.
Die Ruinen leben auf, sehen deine Herrlichkeit,
stehen auf aus der Asche,
Gott du herrschst für alle Zeit."

„GLORIOUS RUINS" (HERRLICHE RUINEN),
HILLSONG MUSIC, 2013

Ich halte mich für einen erfahrenen Reisenden und bin stolz auf meine Fähigkeit, mir meinen Weg durch Flughafenterminals, Sicherheits- sowie Einreisekontrollen schneller als jeder andere zu bahnen, den ich je getroffen habe. Ich denke, Bobbie würde wahrscheinlich in diesem Zusammenhang das Wort „ungeduldig" benutzen. Ungeduldig oder nicht, ich sehe Flughafenrolltreppen und Laufbänder als den besten Freund eines Reisenden – mit jedem Schritt legst du die doppelte Strecke in der Hälfte der Zeit zurück! Daher kann ich es nicht verstehen, warum manche Leute dennoch anhalten und die Rolltreppe all die Arbeit verrichten lassen, insbesondere wenn sie in Gespräche vertieft sind und scheinbar gar nicht bemerken, dass sie den Weg von Leuten wie mir blockieren, die auf der Mission sind, zielstrebig von einem Terminal zum anderen zu gelangen.

Vor einigen Jahren war ich beispielsweise wegen eines Zwischenstopps am Flughafen von Dubai. Ich war schlichtweg beeindruckt von einigen der längsten Rolltreppen und Laufbändern der Welt. Sie schienen sich kilometerlang hinzuziehen, mehrere Stockwerke kreuzend. Ihr schillerndes, poliertes Chrom ließ sie wie eine Stadt von einem anderen Planeten aussehen. Tausende Leute drängten sich und hetzten zu ihren Flügen, meist mit einem etwas verlorenen Gesichtsausdruck und kaum einer Ahnung davon, wo sie hingingen und wie sie dorthin gelangen sollten.

Ich fand mich auf einer Rolltreppe mit Hunderten von Leuten vor mir wieder, als ich plötzlich hörte, wie ein gewaltiger Aufruhr vor mir entstand. Eine zierliche Frau in einer Burka erreichte das Ende der Rolltreppe, offensichtlich in Panik und unsicher wie sie zurück auf den festen Boden kommen sollte. Scheinbar hatte sie noch nie zuvor eine Rolltreppe gesehen und war sich nicht sicher, wie sie davon herabsteigen sollte. Dort, wo die Rolltreppe zu Ende war, machte sie einen winzigen Schritt auf den Boden und blieb wie angewurzelt stehen. Das Problem war, dass jeder, der hinter ihr kam, nach wie vor Schwung, aber keine Ausweichmöglichkeit hatte – was zu einem Dominoeffekt führte. Gepäck, Taschen, Kinder und Passagiere purzelten durcheinander, da sie nicht in der

Lage waren, ihre Vorwärtsbewegung zu stoppen. Die Rolltreppe war zu Ende, aber die Frau hätte nicht anhalten sollen.

Und hier kommt die Moral der Geschichte: Wenn etwas vorbei ist, bleib nicht stehen. Das Ende einer Ära ist nicht das Ende einer Bestimmung.

UNGEPLANT ABER NICHT UNBEKANNT

Es gibt Zeiten in unserem Leben, in denen ein Moment zu einem abrupten Ende findet. Ein Kapitel endet völlig unvorhergesehen und wir fragen uns so wie die Frau am Flughafen, wie wir den nächsten Schritt gehen sollen. Es kann der Verlust eines Arbeitsplatzes oder eine unfreiwillige Veränderung in deiner Karriere sein. Es kann eine Beförderung sein oder eine neue Führungsposition. Es mag eine neue Beziehung sein oder das Ende von einer – bedingt durch einen Umzug oder eine andere Veränderung. Es kann das Erreichen eines Zieles oder Abschlusses sein, der Umzug in das Haus, das du schon immer wolltest, oder der Auszug des letzten deiner Kinder, da es nun zur Universität geht. Was auch immer es ist, man bleibt ein wenig orientierungslos und verunsichert zurück und hat Angst, den nächsten Schritt zu gehen oder ist sich unsicher, in welche Richtung er gehen soll.

Aber nur weil etwas vorbei ist, heißt das nicht, dass du stehen bleiben solltest. Ob du einen Meilenstein erreicht hast oder einen unerwarteten Verlust erleidest, du weißt vielleicht nicht, wie es weitergeht, aber du musst darauf vertrauen, dass Gott solange du lebst, immer einen Plan für deinen nächsten Schritt hat. Auf dem Weg des Glaubens führt uns die Reise an Orte, von denen wir nie zu träumen gewagt hätten – manche schöner und fröhlicher als alles, was wir je erhofft haben, andere dunkler und enttäuschender, als wir sie je erlebt haben. Aber Jesus nachzufolgen bedeutet, dass wir weitermachen, selbst wenn wir nicht wissen wie oder sogar wo genau. Jesu irdischer Vater, Josef, hat genau das erlebt.

Genau wie die letzten zweiunddreißig Weihnachten, setzte ich mich auch dieses Weihnachtsfest hin und bereitete meine Predigt für die Menschen in unserer Kirche vor. Heutzutage predige ich meine Weihnachtsbotschaft live in unserem Hills Campus, von wo aus sie simultan an über vierzig verschiedene Gottesdienste in neunzehn verschiedenen Standorten übertragen wird. Über moderne Technologie wird sie zudem weltweit gestreamt. Dieses Jahr musste ich während der Vorbereitung über Josef nachdenken.

Einige Monate vor Jesu Geburt stand Josef kurz davor, den größten Sieg seines Lebens zu feiern. Seine und Marias Familie hatten einen Vertrag geschlossen. Er und Maria waren verlobt und wollten heiraten. Er war einem wunderschönen Mädchen aus einer perfekten Familie versprochen, deren Vorfahren bis zurück zu Israels Königsfamilie und König David selbst reichten. Sowohl Josef als auch Maria zeigten ihre Zuneigung und Zustimmung zueinander in einer kulturell traditionellen Zeremonie durch das Trinken von zwei Gläsern Wein und Josef hatte Urlaub genommen, um alles für seine künftige Braut vorzubereiten.

Matthäus 1,18–23 dokumentiert den Augenblick als Josef herausfand, dass die Frau, mit der er verlobt, aber noch keine Intimität geteilt hatte, schwanger war. Die Worte, die für mich in Vers 18 herausstechen, sind die Worte *noch bevor*. Was für eine Zerstörung seines Traums: „... *(Maria) war mit Josef verlobt. Aber noch bevor die beiden geheiratet und Verkehr miteinander gehabt hatten* ...“ (NGÜ). Josef hat sich zweifelsohne darauf gefreut, mit Maria verheiratet zu sein. Wie viele von uns, hatte er bereits von gemeinsamen Kindern und Momenten geträumt. Er stellte sich die Freude vor, sein Erstgeborenes umgeben von der Familie in den Armen zu halten, um gemeinsam zu feiern – und nun dies. Er wusste nicht einmal, wer der Vater war. Er wusste nur, dass er es nicht war. Es war der größte Schock und er kam zur ungünstigsten Zeit. Er war verlobt, durch einen Vertrag, der nur durch Scheidung annulliert werden konnte; sie waren einander komplett verpflichtet, aber waren noch nicht in ihre glorreiche Zukunft gestartet. Es waren diese Momente, bevor der Heilige Geist zu Josef sprach, in denen er sich so einsam, so leer und so unsicher im Hinblick auf die Zukunft gefühlt haben muss. Dennoch, was sich für Josef wie das Ende anfühlte, war gerade erst der Anfang. Seine Umstände mögen ungeplant gewesen sein, aber Gott waren sie nicht unbekannt.

KAMPFFELD

Falls du dich gerade in einer Übergangsphase befindest, dem Ende von etwas entgegenblickst oder dem Anfang von etwas Neuem, musst du dir diese Wegkreuzung wie eine Kampffront vorstellen. Ist dir aufgefallen, dass historische Orte oftmals Hinweisschilder haben von wichtigen Schlachten, die dort stattgefunden haben? „Hier fand die Schlacht von Gallipoli statt" – die Schlacht, welche die erste große Militäraktion unserer ANZACs (das Australische und Neuseeländische Armeekorps) kennzeichnete: diese wilde und heroisch gekämpfte Schlacht auf Türkischem Boden wird generell als Wegweiser für die Geburt des Nationalbewusstseins in unseren Teilen der Welt gesehen. Im Gegenzug würden die Engländer sagen „Hier fand die Schlacht von Hastings statt". Und wenn du in den USA lebst, würdest du sagen: „Hier fand die Schlacht von Gettysburg statt."

Der Übergang von einem Kapitel ins nächste, bringt oft Kämpfe mit sich. Unser Feind, der Teufel, versucht oft, einen Fuß in die

Tür zu bekommen und uns während dieser Übergangszeiten in einem schwachen Moment zu überraschen. Er hofft, dass wir uns ein wenig orientierungslos und unsicher fühlen, ein wenig ängstlich und vorsichtig. Er würde deine Glaubensreise liebend gerne entgleisen lassen, dich auf einen falschen Weg lenken und dir vortäuschen, dass du eine Sackgasse erreicht hast.

Mit anderen Worten: Der Teufel würde dir am liebsten deine Wachstumsmöglichkeiten rauben und dich in eine unproduktive, freudlose Kreatur verwandeln. Er kann dich nicht deiner Errettung berauben, aber er kann sicherlich versuchen, deine Bestimmung und deine Zufriedenheit zu untergraben. Satan will das Ende deines geistlichen Abenteuers sein, die undurchdringliche Straßensperre, die dich von Gott trennt. Aber es ist ihm unmöglich. Gott ist größer und mächtiger. Jedes Mal, wenn wir denken, dass wir das Ende erreicht haben und nicht mehr weitermachen können, ist es schlichtweg eine Illusion des Teufels, die er versucht, aufrechtzuerhalten.

So herausfordernd es auch sein mag, wenn du ein stetig aktives und fruchtbringendes Leben führen möchtest – ein Leben, das groß und voll ist und zum Bersten mit Freude und Bedeutung gefüllt –, dann musst du ihm am Ende eines Kapitels genauso vertrauen wie zu Beginn. Denn wenn du Gott auch mit den letzten Zeilen deines Kapitel vertraust, kann und wird er die Bestimmung in deinem Leben zu Ende führen.

Ich liebe die Tatsache, dass es nicht vorbei ist, ehe Gott sagt, dass es vorbei ist. Nur weil du etwas für dich sehr Wertvolles verloren hast, nur weil ein Kapitel abrupt und unerwartet geendet hat, bedeutet das nicht, dass dein Leben vorbei ist. Und es bedeutet ganz sicher nicht, dass Gott dich für einen Moment vergessen oder im Stich gelassen hat. So schwierig es manchmal aussehen mag – wenn du jemand Geliebten oder deinen Job verloren oder erschütternde Neuigkeiten erhalten hast –, das Beste kommt erst noch. Es ist genau wie bei Josef: Gottes glorreiche Zukunft ist kurz davor offenbar zu werden!

ZUVERSICHTLICH UND STANDHAFT

Falls du Pastor einer Gemeinde bist, insbesondere einer großen Gemeinde, wirst du zwangsläufig die Möglichkeit haben, dich „mit den Fröhlichen zu freuen und mit den Trauernden zu weinen" – und das oftmals zur gleichen Zeit. Während ein junges Paar sich über die Geburt ihres lang ersehnten Kindes freut, mag vielleicht ein anderes einen plötzlichen Verlust betrauern, oder eine junge Person aufgrund einer zerbrochenen Beziehung an Liebeskummer leiden. So sind die verschiedenen Kapitel des Lebens.

Ich erinnere mich daran wie Jay, einer unserer jungen begabten Angestellten, der Teil unseres engeren Kerns ist, vor einigen Jahren etwas sehr Schmerzhaftes erlebte. Sein Vater Gary, der ein wenig jünger war als ich, war zu diesem Zeitpunkt fit und gesund und liebte es an der nördlich von Sydney gelegenen Central Coast, wo sie lebten, schwimmen und surfen zu gehen. Eines Tages kam er nach dem Surfen aus dem Wasser, fasste sich an die Brust, fiel auf den Boden und starb an einem Herzinfarkt.

Es war offensichtlich ein verheerender Schock für Jay, seine Mutter und seine Schwester Hannah, die alle sehr stark im Leben unserer Kirche involviert waren. Gary und ich hatten noch in der Woche bevor er starb nach dem Gottesdienst miteinander herumgealbert. Als ich über seine Familie nachdachte, überlegte ich, was für eine furchtbare Zeit sie jetzt durchmachen mussten. Neben all dem Schmerz und Schock, welche die Trauer und den Verlust begleiteten, würde für Jay und Hannah auch die Wahrheit hereinbrechen, dass ihr Vater nicht mehr da sein würde, um seine Tochter zum Altar zu führen oder den Segen zu genießen, mit seinen Enkelkindern zu spielen. In Momenten wie diesen fällt es uns schwer zu verstehen, was Gott tut.

Für einen jungen Mann wie Jay war es eine entscheidende Zeit im Hinblick auf die glorreiche Zukunft, die auf ihn wartete. Wie würde er angesichts eines persönlichen Verlusts reagieren? In den dunklen Zeiten des Lebens verlieren einige Menschen ihren Weg und ihre gottgewollte Zukunft aus den Augen. Heute, einige Jahre später, ist es eine Freude zu sehen, wie Jay und seine Schwester es nicht zulassen, dass der Schock über den Verlust ihres Vaters, den sie sehr geliebt hatten, ihre Zukunft bestimmt. Sie haben beide nicht aufgehört weise Entscheidungen zu treffen, welche heute dazu führen, dass sie im Leben, in der Liebe und in der Leiterschaft aufblühen.

Dieser Prozess kann jedoch sehr schwer sein. Wenn Dinge zu einem unerwarteten Ende kommen, baut sich in vielen Menschen Reue, Desillusionierung oder Verwirrung auf. Wenn etwas zu Ende geht, fühlen wir uns schuldig aufgrund der Fehler, die wir begangen haben. Und wir realisieren, dass wenn wir die Dinge nur anders gemacht hätten, wir vielleicht nicht hier gelandet wären. Aber wenn du Jesus nachfolgst, musst du ihm vertrauen, dass er dich durch diese Täler – diese Orte, an denen sich die Schatten mehren und dein Herz vor lauter Dunkelheit scheinbar erblinden lassen – hindurch leitet. Er ist das Licht und wird dich zurück zu den grünen Weiden und frischen Wassern führen. Aber dennoch kann es sich wie ein Taumeln durch die Dunkelheit anfühlen, wenn wir nicht wissen, wohin wir den nächsten Schritt gehen sollen und unsicher sind, in was wir unterwegs hineinlaufen könnten.

Wir müssen uns an Gottes Versprechen in seinem Wort erinnern. Ich liebe Verse, die uns ermutigen durchzuhalten: *„Denn wir haben Anteil an Christus bekommen, wenn wir die anfängliche Zuversicht bis ans Ende standhaft festhalten"* (Hebräer 3,14; SLT). Beginnen wir das Leben als Christ, kann es so aufregend und neu und mit einem Gefühl von Erstaunen über Gottes Gnade und Barmherzigkeit gefüllt sein. Die Begeisterung trägt uns, bis wir den ersten Dämpfer bekommen.

Wir sind so zuversichtlich und dann ganz plötzlich scheint es als wären alle Höllenkräfte gegen uns. Wir sehen uns mit einer gesundheitlichen Krise, einer Sucht, einer Kündigung konfrontiert, der Partner betrügt uns, das Kind rebelliert, ein finanzielles Problem taucht auf – und manchmal alles gleichzeitig! Alles scheint darauf abzuzielen uns unseren Traum, unsere Hoffnung und unseren Glauben zu rauben. Aber das ist genau der Moment, in dem wir standhaft bleiben, beständig festhalten und die Zuversicht bewahren müssen; trotz der vielschichtigen Schwierigkeiten, die sich um uns herum aufbauen. Denn dann wird die Substanz unseres Glaubens getestet. Es fühlt sich so an, als würde sie nachgeben und uns in eine Grube der Verzweiflung fallen lassen, aus welcher wie nie wieder zurückkehren können. Das zumindest möchte uns der Teufel glauben lassen– aber es ist *nicht wahr!*

Die Wahrheit ist: *„Deshalb bin ich auch ganz sicher, dass Gott sein Werk, das er bei euch begonnen hat, zu Ende führen wird, bis zu dem Tag, an dem Jesus Christus kommt!"* (Philipper 1,6).

MOMENTE UND MEILENSTEINE

Selbst in seinem dunkelsten Moment, als er sein größtes Opfer brachte, ist uns Jesus ein Beispiel, was das Vertrauen in die

Führung seines Vaters betrifft. Er wurde in einer Krippe geboren, lebte als Mensch, gab sich selbst als Messias zu erkennen, lehrte und heilte in der Öffentlichkeit und ertrug das Leiden, das nötig war, um uns ein für alle Mal von unseren Sünden zu befreien. Mit einer letzten Prophezeiung, die er erfüllen sollte, erkannte Christus das Ende seines Lebens auf der Erde an.

„Danach, als Jesus wusste, dass nun alles vollbracht war, sagte er, damit sich die Schrift erfüllte: Mich dürstet. Ein Gefäß mit Essig stand da. Sie steckten einen Schwamm mit Essig auf einen Ysopzweig und hielten ihn an seinen Mund. Als Jesus von dem Essig genommen hatte, sprach er: Es ist vollbracht! Und er neigte das Haupt und gab seinen Geist auf" (Johannes 19,28–30; EU).

Es ist bemerkenswert, dass Jesu Exekutoren trotz des Schmerzes, den er erlitt, und der Erniedrigung, die er als zu Unrecht Beschuldigter erduldete, seinen Geist nicht brechen konnten. Jesus hatte bereitwillig seinen Geist übergeben. Er gab ihn auf, nachdem er alles getan hatte, wofür er sich in seinem öffentlichen Dienst auf den Weg gemacht hatte. Sein Tod markierte das Ende einer Ära und seine Auferstehung zwei Tage später würde den Anfang einer anderen markieren. Als er am Kreuz starb wusste Jesus, dass er das Ende seines Lebens als sterblicher Mann erreicht hatte.

Aber sein Leben und sein Dienst waren weit davon entfernt, am Ende zu sein.

Sein Körper wurde wieder lebendig; er konnte essen, trinken und mit seinen Jüngern sprechen und er bewies, dass die Kraft Gottes sogar den Tod bezwingen kann. Er verbrachte weitere vierzig Tage auf der Erde als Zeugnis für die Kraft und Herrlichkeit seines Vaters, bevor er nach Hause in den Himmel zurückkehrte. Seine Himmelfahrt jedoch würde ein weiteres Ereignis, das wir bereits erlebt haben, auslösen: das Geschenk des Heiligen Geistes für seine Nachfolger hier auf der Erde.

Christus starb, wurde begraben, fand wieder ins Leben und brachte durch diesen schmerzhaften Tod die Kirche hervor. Das erklärt, warum er in der Offenbarung als Alpha und Omega, Anfang und Ende, beschrieben wird. Oftmals sehen wir Jesus am Anfang neuer Abenteuer und neuer Beziehungen, aber wir glauben kaum, dass er auch am Ende von ihnen dabei ist. Und je schmerzhafter das Ende oder der Verlust ist, desto schwieriger kann es sein, Gottes Gegenwart in unseren Umständen wahrzunehmen.

Aber er ist da, liebt uns und drängt uns, nicht aufzugeben. Er hilft uns die Vergangenheit zu betrauern, während er uns an unsere glorreiche Zukunft erinnert und sie gemeinsam mit uns antritt. Jeder muss sich daran erinnern, dass Gott vor uns hergeht und selbst wenn wir ein unerwartetes oder ein langsames, allmähliches Ende erleben, dürfen wir in jedem Fall erkennen, dass er da ist. Er verlässt uns nie.

Die Bibel macht kein Geheimnis daraus, dass es in unserem Leben verschiedene Kapitel gibt und dass unser Leben einen bestimmten Rhythmus besitzt. Ob wir ein großes, uneingeschränktes Leben führen können, hängt wirklich eng damit zusammen, ob wir in Übereinstimmung mit dem Kapitel leben, in dem wir uns befinden. Manchmal verlaufen unsere Leben in großartigen, dramatischen Bewegungen und manchmal fühlen wir uns in der Spurrille mit nur wenig Veränderung gefangen. Aber wo auch immer wir sind, Gott ist bei uns. In den Übergängen des Lebens müssen wir nicht stehen bleiben, nur weil wir das Ende einer Ära erreicht haben.

ZURÜCK IN DIE ZUKUNFT

Ich weiß nicht, wie sehr all das auf dich zutrifft, aber ich bin sicher, dass wir alle inmitten von Veränderung in unserem Leben stecken. Wir alle müssen Endpunkten und Neuanfängen entgegenblicken, Dinge aus früheren Zeiten und vergangenen Kapiteln zurücklassen und neu beginnen, Schritte in eine glorreiche Zukunft zu gehen, die bereits vor der Tür steht. Unsere Aktivität und Geschwindigkeit im Leben sind niemals konstant und ohne Unterbrechung. Es ist niemals „Segen, Segen, doppelter Segen, Segen, dreifacher Segen und dann vierfacher Segen!" Obwohl wir immer irgendeinen Segen in unserem Leben haben, ist dieser oft mit Versuchungen und Herausforderungen gemischt. Manchmal fühlt es sich an wie „zwei Schritte vorwärts und einer zurück".

Die Menschen im Leben, die den größten Schwung haben, erleben es häufig, dass dieser das größte Hindernis genau in der Mitte trifft und eine Explosion verursacht, die sie taumeln lässt und sie fragen sich, wie sie je wieder neu anfangen sollen. Das sind die Momente, in denen ihr Glaube getestet wird und sie realisieren, dass so vieles in ihrem Leben außerhalb ihrer Kontrolle liegt. Wir müssen uns auf die Liebe unseres Vaters verlassen und ihm vertrauen, selbst wenn es aus unserer eingeschränkten Perspektive heraus keinen Sinn ergibt. Wir müssen uns daran erinnern, dass unsere Wege nicht seine Wege sind.

Um weitere Schritte in deine glorreiche Zukunft zu gehen, insbesondere wenn dir gerade das Ende eines Abschnitts in deinem Leben bevorsteht, möchte ich dich ermutigen, folgende Dinge zu tun. Erstens: Glaube immer an das Beste für die Zukunft. Wenn wir die Zukunft aus unserem Bedauern, unserer Vergangenheit, unserer Enttäuschung oder unserer Verletzung heraus betrachten, verlieren wir den Blick für Gottes Güte. Schwere, schreckliche und brutale Dinge passieren im Leben. Ob du im Großstadtdschungel dem Terrorismus entgegenblickst oder im afrikanischen Dschungel gegen Krankheiten kämpfst – du bist praktisch jeden Tag von einer Art Leid umgeben. Alles, was du tun musst, ist, lange genug leben und du realisierst, dass das Leben schmerzhaft sein kann.

Aber was auch immer du gerade durchmachst oder was um dich herum vor sich geht, du darfst in Jesu Namen an das Beste für die Zukunft glauben. Wenn du daran glaubst, dass Gott der ist, der er sagt zu sein, dann musst du wissen, dass irgendwie durch all das eine glorreiche Zukunft auf dich wartet. Eine Zukunft, die dich überraschen und deine tiefsten Sehnsüchte erfüllen wird. Eine Zukunft, die Gottes Güte und Kraft ausstrahlt sowie seine Gnade und Herrlichkeit.

Gott hat uns in Bezug auf diese Zukunft versprochen: *„Denn ich weiß, was für Gedanken ich über euch habe, … Gedanken des Friedens und nicht des Unheils, um euch eine Zukunft und eine Hoffnung zu geben"* (Jeremia 29,11; SLT). Ich liebe den Kontext dieses Verses. Es ist eine Botschaft von Gott, die durch seinen Propheten Jeremia dem Volk Israel überbracht wurde, das sich in babylonischer Gefangenschaft befand. Ihr Traum war es, nach Hause, nach Jerusalem, zurückzukehren. Sie fühlten sich, als wären sie am Ende ihres Traumes angelangt – als ob sie niemals frei sein und nach Hause zurückkehren könnten.

Aber Gott ließ sie nie im Stich. Dort, an einem Ort, der wie eine Sackgasse aussah, in einem Land der Zerstörung, wohin das Volk Israel als Gefangener verschleppt wurde, kam Gottes Wort zu ihnen. Ihnen wurde gesagt: *„So spricht der Herr, der allmächtige Gott Israels, zu allen Verbannten, die er von Jerusalem nach Babylonien wegführen ließ: Baut euch Häuser und wohnt darin! Legt Gärten an und ernährt euch von ihren Früchten! Heiratet und zeugt Kinder!*

Wählt für eure Söhne Frauen aus, und lasst eure Töchter heiraten, damit auch sie Kinder zur Welt bringen. Euer Volk soll wachsen und nicht kleiner werden" (Jeremia 29,4–6).

Die ihnen bekannte Art zu leben kam zu einem Ende und ihre Zukunft sah trostlos aus. Sie dürsteten nach Hoffnung und trauten sich nicht, zu glauben, dass ihre Zukunft sogar besser sein könnte als das, was sie einmal erlebt hatten. Und dann sagt Gott zu ihnen, dass er eine glorreiche Zukunft für bereithält. Man baut keine Häuser oder gründet eine Familie oder pflanzt einen Garten und baut sich ein Leben auf, wenn man nicht erwartet, Wurzeln zu schlagen und dortzubleiben. Gott sagt ihnen, dass ihre Geschichte noch nicht vorbei sei; das letzte Kapitel wurde noch nicht geschrieben. Er beauftragte sie daher: *„Bemüht euch um das Wohl der Stadt, in die ich euch wegführen ließ, und betet für sie. Wenn es ihr gut geht, wird es auch euch gut gehen"* (Jeremia 29,7).

GÜTE UND GNADE

Denke bitte über den Platz nach, an dem du dich gerade befindest. Vielleicht hat sich ein Traum in Luft aufgelöst oder eine einst vielversprechende Zeit ging enttäuschend zu Ende. Vielleicht hast du die Person oder die Möglichkeit verloren, die dir am meisten bedeutete. Dir ist danach aufzugeben, du fühlst dich unfähig und nicht bereit zu glauben, dass die Zukunft jemals wieder voller Freude sein könnte. Das sind genau die Zeiten, in denen du nach Gottes Frieden suchen musst.

Wenn du einer aussichtslosen Situation entgegenblickst, erinnere dich daran, dass du einem Gott dienst, für den alles möglich ist. Bitte ihn, dir seinen Frieden und seine Zuversicht zu geben, die „jeden Verstand übersteigen" und die auf Basis der Umstände vielleicht keinen Sinn zu ergeben scheinen. Wenn du dich fühlst, als ob dich die Furcht gefangen hält, bete um Frieden – dort wo du bist und für das, was vor dir liegt. Halte daran mit derselben Überzeugung fest, mit der du die Gute Nachricht in dein Leben aufgenommen hast. Halte den ganzen Weg bis zum Ende durch und glaube an das Beste für die Zukunft. Entscheide dich, das Hier und Jetzt als den Platz zu sehen, an den Gott dich gestellt hat und wo er dich segnen wird – genau wie die Israeliten. Weder deine Gegenwart noch deine Zukunft sind Gott unbekannt.

Mittendrin können wir es nicht immer erkennen, aber Gott hat die unglaubliche Fähigkeit, Dinge auf seine Art zu lenken.

Mein ältester Sohn, Joel, zeigte nie wirklich Interesse an seinen Klavierstunden. Wenn ich ihn zum Haus seines Klavierlehrers fuhr, wartete ich lange genug, um sicherzugehen, dass er auch wirklich hineinging. Joel hatte schon immer eine Leidenschaft für Musik, und der Künstler in ihm entwarf oft Zeichnungen und Ideen, wie man Musik nutzen könnte, um verletzten Menschen zu helfen.

Als Teenager fing er an, mit ein paar Freunden aus der Kirche gemeinsam Musik zu machen und Lieder zu schreiben. Sie gründeten eine Band, die sich „Able" nannte. Es stellte sich heraus, dass sie überraschend gut waren. Jeder dieser jungen Männer liebte Gott, aber sie hatten sich entschieden, bei der Musik auf den Mainstream zu setzen und fanden schnell Fans. Schließlich nahmen sie an einem Bandwettbewerb teil, der national auf einem unter jungen Leuten sehr beliebten Musiksender ausgestrahlt wurde. Erstaunlicherweise stimmten die Zuschauer Woche für Woche erneut für „Able".

Am Ende waren zwei Bands übrig. Das Ironische an der Sache war, dass in der anderen Band Matt Crocker spielte, ein enger Freund der Jungs von „Able". Letzten Endes gewannen Joel und seine Freunde den Wettbewerb und sie sahen ihre Träume wahr werden durch das Versprechen eines Plattenvertrages, der ein Teil des Gewinns war. Nicht lange nachdem all das passierte, veränderte sich jedoch ziemlich abrupt die Stimmung in der Band und gerade als ihr Traum zum Greifen nah war, kam alles zu einem plötzlichen, vernichtenden Ende. Nach so viel harter Arbeit und quälendem Warten war dies, wie du dir sicher vorstellen kannst, eine bittere Enttäuschung.

Aber hier kommt das Erstaunliche, denn die Geschichte war damit noch nicht vorbei: Wenn wir jetzt, einige Jahre später, zurückschauen, ist es unglaublich, wie Gott die jungen Leute in der Band nutzte (anfangs Marty Sampson, sowie Joel, Mikey Chislett und Matt Crocker), indem sie ihre Begabungen vereinten und ihre Träume durch Hillsong UNITED verwirklichten. Heute schreiben sie Musik, nehmen Alben auf, touren durch die Welt und es werden Filme über sie gedreht. Gott hatte einen größeren Plan, als sie zu Rockstars zu machen. Er wollte, dass sie mit leidenschaftlich gesungenen Anbetungssongs Einfluss nehmen auf Generationen.

Ein Traum endete, aber er führte zur Geburt von etwas Größerem und Bedeutungsvollerem als wir es uns je hätten vorstellen können.

Das Gleiche gilt auch für dich. Nur weil etwas vorbei ist, bedeutet es nicht das Ende! Als Jesus sagte, es ist vollbracht, war sein Opfer geschehen. Aber wir wissen, dass dies noch nicht das Ende der Geschichte war. Es brach eine glorreiche Zukunft heran.

In deinem Leben mag jetzt gerade etwas vorbei sein, aber Jesu Werk in deinem Leben ist bei Weitem noch nicht vorbei. Glaube an das Beste für deine Zukunft! Nimm dir auf deinem Weg Gottes Versprechen in Psalm 23,6 (NGÜ) zu Herzen:

Nur Güte und Gnade werden *mich* umgeben.

Nur Güte und Gnade werden mich umgeben *alle* Tage meines Lebens.

Das Ende einer Ära ist nicht das Ende deiner Bestimmung.

KAPITEL 20

ALLES WIRD NEU

„You make all things new
Yesterday and forever
Your love never changing
This hope never fading
Hallelujah"
„Du machst alles neu,
jeden Tag und für immer
besteht deine Liebe.
Die Hoffnung vergeht nie.
Halleluja."
„ALL THINGS NEW" (DU MACHST ALLES NEU),
HILLSONG MUSIC, 2014

W ie beginnt man das letzte Kapitel eines Buchs? Als ich innehielt, um darüber nachzudenken, welche Botschaft in deinem Herzen nachklingen soll, wenn du die letzte Seite umschlägst und den Buchdeckel schließt – unabhängig davon, in welcher Lebenssituation du dich gerade befindest –, kam mir dieser einfache, tief greifende Vers immer wieder in den Sinn: *„Das eine aber wissen wir: Wer Gott liebt, dem dient alles, was geschieht, zum Guten. Dies gilt für alle, die Gott nach seinem Plan und Willen zum neuen Leben erwählt hat"* (Römer 8,28).

Alles.

Dient zum *Guten.*

Wir dienen einem großartigen Gott, nicht wahr?

ALLES BEDEUTET ALLES

Gottes Wort sagt unmissverständlich, dass unser Vater sich dazu verpflichtet hat, uns durch alle Umstände hindurchzuführen und uns für unser Leben auszurüsten, damit wir im Sinne unserer Bestimmung, Leidenschaft, unserer Kraft und unserem Frieden leben, lieben und leiten. In ihm finden wir die Tiefe in unserem Alltag, die Hoffnung in unseren Verletzungen, die Freude in den kleinen Dingen und ein neues Leben finden. Wir sind Wiedergeborene, die in Erwartung einer glorreichen Zukunft leben.

Halte dir das von jetzt an für dein Leben vor Augen: *Alles* dient zum Guten.

Schaut man sich einmal den griechischen Ausdruck etwas genauer an, der mit „alles" übersetzt ist, entdeckt man, dass es genau das bedeutet: alles und jeder, allumfassend. Und das hebräische Wort für „alles" im Alten Testament ist genauso allumfassend. Egal, wo man es sich in der Bibel anschaut – man findet es insgesamt 353 Mal –, es bleibt dabei: *Alles* bedeutet alles. Nicht nur die guten Dinge, sondern alle. Jede einzelne Sache, die in unserem Leben und auf der Welt geschieht, kann Gott dafür nutzen, es uns zum Guten dienen zu lassen, wenn wir ihn lieben und seiner Bestimmung entsprechend leben. Wirklich, alles?

Ich besitze einen Hund, einen Pudel, der Bali heißt. Um genau zu sein, er ist ein Cavudel, halb Cavalier Spaniel und halb Pudel. Mein Sohn Ben hat ihn nach einem seiner Lieblingssurforte benannt: Bali. Er ist acht Jahre alt, ziemlich clever und manchmal etwas rebellisch. Wenn wir am Strand, unserem geliebten Bondi Beach, sind, stehe ich morgens auf und gehe mit ihm raus, damit er tun kann, was kleine Hunde am Morgen tun, und genau dabei wird sein Eigensinn zum Problem. Bali wird gar nichts tun, solange er an der Leine ist. Also muss man ihn von der Leine lassen, damit er herumschnüffeln und sein Geschäft verrichten kann.

Nun ja, am Bondi Beach sind die Kontrolleure bekannt dafür, bei nicht angeleinten Tieren unbarmherzig zu sein und den Besitzern an Ort und Stelle happige Geldstrafen zu verhängen. Die Kontrolleure haben Scanner dabei, um die Tiere, die heutzutage einen Mikrochip tragen, nachdem sie registriert worden sind, zu identifizieren. (Klingt ein wenig nach dem, was im Buch der Offenbarung steht, oder?) Bali und ich waren also dort, an diesem strahlend sonnigen Morgen, wunschlos glücklich mit dem Leben und völlig blind für das Auto der Stadtverwaltung, das auf dem nahe liegenden Grasstreifen parkte.

Bali steuerte schnurstracks in Richtung dieses Autos, um sein Geschäft zu verrichten, was ich unglücklicherweise erst dann bemerkte, als ich ihn bereits von der Leine gelassen hatte. Mir war klar, dass es nun Ärger geben könnte. Also rief ich schnell und so diskret wie irgend möglich, aber doch mit zunehmender Dringlichkeit nach ihm: „Bali! Bali!" – Er ignorierte mich völlig. Natürlich fand er einen Platz für sein Geschäft, und zwar direkt vor dem Wagen. Auf diese Art und Weise wollte ich natürlich nicht in den Tag starten. Natürlich stieg der Kontrolleur direkt aus und hielt mir in einem schroffen, aufdringlichen Ton einen Vortrag über nicht angeleinte Hunde. Das war zum Glück alles – Bali entkam an diesem Morgen noch einmal dem Scan.

Kurz gesagt, es gibt Momente im Leben, die wir nicht als gut beschreiben würden, seien es einfache Unannehmlichkeiten oder ernsthafte Schwierigkeiten. Doch falls noch irgendein Zweifel besteht, lass es mich für dich auf den Punkt bringen. Im Römerbrief spricht die Bibel von *allen Dingen*. *Alles* beinhaltet unangenehme Dinge: schwierige, beunruhigende, verletzende, verwirrende, unerwartete, erschreckende, schmerzhafte, beschämende, traurige und ungewisse Dinge.

Gott lässt nichts aus. Allerdings verwebt er alles für uns geschickt und auf eine so unerklärliche Weise, wie nur er es kann. *Alles* beinhaltet Verbindungen und Trennungen, Dinge, die zusammenkommen und Dinge, die auseinanderfallen, deinen besten Tag wie auch deinen schlimmsten Tag, gewonnene wie zerronnene Möglichkeiten, gute Zeiten wie schlechte, Probleme wie Lösungen, Konflikte wie deren Auflösung, Prüfungen wie Siege, Beziehungen wie Bekanntschaften, Krankheit wie Gesundheit, Armut wie Reichtum.

Ich liebe es, wie die englische Bibelübersetzung „*The Message*" es ausdrückt: „*Deswegen können wir uns so sicher sein, dass jedes Detail unseres Lebens, welches in Liebe für Gott gelebt wird, in etwas Gutes verwandelt wird*" (Römer 8,28; wörtliche Übersetzung). Nicht alles ist gut und uns passieren nicht nur positive Dinge, doch wir dienen einem Gott, der alle Dinge zum Guten verwandelt – für die, die ihn lieben und für die, die nach seiner Bestimmung berufen sind.

Das soll Schwieriges nicht kleinreden – die Dinge, die unmöglich zu verstehen und wahrscheinlich unverdient sind. Vielmehr soll dich dieser Gedanke ermutigen, dass er in *allen Dingen* …

immer noch eine glorreiche Zukunft für dich plant. Wenn du Gott liebst, für Christus lebst und durch seinen Geist leitest, schaffst du Raum für eine glorreiche Zukunft in der Gegenwart jedes einzelnen Tages.

MEIN ALLERLETZTER NACHTISCH

Glaubst du an gute Vorsätze, die man zu Beginn eines neuen Jahres fasst? Ich glaube, viele von uns verstehen ein neues Jahr als eine neue Möglichkeit, einen Beschluss fassen und etwas zu verändern, was gewesen ist. So, als ob die aufgehende Sonne zu Beginn eines neuen Kalenderjahres die zusätzliche Fähigkeit mit sich bringt, Gewicht zu verlieren, mit Finanzen umzugehen oder ein vielleicht nicht ganz so ideales Jahr in ein erfolgreiches und erinnerungswürdiges umzuwandeln.

Mal ganz abgesehen davon finde ich, dass jeder Entschluss, den man im Leben fasst, ein guter ist, egal ob er am 1. Januar oder 1. Juni getroffen wird. Ich beginne die meisten Monate mit einem neuen Entschluss. Insofern liegen bereits ein zuckerfreier September, ein Überwinder-Oktober, und ein Sag-Nein-November hinter mir – und viele andere.

Sicher habe ich schon einige Male beim Abendessen unbeschwert verkündet „das ist jetzt mein allerletzter Nachtisch" … Nun ja, die Hoffnung stirbt zuletzt. Doch wenn ich keine Entschlossenheit in meinem Leben an den Tag lege, gibt es absolut keine Chance dafür, dass sich jemals etwas verändert.

Allerdings verstehen wir es erst dann, wenn wir unser Leben gemäß Gottes Wort leben, dass wir nichts aus unserer eigenen Kraft tun können, geschweige denn durch unsere Mühe oder unser Streben tatsächlich verändern können. Es ist der Glaube, dass Gott die Dinge zum Guten wirkt, während wir unser Leben in

Liebe zu ihm und gemäß seiner Bestimmung führen – das ist es, was uns verändert.

Vielleicht bin ich einfach von Natur aus ein Optimist, aber ich erwarte gute Dinge von jedem einzelnen Tag, nicht nur vom 1. Januar. Ich glaube ohne jeden Zweifel, dass jeder einzelne Moment jedes einzelnen Tages, an allen 365 Tagen, Gottes Güte offenbaren kann – in meinem Leben wie in deinem.

Das Leben *fühlt* sich nicht immer gut an, aber kannst du Gottes Güte in deinem Leben erkennen, genau jetzt, genau heute? Welche Dinge hast du mitgebracht? Inmitten welcher Situation, egal ob gut oder schlecht, befindest du dich gerade? Und glaubst du, dass Gott all das zusammenführt zu einem bestimmten Ziel, einer Bestimmung?

Ich mag die Psalmen Davids Ehrlichkeit wegen, die sie enthalten. Sie bringen die dunklen Nächte der Seele zum Ausdruck, in denen Gott weit weg scheint und wir seine Güte nicht sehen können. Aber ich liebe auch, wie David es ungeachtet dieser Momente schafft, dem Herrn zu vertrauen und weiterzumachen. Er ruht in der Zuversicht, dass Gott ihn hindurchführen, einen Weg bereiten und eine glorreiche Zukunft offenbaren wird. David schreibt: *„Du hast das Jahr mit deiner Güte gekrönt, deine Spuren triefen von Segen"* (Psalm 65,12; NeÜ).

Was würdest du heute im Leben anders machen, wenn du tief im Innern glauben würdest, dass Gott dein Jahr mit seiner Güte gekrönt hat? Was würdest du dich trauen, für sein Reich zu tun, wenn du glauben würdest, dass die Fußspuren, denen du von ihm berufen wurdest zu folgen, vor Segen triefen?

Er hat … und er wird dein Jahr mit seiner Güte krönen. Der Gott, dem wir dienen, hat eine gute Absicht, ein Ziel, eine Bestimmung und einen guten Plan für dein Leben. Seine Gedanken über dich sind gut; sein Wille für dich ist gut. Alle Dinge werden in seiner Gegenwart erneuert ... deine glorreiche Zukunft wurde vor dem Anbeginn der Erde geplant.

ALLES NEU

Das Leben ist wie die Kunst. Man beginnt mit einem weißen Blatt Papier, einer weißen Leinwand und darf sein Bild malen. Manchmal verschmiert das Bild vielleicht etwas oder man muss einen Fleck integrieren. Doch in den Händen des ultimativen Künstlers und Schöpfers können sogar diese Dinge zu wesentlichen Aspekten der Schönheit unseres Lebens werden. In seiner Hand werden *alle* Dinge erneuert. *„Gehört jemand zu Christus, dann ist er ein neuer Mensch. Was vorher war, ist vergangen, etwas Neues hat begonnen"* (2. Korinther 5,17).

Gott hat uns unseren eigenen Willen und unsere Gaben wie Talente gegeben, damit wir entsprechend seiner Berufung und Bestimmung leben können. Er hat uns die Möglichkeit geschenkt, ein reiches, uneingeschränktes und großzügiges Leben zu führen, voller Gelegenheiten gemeinsam mit anderen Menschen, die wir lieben, die Dinge zu tun, die wir lieben.

Und selbst wenn du dich gerade auf einem steinigen Pfad befindest, unterschätze Gottes Fähigkeit nicht, alles neu zu machen. Vielleicht ist dein Herz gebrochen und niedergeschlagen, doch er kann es wiederherstellen. Vielleicht siehst du gerade zu, wie deine Ehe auseinandergeht oder wie deine Familie sich in verschiedene Richtungen aufzulösen droht. Gott kann sie erneuern. Er kann das nehmen, was uns unmöglich erscheint und es von innen heraus verwandeln.

Egal, was sich gerade in deinem Leben abspielt ... Wenn du Gott treu liebst und dein Leben entsprechend Gottes Bestimmung berufen lebst, dann wird er letztendlich alles gemäß seinem Willen zusammenfügen. Wenn er etwas beabsichtigt hat, wird er es in Jesu Namen zur Vollendung bringen, und die beste Nachricht ist, dass er in deinem Leben bereits am Werk ist, indem er formt, poliert und all seine guten Pläne für deine Zukunft einlöst und offenbart. Dein himmlischer Vater hat alles unter Kontrolle und macht alle Dinge neu. Es gibt nichts, was er nicht beheben kann. Es ist nie zu spät.

Wenn du Gott erlaubst, alle Dinge in deinem Leben zu erneuern, wirst du erleben, wie die Fülle seiner glorreichen Zukunft real wird. Er hat jedem von uns durch Jesus einen komplett neuen Start gegeben. Und mit seinem Geist, der in dir lebt, kannst du endlich beginnen, das weit offene Leben in Fülle zu führen, das für dich vorgesehen war. Die Begeisterung, die du in deinem Inneren fühlst, wird überfließen und du wirst neue Siege und neue Lebensfreude in deinen Worten, deinen Taten und deinen Gewohnheiten erleben.

Gott kann dafür sorgen, dass du Überfluss in allen Dingen erlebst, aber du musst dich auf die Reise mit ihm einlassen. Und wenn du davon ausgehst und glaubst, dass alle Dinge zum Guten dienen, wirst du dich nach Gottes Wort sehnen, und immer und immer wieder zu der Wahrheit seiner Verheißungen hingezogen sein.

Es ist Zeit, Gott zu erlauben aus den Fehlern Wunder hervorzubringen und dich in sein Meisterwerk zu verwandeln. Es ist Zeit, ein neues Kapitel zu schreiben und zu glauben, dass die besten Geschichten noch nicht erzählt und die besten Zeilen noch nicht geschrieben wurden, und dass die beste Zusammenfassung das Versprechen der Ewigkeit ist. Er macht alles neu.

ALLES ZU SEINER EHRE

Egal, ob wir uns auf einer weit offenen und uneingeschränkten oder auf einer schwierigen Wegstrecke befinden, letztlich geht es beim Leben, Lieben und Leiten nicht um uns. Es geht darum, den Vater zu verherrlichen. Jesus hat in seinem Tun immer die Kraft, Ehre, Güte, Gnade und Heiligkeit des Vaters widergespiegelt. Indem er Fischer berief, ihm nachzufolgen, verherrlichte er Gott. Durch die Heilung eines Blinden verherrlichte er Gott. Beim Lehren in der Synagoge verherrlichte er Gott. Er verherrlichte Gott im Leben wie im Sterben – letztlich in allem und dabei offenbarte sich, wie Gott alles nutzt, dass er seine Bestimmung erfüllt.

Wir sollen dasselbe tun, indem wir das Licht, das in uns ist, durch unser Leben zum Vorschein bringen. „*… Wenn jemand dient, so [tue er es] aus der Kraft, die Gott darreicht, damit in allem Gott verherrlicht wird durch Jesus Christus. Ihm sei die Herrlichkeit und die Macht von Ewigkeit zu Ewigkeit!*" (1. Petrus 4,11; SLT). Lasst uns nicht vergessen, Gott die Ehre zu geben, wenn die Dinge gut laufen und lasst uns nicht vergessen, Gott die Ehre zu geben, wenn die Dinge schieflaufen. Es ist erstaunlich, wie Gott aus den schlimmsten Umständen Herrlichkeit hervorbringt, wenn wir ihm vertrauen und ihn an erste Stelle setzen.

Es ist sechzehn Jahre her, seit mein Freund und Kollege George Aghajanian an jenem verhängnisvollen Tag unser wöchentliches Treffen mit der schrecklichen Neuigkeit und folgenden niederschmetternden Worten abschloss: „Es geht nicht um dich, es geht um deinen Vater." Dieser Satz, der das schockierende Vergehen meines irdischen Vaters und dessen Konsequenzen beinhaltete, brach damals ungewollt und niederschmetternd über mein Leben und meine Leiterschaft herein. Doch das war nicht alles. Nach über vierzig Jahren wurden die Sünden meines Vaters durch eine öffentliche Untersuchung wieder thematisiert, in der meine Motive und die anderer Beteiligter infrage gestellt und meine Integrität angezweifelt wurden.

Ich glaube, dass ich damals mit einer unvorstellbaren Situation transparent und ehrlich umgegangen bin. Hätte man einige Dinge im Rückblick anders machen können? Immer. Doch kann solch eine Situation letztlich dem Guten dienen? Ist es möglich, dass irgendetwas an Wert aus einer Situation hervorkommen kann, durch die Leben zerbrochen wurden und tiefer Schmerz durchlebt wurde? Ich kann nicht für die Opfer der Taten meines Vaters sprechen, aber ich habe die Auswirkungen dessen, was er getan hat, unter seinen Kindern und Enkelkindern unmittelbar miterleben können. Es gab Zeiten, in denen es unvorstellbar erschien, dass Gott aus unseren schlimmsten Tagen etwas Gutes machen, oder jemals darin verherrlicht werden könnte – und doch kann ich mittlerweile kleine Lichtstrahlen am Ende eines sehr dunklen Tunnels sehen. Eines Tunnels, der weiter und weiter in die Tiefen einer ungewissen Zukunft zu führen scheint.

Dennoch ist es definitiv wert, für die überwältigende Unterstützung von so vielen wunderbaren Menschen Gott zu ehren. Die unerschütterliche Liebe und Loyalität von unserem Team ist es wert, Gott zu ehren. Das tief greifende Werk, das Gott in meiner Seele getan hat und tut, ist es wert, ihn zu ehren. Obwohl ich von diesem ganzen Prozess etwas desillusioniert bin, denke ich, um ehrlich zu sein, dass wenn sich für die unschuldigen Opfer endlich Gerechtigkeit und Wahrheit durchsetzen und die Sicherheit von Kindern zukünftig durch bessere Richtlinien und Abläufe gewährt werden kann, diese Ergebnisse es wert sind, Gott zu ehren.

Paulus schreibt, er wisse, wie es sei, nichts zu haben und wie es sei, reichlich zu haben und in beidem habe er gelernt, zufrieden zu sein (Vgl. Philipper 4,12). Es ist erstaunlich, wie Gott seine Herrlichkeit offenbaren kann, wenn wir beständig darin bleiben, ihn vertrauensvoll zu preisen, als auch bereit zu sein, dies unabhängig unserer Umstände zu tun.

Manchmal hören wir Sportler nach dem Sieg eines entscheidenden Spiels in einem Interview sagen: „Ich will einfach Gott danken und ihm die Ehre geben!" Oder wir hören einen Schauspieler bei der Oscar-Verleihung sagen: „Ich gebe Gott alle Ehre für diesen Preis! Ohne ihn hätte ich das niemals tun können." Manche Menschen neigen dazu, mit den Augen zu rollen und diese Bekenntnisse des Glaubens abzutun, doch ich glaube, wir sollten sie als ein Zeichen der Demut verstehen. Derjenige, der dies sagt, versucht wenigstens, den Fokus fort von seinen eigenen Fähigkeiten und Talenten zu lenken und anzudeuten, dass mehr hinter seinem großen Sieg steckt. Und um ehrlich zu sein: Ich sehe lieber jemanden, der Gott die Ehre gibt, als jemanden, der alles für sich selbst beansprucht. Wenn wir unsere Leben hingeben, um Gott in allen Dingen die Ehre zu geben, dann glaube ich, dass wir sehen werden, wie Gott in allen Dingen etwas Gutes bewirkt.

Ich weiß aus Erfahrung, dass Gott alles Mögliche nehmen und es auf überraschend grandiose Art und Weise benutzen kann. Schau dir nur einmal mein Leben an. Auch wenn wir es nicht sehen können, auch wenn Umstände unfair erscheinen, auch wenn es nicht so aussieht, wie wir es erwartet oder gewünscht hätten, egal was passiert, wir können lernen, Gottes Herrlichkeit zu entdecken, wenn wir uns hingeben, für ihn zu leben, zu lieben und zu leiten.

Auch wenn es nicht so aussieht, als ob sich die Umstände je verändern würden, darfst du dich daran erinnern, dass Gott das Zukünftige kennt. Gott dann die Ehre zu geben, hat nichts damit zu tun, zu beschönigen, was in deinem Leben passiert ist oder gerade passiert. Es geht vielmehr um das Versprechen, dass Gott neues Leben schaffen wird. Unser Gott ist immer dabei, wiederherzu-stellen – und diese Arbeit beginnt jetzt. Er ist *am Werk* Berge zu versetzen, Menschen aus ihren Tälern und aus den Gossen he-rauszuholen. Er rettet und erlöst. Er stellt wieder her und bringt Hoffnung. Eine Perspektive des Glaubens auf Leben, Liebe und Leiterschaft zu haben bedeutet nicht, die Schwierigkeiten des Le-bens herunterzuspielen. Es bedeutet vielmehr, sich sicher zu sein, dass Gott neues Leben schaffen wird, sowohl im „Jetzt" als auch im „Noch nicht" seines himmlischen Reichs.

Hillsong Church – genauso wie ich – haben jede dieser Zei-ten, die ich Kapitel für Kapitel in diesem Buch beschrieben habe, erlebt: Zeiten der Pionierarbeit, Zeiten von Beständigkeit, Zeiten voller Eigendynamik und Wachstum und Zeiten voller Heraus-forderungen und Schwierigkeiten. Wir haben Berggipfel gesehen und Steilwände von Tälern. Wir haben unsere Bereiche von Gna-de gefunden und uns in eigener Kraft abgemüht. Aber egal, ob es Zeiten waren, um aus dem Boot auszusteigen oder auf dem Was-ser zu laufen; ob es die Pioniertage oder die bequemen Tage wa-ren, wir haben immer zugelassen, die folgenden Worte unser Ge-bet sein zu lassen:

„Spirit lead me where my trust is without borders. Let me walk upon the waters, wherever you would call me. Take me deeper than my feet could ever wander, and my faith will be made stronger, in the presence of my Saviour."

„Führ mich dorthin, wo ich unbegrenzt vertraue. Lass mich auf dem Wasser laufen, wo immer du mich hinführst. Führ mich tiefer, als ich selber jemals gehen kann. Dass ich fest im Glauben stehe, in der Gegenwart des Retters."

„Oceans" (Meer), Hillsong Music, 2013

Also, ob du gerade noch nach deiner Berufung suchst oder der Bestimmung für dein Leben bereits von ganzem Herzen folgst, ob du dich in den liebenden Armen deines himmlischen Vaters wiederfindest oder voller Verzweiflung auf deinen Knien – lass mich dich daran erinnern, dass er der allwissende, allmächtige, ewig gnädige Gott ist – gestern, heute und in alle Ewigkeit. Er ist vertrauenswürdig und treu.

Bleib auf diesem Weg, mein Freund. Folge Jesus und Gott wird dich mit seiner Güte krönen. Dir ist in Jesu Namen ein wunderbares Erbe anvertraut, du hast einen Berg zu bezwingen und einen Weg zu beschreiten. Du verfügst über einen eigenen Glaubensweg und hast einen Bereich von Gnade, die darauf wartet, von dir in Besitz genommen zu werden. Der schwierige Weg und die Scham deiner Vergangenheit sind winzig im Vergleich zu Jesu Namen, zu seiner heilenden Kraft und zu seiner heiligen Berufung. Deine einzigartigen Gaben sind perfekt darauf abgestimmt, Gottes Bestimmung in dieser Generation zu vollbringen und dein uneingeschränktes, großes, gottgegebenes Leben wartet darauf, von dir in Angriff genommen zu werden.

Lebe, liebe und leite wie Jesus und dein Leben wird auf der Erde wie im Himmel die niemals endende Herrlichkeit Gottes widerspiegeln – in allem!

Es gibt keinen Zweifel – das Beste für dich kommt erst noch!

DIE KIRCHE, DIE ICH HEUTE SEHE

Die Kirche, die ich sehe, ist eine globale Kirche. Eine große, christuszentrierte und auf die Bibel gestützte Kirche, welche die Welt erreicht, sie beeinflusst und dabei Vorstellungen und Denkweisen ändert und die Menschen dazu befähigt, in allen Lebensbereichen zu leiten und Einfluss zu nehmen.

Ich sehe eine globale Familie: ein Haus mit vielen Räumen in der Verwirklichung einer gemeinsamen Vision. Ich sehe eine Kirche – apostolisch in ihrer Berufung und visionär in ihrem Wesen –, die sich dazu verpflichtet, Millionen von Menschen für Christus zu gewinnen, in den bedeutenden Städten und Nationen der ganzen Welt mit dem größten aller Anliegen – der Sache unseres Herrn Jesus Christus.

Ich sehe eine Kirche, die sich überall für die lokale Kirche einsetzt, die sie ermutigt, alles zu sein, wozu Gott sie berufen hat; eine Kirche, die sich weigert, sich mit den Siegen der Vergangenheit zufriedenzugeben, sondern stets in die Zukunft blickt – erfüllt von einer Vision, die viele inspiriert und beeinflusst.

Positioniert im Herzen der Kultur in großartig vielfältigen Metropolen sehe ich Gebäude, die aufgrund von Gottes Wirken Mühe haben, das Wachstum aufzufangen; die – durch Wunder göttlicher Versorgung – Grundstücke und Orte einnehmen, die man nicht ignorieren kann.

Ich sehe eine Kirche, die groß genug ist, auf globaler Ebene zu träumen und doch so persönlich ist, dass ein jeder seinen Platz in ihr finden kann. Ich sehe eine Kirche, die jeden Mann, jede Frau und jedes Kind, die durch ihre Türen kommen, mit einem fröhlichen „Willkommen zu Hause" begrüßt.

Die Kirche, die ich sehe, ist eine anbetende Kirche, deren Lieder eine solche Leidenschaft für Christus ausdrücken, dass Menschen darin seine Kraft und Herrlichkeit spüren. Ein einzigartiger Klang, der von einer gesunden Kirche ausgeht, welche ansteckende Musik hervorbringt, die von Dörfern und Stämmen, bis hin zu großen Städten und Nationen ertönt.

Ich sehe eine Kirche, die ständig innovativ ist: Eine Kirche, die eine zeitlose Botschaft durch Medien, Film und Kommunikationstechnologie verbreitet. Eine Kirche mit einer Botschaft, welche die Menschen rund um die Erde über ihre Bildschirme erreicht und Jesus in Häuser und Hütten, Paläste und Gefängnisse bringt.

Ich sehe eine Kirche mit einem erstklassigen College, welches Generationen junger, berufener Leiter aus allen Teilen der Welt heranzieht, ausrüstet und befähigt. Absolventen, die Gott in verschiedensten Lebenslagen dienen – ausgesandt durch engagierte

Kirchen und Dienste auf allen Kontinenten, das Salz der Erde zu sein.

Ich sehe eine Kirche, gesegnet mit einer Vielfalt von Leitern, wie sie in jeder Generation nur einmal vorkommen, die natürlich begabt, geistlich stark und aufrichtig demütig sind. Leiter, die sich der Kosten bewusst sind und den Preis bezahlen, um Städte und Nationen mit großartigen gottverherrlichenden Kirchen zu beeinflussen.

Ich sehe eine Kirche, deren Leiterschaft in Hingabe an die Authentizität, Glaubwürdigkeit und Qualität ihres Herzens vereint ist. Leiter, die es wagen, sie selbst zu sein und doch in dem sicheren Wissen leben, dass „das, dessen Teil sie sind, größer ist als die Rolle, die sie darin spielen".

Ich sehe eine Kirche, die einem innovativen Netzwerk verpflichtet ist, das Hunderttausende von Pastoren und Leitern miteinander verbindet und sie so ausrüstet, dass sie erfolgreich sein können. Ein Netzwerk, das sich der apostolischen Salbung von Leitern verpflichtet, die es kaum erwarten können, zu sehen, wie sich die Kirche Jesu Christi erhebt, damit das noch nicht gelebte Leben in ihr, seiner herrlichen Kirche, auflebt.

Ich sehe gleichgesinnte Kirchen, die in einflussreichen Städten durch Stein und Mörtel ein sichtbares Zeichen der Treue sind. Kirchen, auf wunderbare Weise mit Gebäuden und Grund versorgt, die wie Leuchttürme den Ruhm Gottes und die Hoffnung der Menschheit ausstrahlen.

Ich sehe eine Kirche, die Gott, die Menschen und das Leben liebt. Im Geiste jung, von Herzen großzügig, in ihrem Bekenntnis voller Glauben, in ihrem Wesen liebend, in ihrem Ausdruck offenherzig.

Ja, die Kirche, die ich sehe, ist entschlossen, die Liebe und Hoffnung Jesu Christi auch in die aussichtslosesten Situationen zu den Menschen zu tragen – durch die Verkündigung des Evangeliums und durch den Auftrag, der uns dazu bewegt, alles uns Mögliche zu tun, um einer Not leidenden Welt Hilfe und Lösungen zu bringen. Ihr Haupt ist Jesus, ihr Helfer der Heilige Geist und ihr Fokus der große Auftrag.

Brian Houston 2014

HILLSONG MUSIC CREDITS

„*Oceans (Where feet may fail)*"
Text und Melodie: Matt Crocker, Joel Houston & Salmon Lighthelm
© 2012 Hillsong Music Publishing (APRA)
Übersetzung: 2015 von Martin Bruch

„*I surrender*"
Text und Melodie: Matt Crocker
© 2012 Hillsong Music Publishing (APRA)
Übersetzung: Sara Lorenz-Bohlen, Martin Bruch & Freimut Haverkamp

„*Rhythms of grace*"
Text und Melodie: Chris Davenport & Dean Ussher
© 2012 Hillsong Music Publishing (APRA).
Übersetzung: Martin Bruch & Freimut Haverkamp

„*Mighty to save*"
Text und Melodie: Reuben Morgan & Ben Fielding
© 2006 Hillsong Music Publishing (APRA).
Übersetzung: Martin Janke

PERSÖNLICHE NOTIZEN

Verlagsgruppe Random House FSC®N001967
Das für dieses Buch verwendete FSC®-zertifizierte Papier
Munken Premium Cream liefert Arctic Paper Munkedals AB, Schweden.

Die amerikanische Originalausgabe erschien im Verlag Faith Words unter dem Titel
„Live.Love.Lead.". Published by arrangement with FaithWords, a division of Hachette
Book Group, Inc., 1290 Avenue oft he Americas, New York, NY, USA. All rights reserved.

© 2015 by Brian Houston
© der deutschen Ausgabe 2016 by Gerth Medien GmbH, Asslar,
in der Verlagsgruppe Random House GmbH, München

Dieses Werk wurde vermittelt durch die Literarische Agentur
Thomas Schlück GmbH, 30827 Garbsen.
Die Bibelzitate wurden, wenn nicht anders angegeben,
folgender Übersetzung entnommen:
Hoffnung für alle®, Copyright © 1983, 1996, 2002 by Biblica Inc.®.
Verwendet mit freundlicher Genehmigung von 'fontis – Brunnen Basel.
Alle weiteren Rechte weltweit vorbehalten.
Weiterhin wurden folgende Bibelübersetzungen verwendet:
Lutherbibel, revidierter Text 1984, durchgesehene Ausgabe,
© 1999 Deutsche Bibelgesellschaft, Stuttgart. (LÜ)
Neue Genfer Übersetzung 2011,
© 2011 Genfer Bibelgesellschaft, Genf. (NGÜ)
Elberfelder Übersetzung 2006,
© 1985 und 1991 und 2006 SCM R. Brockhaus im SCM-Verlag GmbH & Co. KG, Witten.
(ELB)
Schlachter-Bibel 2000,
© 2000 Genfer Bibelgesellschaft, Genf. (SL)
Neues Leben. Die Bibel
© 2002 und 2006 SCM R. Brockhaus im SCM-Verlag GmbH & Co. KG, Witten. (NL)
Die Verlagsgruppe Random House weist ausdrücklich darauf hin, dass bei Links im Buch
zum Zeitpunkt der Linksetzung keine illegalen Inhalte auf den verlinkten Seiten erkenn-
bar waren. Auf die aktuelle und zukünftige Gestaltung, die Inhalte oder die Urheber-
schaft der verlinkten Seiten hat der Verlag keinerlei Einfluss. Deshalb distanziert sich die
Verlagsgruppe hiermit ausdrücklich von allen Inhalten der verlinkten Seiten, die nach
der Linksetzung verändert wurden und übernimmt für diese keine Haftung.

1. Auflage 2016
Bestell-Nr. 817091
ISBN 978-3-95734-091-7

Umschlaggestaltung: Björn Steffens
Satz: Greiner & Reichel, Köln
Druck und Verarbeitung: GGP Media GmbH, Pößneck
Printed in Germany